NomosPraxis

Dr. Thomas Meysen | Janna Beckmann
Daniela Reiß | Gila Schindler

Recht der Finanzierung von Leistungen der Kinder- und Jugendhilfe

Rechtlicher Rahmen und Perspektiven im SGB VIII

Die Deutsche Nationalbibliothek verzeichnet diese Publikation in der Deutschen Nationalbibliografie; detaillierte bibliografische Daten sind im Internet über http://dnb.d-nb.de abrufbar.

ISBN 978-3-8487-1251-9

1. Auflage 2014
© Nomos Verlagsgesellschaft, Baden-Baden 2014. Printed in Germany. Alle Rechte, auch die des Nachdrucks von Auszügen, der fotomechanischen Wiedergabe und der Übersetzung, vorbehalten.

Vorwort

Das vorliegende Buch ist sowohl Lehrbuch und grundlegende Arbeit zu den Finanzierungsstrukturen im SGB VIII als auch Expertise, beauftragt von den Jugendministerien von Bayern, Hamburg, Nordrhein-Westfalen und Rheinland-Pfalz, und Beitrag des Deutschen Instituts für Jugendhilfe und Familienrecht eV (DIJuF) zu einem bundesweiten und seit einigen Jahren lebhaft geführten Diskurs.

Angestoßen durch eine Initiative der Freien und Hansestadt Hamburg haben die Länder das Thema unter der Überschrift „Weiterentwicklung und Steuerung der Hilfen zur Erziehung“ aufgegriffen, die Arbeitsgemeinschaft der Obersten Landesjugend- und -familienbehörden hat ein Eckpunktepapier vorgelegt und die Jugend- und Familienministerkonferenz (JFMK) hat 2012 auf dieser Grundlage einen viel beachteten Beschluss gefasst.

Demnach könnten als Handlungsansätze zur Weiterentwicklung und zur verbesserten Steuerung bei den Hilfen zur Erziehung diskutiert werden:

- „Weiterentwicklung von sozialräumlichen Ansätzen (zB in Stadtteilen, Verbands-, Ortsgemeinden, aufzuwertenden Stadtteilen), insbesondere Auf- und Ausbau sozialräumlicher Infrastrukturangebote,
- Stärkung der Regelstrukturen und von Prävention in der Jugendhilfe (zB Verknüpfung von Hilfen zur Erziehung mit Familienbildung, Kinder- und Jugendarbeit, Jugendsozialarbeit und mit Kindertagesstätten),
- Verbesserung der Zusammenarbeit zwischen den Hilfen zur Erziehung und der Schule, ua im Zuge des Ausbaus von Ganztagsschulen, der Gewährleistung eines regelmäßigen Schulbesuches, der Vermeidung von „Abschulungen“ sowie der Schnittstellen zur Schule im Bereich der Eingliederungshilfen nach § 35 a SGB VIII,
- Identifizierung von Lücken im Angebotsspektrum (zB Angebote für Kinder psychisch erkrankter oder suchtabhängiger Eltern) bei gleichzeitiger Überprüfung, ob die gegenwärtige Angebotsdifferenzierung noch bedarfsentsprechend ist,
- Sicherung eines adäquaten Übergangs in ein eigenständiges Leben als Erwachsener bei den jungen Menschen, bei denen die Hilfen zur Erziehung an die Stelle ihrer Familien getreten sind, insbesondere durch nachgehende Hilfen iRd Hilfen für junge Erwachsene (§ 41 iVm §§ 33, 34 SGB VIII).“

Die Interpretationen, was mit den einzelnen Punkten konkret gemeint sein könnte oder sollte, und die Vorstellungen, was nun geschehen solle oder nicht, hatten eine denkbar weite Bandbreite. Zur weiteren Verständigung hat die JFMK eine „Koordinierungsgruppe Weiterentwicklung und Steuerung der Hilfen zur Erziehung“ eingesetzt, in der Vertreter/innen der Länder, der Kommunalen Spitzenverbände und Kommunen, des Bundes, der Freien Wohlfahrtspflege, des Deutschen Vereins für öffentliche und private Fürsorge und der Arbeitsgemeinschaft für Kinder- und Jugendhilfe – AGJ diskutierten und eine gemeinsame Gesprächsbasis erarbeitet haben.

Der Bericht der Koordinierungsgruppe ist 2013 in einen weiteren Beschluss der JFMK gemündet. Die Minister und Ministerinnen konstatieren weitgehendes Einvernehmen, dass „unter der Voraussetzung verantwortlich wahrgenommener Steuerungsverantwortung

- eine Verstärkung präventiver Ansätze,
- eine Ausgestaltung sozialräumlicher Ansätze sowie
- ein besseres Zusammenwirken mit anderen Leistungen nach SGB VIII, den Leistungen nach anderen Sozialgesetzbüchern und den Angeboten von Schulen

anzustreben [sei].

Die Handlungsoptionen sollen dabei auf organisatorischer (untergesetzlicher), finanzieller und rechtlicher Ebene erörtert werden. Insbesondere ist zu prüfen, ob und ggf. welche Maßnahmen für die Stärkung einer sozialräumlichen Angebotsgestaltung erforderlich sind.

In der weiteren Bearbeitung sollen, bezogen auf die unterschiedlichen Ebenen, insbesondere die nachfolgenden Aspekte vertieft behandelt werden. (...)

Zu möglichen gesetzlichen Rahmenbedingungen:

- Überprüfung der gegenseitigen gesetzlichen Kooperationsverpflichtungen zwischen Kinder- und Jugendhilfe (§ 81 SGB VIII) und den anderen gesellschaftlichen Akteuren sowie ggf. der Harmonisierungsbedarfe zwischen unterschiedlichen gesetzlichen Vorgaben (z.B. SGB II oder des Bildungssystems zu SGB VIII). Siehe hierzu auch 14. Kinder- und Jugendbericht (BT-Drs. 17/12200), S. 417.
- Prüfung der Notwendigkeit von Gesetzesänderungen zur Verbesserung des Sozialraummanagements (einschließlich Frage von Budgets zur Finanzierung) und vernetzter sozialräumlicher Angebote für Hilfen zur Erziehung, bei gleichzeitiger Sicherung des Rechtsanspruchs auf Hilfen zur Erziehung."

Hieran knüpft der Auftrag der genannten Länder Bayern, Hamburg, Nordrhein-Westfalen und Rheinland-Pfalz an das DIJuF an, eine Expertise zu den Finanzierungsstrukturen im SGB VIII zu verfassen. Diese haben die Autor/inn/en im Zeitraum von August 2013 bis Januar 2014 erstellt.

Die komplexen Rechtsfragen der Finanzierung werden für den weiteren Diskurs aufbereitet und systematisiert. Außerdem werden die unterschiedlichen (fach)politischen Vorstellungen der bisherigen Diskussionen zu einem möglichen rechtlichen Änderungsbedarf aufgegriffen. Es wird erläutert, wie eine Veränderung der gesetzlichen Grundlagen aussehen könnte bzw. müsste, um die – teilweise divergierenden – (fach)politischen Zielsetzungen der beteiligten Akteure zu erreichen, und welche Chancen und auch welche Risiken jeweils damit verbunden wären.

Die Expertise folgt nicht nur einem wissenschaftlichen Anspruch, sondern macht es sich auch zur Aufgabe, die komplexe Materie sowohl für die juristischen als auch nicht-juristischen Leser/innen in Praxis und Politik verständlich aufzubereiten. Zur Veranschaulichung dienen der Expertise Schaubilder und tabellarische Darstellungen. Die Rechtsfragen werden mit Unterstützung beispielhaft skizzierter Angebotsformen erläutert, die in den derzeitigen Diskussionen Thema waren.

Für die systematische Darstellung der rechtlichen Grundlagen der Finanzierung von Leistungen nach SGB VIII wird folgende Einteilung gewählt:

- Leistungserbringung ohne Einzelfallentscheidung des Jugendamtes über die Gewährung der Leistung: Finanzierung jenseits des jugendhilferechtlichen Dreiecks

- Leistungserbringung mit Einzelfallentscheidung des Jugendamtes über die Gewährung einer Leistung: Finanzierung im jugendhilferechtlichen Dreieck
- Leistungserbringung in Mischformen von Angeboten mit und ohne Einzelfallentscheidung des Jugendamtes über die Gewährung einer Leistung: Zulässigkeit von Mischfinanzierung trotz jugendhilferechtlichen Dreiecks?
- Leistungserbringung in Kooperation mit Regelstrukturen (Schule, Tageseinrichtungen)

Das DIJuF und die Autor/inn/en danken den Auftraggebern herzlich für die engagiert-konstruktive Begleitung des Erarbeitungsprozesses und den gewinnbringenden Austausch. Er war getragen von einem gemeinsamen Bemühen um Verstehen, Verstehbarmachen und Entwickeln von Perspektiven. Das vorliegende Buch markiert insoweit einen Zwischenschritt. Die (fach)politischen Positionierungen sind noch zu erarbeiten bzw weiter zu schärfen. In diesem Sinne wünschen wir viel Vergnügen bei der Lektüre und in den weiteren Diskursen um die Finanzierung von Leistungen nach SGB VIII.

Heidelberg, im April 2014

Thomas Meysen, Janna Beckmann, Daniela Reiß, Gila Schindler

Inhaltsübersicht

Inhaltsverzeichnis

Autorenverzeichnis

Janna Beckmann, Referentin für Jugendhilfe und Familienrecht, Deutsches Institut für Jugendhilfe und Familienrecht e.V. (DIJuF), Heidelberg

Dr. Thomas Meysen, Fachlicher Leiter, Deutsches Institut für Jugendhilfe und Familienrecht e.V. (DIJuF), Heidelberg

Daniela Reiß, Referentin für Jugendhilfe und Familienrecht, Deutsches Institut für Jugendhilfe und Familienrecht e.V. (DIJuF), Heidelberg

RAin Gila Schindler, Fachanwältin für Sozialrecht, Heidelberg

A. Finanzierungsgrundlagen und -systematik des SGB VIII

I. Leistungserbringung durch freie Träger

Die Leistungsverpflichtungen nach dem SGB VIII richten sich an die Träger der öffentlichen Jugendhilfe (§ 3 Abs. 2 S. 2 SGB VIII). Die Leistungen werden von Trägern der freien und der öffentlichen Jugendhilfe erbracht (§ 3 Abs. 2 S. 1 SGB VIII). Werden Leistungen von Trägern der freien Jugendhilfe erbracht, entstehen Rechtsverhältnisse nicht nur zwischen der Kommune als Sozialleistungsträger und den leistungsberechtigten Bürger/inne/n; **Rechtsbeziehungen** entstehen auch zwischen den Bürger/innen und dem Leistungserbringer und zwischen dem öffentlichen Sozialleistungsträger und dem Leistungserbringer. In diesem **Dreiecksverhältnis** ergeben sich jeweils bilaterale Rechtsverhältnisse. Aus diesen wiederum erwachsen vielfältige rechtliche Fragestellungen hinsichtlich der Leistungsgewährung, Leistungserbringung und insbesondere auch im Zusammenhang mit der Finanzierung der Leistungen. 1

- Zwischen den Beteiligten bestehen jeweils unterschiedliche rechtliche Beziehungen.
- Die **Sozialleistungsträger** (Träger der öffentlichen Jugendhilfe) gewähren den Bürger/inne/n (Leistungsberechtigte) Leistungen, sind ihnen gegenüber hierzu oftmals verpflichtet.
- Nehmen die Bürger/innen Leistungen in Anspruch, entsteht zwischen ihnen als **Leistungsberechtigten** und den Leistungserbringern ein privatrechtliches vertragliches Verhältnis.
- Zwischen dem Träger der öffentlichen Jugendhilfe als Leistungsträger und den **Leistungserbringern** bestehen öffentlich-rechtliche Rechtsbeziehungen zu Inhalten, Qualität und Finanzierung der Leistungen.

Schaubild 1: Leistungsbeziehungen

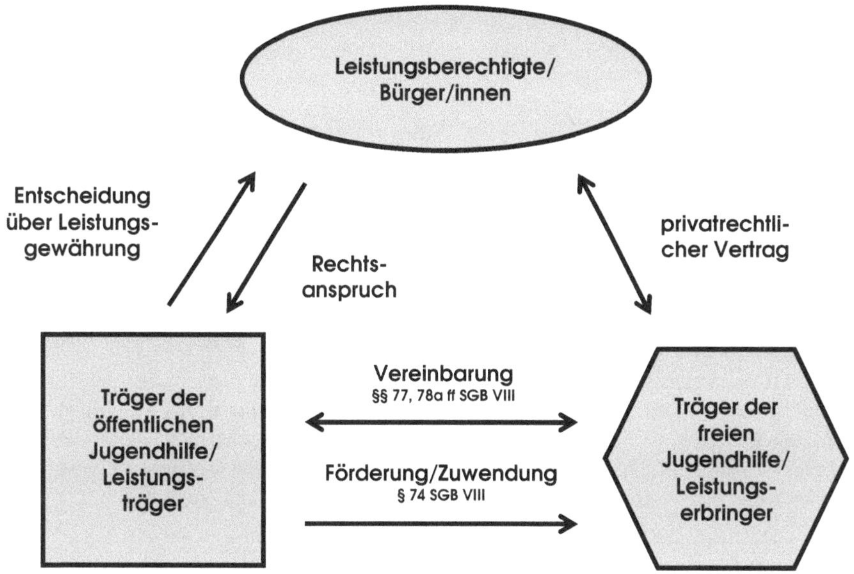

II. Formen der Finanzierung im SGB VIII

2 Erbringen Träger der freien Jugendhilfe Leistungen nach dem SGB VIII, ist vorgesehen, dass die Träger der öffentlichen Jugendhilfe diese Aufgabenwahrnehmung (mit)finanzieren. Für die Leistungserbringung sind im SGB VIII unterschiedliche Finanzierungsformen vorgesehen. Es wird unterschieden zwischen

- **zweiseitigen Formen der Finanzierung,** die allein zwischen dem Träger der öffentlichen und dem Träger der freien Jugendhilfe festgesetzt oder ausgehandelt wird, bei der Bürger/innen mit den Trägern der freien Jugendhilfe einen Hilfevertrag eingehen und bei der keine unmittelbare Leistungsbeziehung zwischen Bürger/in und Sozialleistungsträger besteht (hierzu Rn 3 ff), und
- **dreiseitiger Entgeltfinanzierung im jugendhilferechtlichen Dreiecksverhältnis,** wenn zu der Vereinbarung über die Finanzierung zwischen Träger der öffentlichen und freien Jugendhilfe und dem Hilfevertrag eine Entscheidung des Sozialleistungsträgers gegenüber dem/der Bürger/in über die Leistungsgewährung hinzukommt; dabei übernimmt der Träger der öffentlichen Jugendhilfe das Entgelt, das der/die Bürger/in dem Träger der freien Jugendhilfe für die privatrechtliche Inanspruchnahme der Leistung schuldet (hierzu Rn 19 ff).

Das SGB VIII unterscheidet zwischen **zweiseitigen Finanzierungsformen**, die sich allein im Verhältnis zwischen den Trägern der öffentlichen und freien Jugendhilfe abspielen, und der **dreiseitigen Finanzierung im jugendhilferechtlichen Dreiecksverhältnis**, bei der über eine Entscheidung des Jugendamts zur Leistungsgewährung die Leistungsberechtigten mit einbezogen sind.

- Bei zweiseitiger Finanzierung zwischen dem Träger der öffentlichen Jugendhilfe als Leistungsträger und dem Träger der freien Jugendhilfe als Leistungserbringer nehmen die Bürger/innen als Leistungsberechtigte die Leistungen beim Leistungserbringer direkt in Anspruch, ohne dass der Träger der öffentlichen Jugendhilfe die Leistung vorab gewährt hätte. Zwischen Leistungsträger und Leistungsberechtigten entstehen keine Rechtsbeziehungen.
- Im jugendhilferechtlichen Dreieck entstehen mit der Gewährung einer Leistung durch den Träger der öffentlichen Jugendhilfe drei bilaterale, aufeinander bezogene Leistungsbeziehungen zwischen Leistungsberechtigten, Leistungsträger und Leistungserbringer.

1. Zweiseitige Finanzierung: Inanspruchnahme ohne Einzelfallentscheidung des Jugendamts

3 Vorgesehen sind zum einen zweiseitige Finanzierungsmöglichkeiten. Hier erfolgt die Finanzierung auf Basis von zweiseitigen Rechtsbeziehungen, an denen nur der Träger der öffentlichen Jugendhilfe und die Träger der freien Jugendhilfe beteiligt sind.[1] Dadurch wird die Finanzierung **ohne direkte Anknüpfung an die konkrete Leistungserbringung** durch den Träger der öffentlichen Jugendhilfe gegenüber den Bürger/innen im Einzelfall geregelt.

4 Die Finanzierung ist daher zweiseitig, wenn der Träger der öffentlichen Jugendhilfe gegenüber dem Träger der freien Jugendhilfe die Finanzierung direkt in Anspruch genommener Angebote und Leistungen **ohne vorherige Entscheidung über die Leistungsgewährung** sichert.[2] Aus dem Dreiecksverhältnis fehlt eine unmittelbare Leistungsbeziehung zwischen Bürger/in und Träger der öffentlichen Jugendhilfe.

---

1 *Münder*, in: ders. u.a., FK-SGB VIII, Vor §§ 75 ff Rn 8.
2 *Münder*, in: ders. u.a., Handbuch KJHR, Kap. 5.2 Rn 6.

Auch wenn das Gesetz den Bürger/inne/n ggf gegenüber dem Träger der öffentlichen Jugendhilfe einen **Rechtsanspruch** auf eine Leistung einräumt, konkretisiert sich daraus bei den zweiseitigen Finanzierungsformen noch kein Sozialverwaltungsrechtsverhältnis. Denn dies ist nur der Fall, wenn der/die Leistungsberechtigte den Rechtsanspruch gegenüber dem Träger der öffentlichen Jugendhilfe geltend macht. Der Rechtsanspruch erlangt erst dann den **Status der Rechtswirklichkeit.** Bei den zweiseitigen Finanzierungsformen trifft der Träger der öffentlichen Jugendhilfe gegenüber den Bürger/inne/n keine Einzelfallentscheidung über eine konkrete Leistungsgewährung, die durch eine bestimmte Einrichtung oder einen bestimmten Dienst erbracht werden soll. Unmittelbare Leistungsbeziehungen entstehen nur zwischen Bürger/innen und Leistungserbringern (unvollständiges bzw „hinkendes" jugendhilferechtliches Dreieck, hierzu unter Rn 39 ff). 5

Die zweiseitige Finanzierung erfolgt entweder über eine Förderung (Zuwendungsfinanzierung) oder mittels zweiseitiger Vereinbarungen über eine Einzelfall- und/oder Pauschalfinanzierung. 6

Zweiseitige Finanzierungsformen sind anzuwenden, wenn der Träger der öffentlichen Jugendhilfe keine Einzelfallentscheidung über die konkrete Leistungsgewährung trifft und daher das jugendhilferechtliche Dreiecksverhältnis nicht entsteht. Dies gilt für **Leistungen mit direkter Inanspruchnahme**, die im Gesetz entweder mit einem Rechtsanspruch unterlegt (zB niedrigschwellige Beratungsleistungen) oder als objektiv-rechtliche Verpflichtungen ausgestaltet sind (zB niedrigschwellige Angebote zur Förderung der Erziehung in der Familie nach § 16 Abs. 3 SGB VIII). In Betracht kommen

- die Förderung über eine Zuwendungsfinanzierung (§ 74 SGB VIII) oder
- zweiseitige Vereinbarungen, die insbesondere dann zu schließen sind, wenn die Finanzierung über Entgelte im Einzelfall erfolgen soll.

a) Zuwendungsfinanzierung (§ 74 SGB VIII)

Eine zweiseitige Form der Finanzierung ist die Zuwendungsfinanzierung (§ 74 SGB VIII), die auch mit dem Begriff der Sozialsubvention oder Subventionsfinanzierung bzw Zuschussgewährung beschrieben wird.[3] Bei dieser gewährt der Träger der öffentlichen Jugendhilfe dem Träger der freien Jugendhilfe eine **pauschale Finanzierung über vermögenswerte Leistungen** für die Zurverfügungstellung eines bestimmten jugendhilferechtlichen Angebots. Der Träger der freien Jugendhilfe soll durch die Förderung durch finanzielle Zuwendung in die Lage versetzt werden, im Interesse der Kinder- und Jugendhilfe liegende Aufgaben zu erfüllen.[4] 7

Aus § 74 SGB VIII ergibt sich eine grundsätzliche Verpflichtung zur Förderung der „freiwilligen Tätigkeit" auf dem Gebiet der Jugendhilfe. Der Begriff der Freiwilligkeit in § 74 SGB VIII bezieht sich auf jede nicht-staatliche Tätigkeit, so dass lediglich Träger der freien Jugendhilfe gefördert werden können.[5] Dem Erfordernis der **„Freiwilligkeit"** kommt insofern deklaratorische Bedeutung zu, als jede Tätigkeit der Träger der freien Jugendhilfe per se freiwillige Tätigkeit ist.[6] 8

Teilweise wird zusätzlich darauf abgestellt, dass mit freiwilliger Tätigkeit ausschließlich der Bereich gemeint sei, in dem keine Rechtsansprüche, sondern lediglich **objek-** 9

3 *Wabnitz*, in: Fieseler u.a., GK-SGB VIII, Stand: 7/2005, § 74 Rn 13.
4 *Wiesner*, in: ders., SGB VIII, § 74 Rn 9.
5 *Münder*, in: ders. u.a., FK-SGB VIII, § 74 Rn 3; *Grube*, in: Hauck/Noftz, SGB VIII, Stand: 9/2012, § 74 Rn 15.
6 *Grube*, in: Hauck/Noftz, SGB VIII, Stand: 9/2012, § 74 Rn 15.

tiv-rechtliche Verpflichtungen der Träger der öffentlichen Jugendhilfe betroffen seien.[7] Dagegen spricht bereits, dass auch objektiv-rechtliche Verpflichtungen für den Träger der öffentlichen Jugendhilfe keineswegs freiwillig sind. Eine Förderung nach § 74 SGB VIII ist daher auch im Bereich von Rechtsanspruchsleistungen möglich.[8]

10 Es handelt sich um eine **objektbezogene Finanzierung.** Wer die genauen Personen sind, die letztlich Adressat/inn/en werden, steht bei der Entscheidung über die Finanzierung ebenso wenig fest wie die genaue Ausgestaltung der Leistungserbringung, für welche die Förderung letztlich verwendet wird. Voraussetzungen für die Förderung sind generell die fachliche Eignung des Trägers der freien Jugendhilfe für die Leistungen und Angebote und eine Gewähr für die zweckentsprechende und wirtschaftliche Verwendung der Mittel. Über die Pflicht zur zweckentsprechenden Verwendung der Mittel hinaus ergeben sich mit Blick auf die Achtung der Selbstständigkeit der Träger der freien Jugendhilfe keine inhaltlichen Kontrollbefugnisse durch den Träger der öffentlichen Jugendhilfe.[9]

11 Was die **Form der Zuwendungsfinanzierung** betrifft, so

- kann die Förderung entweder über einen einseitigen Bescheid als Verwaltungsakt bewilligt oder
- können über die Zuwendung öffentlich-rechtliche Verträge nach § 53 Abs. 1 SGB X geschlossen werden.[10]

12 Die Förderung nach § 74 SGB VIII kann als **Projektförderung** zur Finanzierung einzelner abgegrenzter Vorhaben oder als **institutionelle Förderung** gestaltet werden, bei denen die Zuwendungen zur Deckung der gesamten Ausgaben oder nicht abgegrenzter Teile der Ausgaben eines freien Trägers dienen.[11]

> Über **Zuwendungen (§ 74 SGB VIII)** gewährt der Träger der öffentlichen Jugendhilfe einem Träger der freien Jugendhilfe eine pauschale Finanzierung für die Zurverfügungstellung eines bestimmten jugendhilferechtlichen Angebots in Gestalt von Einrichtungen, Diensten oder Veranstaltungen (**objektbezogene Finanzierung**). Voraussetzungen für die Förderung sind u.a. die fachliche Eignung der Träger für die betreffenden Angebote und eine Gewähr für die zweckentsprechende und wirtschaftliche Verwendung der Mittel.

b) Zweiseitige Einzelfallfinanzierung (§ 77 SGB VIII)

13 Möglich sind auch zweiseitige Leistungsverträge zwischen dem Träger der öffentlichen und den Trägern der freien Jugendhilfe nach § 77 SGB VIII. Es handelt sich um **zweiseitige Austauschverträge**, die – in Abgrenzung zur Zuwendungsfinanzierung – in der Regel an die Gewährung einzelner vorher definierter Leistungen anknüpfen.[12] Nach der gesetzlichen Systematik findet über Vereinbarungen nach § 77 SGB VIII eine Einzelfallfinanzierung statt, die bei einer Zuwendungsfinanzierung nach § 74 SGB VIII nicht möglich ist. Ein Einbezug einzelfallübergreifender und fallunspezifischer Elemente in die Finanzierung ist damit allerdings nicht ausgeschlossen. Letztlich ist § 77 SGB VIII **Auffangnorm**

7 *Hinrichs*, standpunkt : sozial Sonderheft 2012, 5, 24; *Grube*, in: Hauck/Noftz, SGB VIII, Stand: 9/2012, § 74 Rn 15.
8 *Münder*, in: ders. u.a., Handbuch KJHR, Kap. 5.2 Rn 7.
9 *Münder*, in: ders. u.a., FK-SGB VIII, § 74 Rn 12.
10 *Münder*, in: ders. u.a., FK-SGB VIII, VorKap. 5 Rn 13.
11 *Wiesner*, in: ders., SGB VIII, § 74 Rn 10; *Kern*, in: Schellhorn u.a., SGB VIII, § 74 Rn 27.
12 *Münder*, in: ders. u.a., FK-SGB VIII, VorKap. 5 Rn 14; *Wiesner*, in: ders., SGB VIII, Vor § 78 a Rn 13.

- für zweiseitige Finanzierung im Verhältnis zu § 74 SGB VIII und
- für Finanzierung von Leistungen im jugendhilferechtlichen Dreieck, die von § 78 a SGB VIII nicht erfasst sind.

Er fügt sich nur begrenzt in die **Regelungssystematik** der Finanzierung nach SGB VIII ein und hat im Gesetzgebungsverfahren zu seiner Einführung möglicherweise nur wenig Aufmerksamkeit und Durchdringung erfahren.[13] 14

Die Parteien schließen bei einer zweiseitigen Finanzierung über § 77 SGB VIII einen **öffentlich-rechtlichen Vertrag**, in dem sie Art und Umfang der Leistung sowie ein Entgelt für die Erbringung der Leistung vereinbaren.[14] Zweiseitig bleibt diese Form der Einzelfallfinanzierung dann, wenn es sich nicht um Übernahme des Entgelts für eine vom Träger der öffentlichen Jugendhilfe gegenüber den Bürger/innen gewährte Leistung handelt, sondern wenn eine unmittelbare Inanspruchnahme der Leistung beim Träger der freien Jugendhilfe vorgesehen ist und diese Inanspruchnahme entsprechend dem Vertrag nach § 77 SGB VIII mit dem Träger der öffentlichen Jugendhilfe abgerechnet werden kann. 15

Gesetzliche Grundlage für solche öffentlich-rechtlichen Verträge ist § 77 SGB VIII.[15] Teilweise werden sie jedoch auf § 79 Abs. 2 SGB VIII iVm Art. 28 Abs. 2 GG gestützt, also die Selbstverwaltungsgarantie der Träger der öffentlichen Jugendhilfe iVm der finanziellen Eigenverantwortung in der Kinder- und Jugendhilfe.[16] Der Mehrwert einer solchen Konstruktion jenseits der ausdrücklichen Regelung zu Vereinbarungen über die Erbringung von Leistungen und anderen Aufgaben in § 77 SGB VIII erschließt sich dabei allerdings nicht. Nach § 77 SGB VIII sind Vereinbarungen über die Höhe der Kosten der Inanspruchnahme zwischen der öffentlichen und der freien Jugendhilfe anzustreben, wenn Einrichtungen und Dienste der Träger der freien Jugendhilfe in Anspruch genommen werden. Davon können aufgrund der weiten Fassung auch zweiseitige Entgeltvereinbarungen umfasst sein.[17] Eine Einschränkung auf die dreiseitige Entgeltübernahme im Rahmen des jugendhilferechtlichen Dreiecks lässt sich weder dem Wortlaut des § 77 SGB VIII noch der Systematik des SGB VIII entnehmen. 16

Die Vereinbarungen nach § 77 SGB VIII können entweder eine konkrete **Einzelfallabrechnung** nach erbrachter Leistung beinhalten oder aber eine Vorabfinanzierung mit einem Teil- oder Gesamtbetrag mit nachträglicher Einzelabrechnung über die tatsächlich erbrachten Leistungen. Eine – vollständig oder teilweise – pauschale Finanzierung wird jedoch häufig nicht auf § 77 SGB VIII gestützt, bei dem es vom Ausgangspunkt her um das Entgelt für den Träger aufgrund der konkret in Anspruch genommenen Leistung geht,[18] sondern auf § 74 SGB VIII. 17

Zuwendung und zweiseitige Einzelfallfinanzierung stehen alternativ nebeneinander.[19] 18
Es steht im Ermessen des öffentlichen Jugendhilfeträgers und bei Vereinbarungen zu-

---

13 So findet sich in der Begründung nur die lapidare Feststellung: „Folgeänderung zur Einfügung des neuen Dritten Abschnitts (§§ 78 a und 78 g) sowie Streichung der durch Zeitablauf obsolet gewordenen Absätze 2 und 3.", BT-Drucks. 13/10330; siehe auch die ausführliche Schilderung der Gesetzesgenese bei *Struck*, in: Kröger, Leistung, Entgelt und Qualitätsentwicklung in der Jugendhilfe, S. 17 ff.

14 *Hinrichs*, standpunkt : sozial Sonderheft 2012, 5, 26.

15 *Münder*, in: ders. u.a., FK-SGB VIII, VorKap. 5 Rn 14.

16 *Hinrichs*, standpunkt : sozial Sonderheft 2012, 5, 26.

17 *Münder*, in: ders. u.a., FK-SGB VIII, § 77 Rn 3, 15; *Wiesner*, in: ders., SGB VIII, § 77 Rn 5 a.

18 *Kern*, in: Schellhorn u.a., SGB VIII, § 77 Rn 12.

19 *Wiesner*, in: ders., SGB VIII, § 77 Rn 5 a; *Münder*, in: ders. u.a., FK-SGB VIII, § 77 Rn 3; *Grube*, in: Hauck/Noftz, SGB VIII, Stand: 12/1998, § 77 Rn 1; *Kern*, in: Schellhorn u.a., SGB VIII, § 77 Rn 8.

sätzlich des freien Trägers, ob er/sie sich für die eine oder andere Möglichkeit entscheidet/-n (**Wahlfreiheit**). Der Unterschied zur Zuwendung besteht im Austausch der beiderseitigen Leistungen[20] im Sinne einer auf die Leistungserbringung im Einzelfall Bezug nehmenden Finanzierung.

> Zweiseitige Leistungsverträge mit Entgeltvereinbarungen für eine Einzelfallfinanzierung von Leistungen, die ohne Einzelfallentscheidung des Jugendamts und damit ohne Leistungsbeziehung zwischen dem Träger der öffentlichen Jugendhilfe und den Leistungsberechtigten erbracht werden, sind über **Vereinbarungen nach § 77 SGB VIII** möglich. Die Vereinbarungen können entweder eine konkrete Einzelfallabrechnung nach erbrachter Leistung beinhalten oder aber eine Vorabfinanzierung mit einem Teil- oder Gesamtbetrag mit nachträglicher Einzelabrechnung über die tatsächlich erbrachten Leistungen. Gegenstand der Vereinbarungen können auch pauschal finanzierte Leistungen und Angebote sein.
>
> Die **Wahl der zweiseitigen Finanzierungsform**, also ob Leistungen, die ohne Einzelfallentscheidung des Jugendamts erbracht werden, über Zuwendungen nach § 74 SGB VIII oder über eine zweiseitige Vereinbarung nach § 77 SGB VIII mit oder ohne Einzelfallabrechnung finanziert werden, steht im Ermessen des Trägers der öffentlichen Jugendhilfe.

2. Dreiseitige Entgeltfinanzierung im jugendhilferechtlichen Dreiecksverhältnis: Inanspruchnahme nach Einzelfallentscheidung des Jugendamts

19 Handelt es sich bei zweiseitigen Finanzierungsformen um direkte Leistungsbeziehungen zwischen den leistungsverpflichteten Trägern der öffentlichen Jugendhilfe und den die Leistung erbringenden freien Trägern, ohne dass der Träger der öffentlichen Jugendhilfe hierbei gegenüber den Bürger/innen die Leistungsgewährung regelt, so gestaltet sich in **Abgrenzung** dazu eine dreiseitige Entgeltfinanzierung über eine Entscheidung des Trägers der öffentlichen Jugendhilfe über die Gewährung der Leistung und knüpft hierbei direkt an die Leistungsberechtigung der Bürger/innen an.

a) Gestaltung der Finanzierung

20 Gewährt der Träger der öffentlichen Jugendhilfe – qua Verwaltungsakt – dem/der leistungsberechtigten Bürger/in im Einzelfall eine Leistung, hat der/die Bürger/in im Dreieck gegenüber dem leistungsverpflichteten öffentlichen Jugendhilfeträger einen **Anspruch auf Übernahme des Entgelts**, das er dem Leistungserbringer zahlen muss. Die Höhe ergibt sich aus den Vereinbarungen zwischen den leistungsverpflichteten öffentlichen Trägern und den leistungserbringenden Trägern der freien Jugendhilfe.[21]

21 In das Leistungsentgelt fließen bei der dreiseitigen Entgeltfinanzierung sämtliche bei der Leistungserbringung entstehenden **Kosten** ein. In ihm spiegeln sich also die konkreten Kosten für die konkrete Leistung wider.[22] Obwohl die Entgeltfinanzierung über das jugendhilferechtliche Dreiecksverhältnis damit konkret und einzelfallbezogen angelegt ist, orientieren sich die Vereinbarungen in aller Regel an bestimmten Leistungstypen. Die Finanzierung bleibt nur dann praktikabel, wenn die Gestaltung von Leistungsangeboten und Entgelten mit einem gewissen Maß an Pauschalierung und Bildung von Durchschnittswerten erfolgt.[23]

---

20 *Münder*, in: ders. u.a., FK-SGB VIII, § 77 Rn 3.
21 *Münder*, in: ders. u.a., Handbuch KJHR, Kap. 5.1 Rn 23.
22 *Münder*, in: ders. u.a., Handbuch KJHR, Kap. 5.2 Rn 21.
23 *Wiesner*, in: ders., SGB VIII, Vor § 78 a Rn 13.

Für die stationären und teilstationären Leistungen, die vom Katalog des § 78 a Abs. 1 SGB VIII umfasst sind, ergibt sich die **Rechtsgrundlage** für die Vereinbarungen aus §§ 78 a ff SGB VIII. Für alle anderen Leistungen, insbesondere für die Erbringung von ambulanten Leistungen, ist § 77 SGB VIII Rechtsgrundlage. 22

Als Instrumente für die Berechnung der Entgeltfinanzierung dienen vor allem die **Fachleistungsstunde** oder **Tagessätze.** 23

> Die Finanzierung bei der Leistungserbringung im jugendhilferechtlichen Dreiecksverhältnis, also mit **Einzelfallenscheidung des Jugendamts** über die konkrete Leistungserbringung, gestaltet sich über eine Übernahme des Entgelts, das der/die leistungsberechtigte Bürger/in dem leistungserbringenden Träger der freien Jugendhilfe zahlen muss. Rechtsgrundlagen für die Entgeltvereinbarungen sind
>
> - §§ 78 a ff SGB VIII für die stationären und teilstationären Leistungen aus dem Katalog des § 78 a SGB VIII und
> - § 77 SGB VIII für alle anderen Leistungen.
>
> In das Leistungsentgelt fließen sämtliche bei der Erbringung der konkreten Leistung entstehenden Kosten ein. Als Abrechnungseinheiten dienen insbesondere die Fachleistungsstunde sowie der Tagessatz.

aa) Fachleistungsstunde als Abrechnungseinheit

Die Fachleistungsstunde dient als Instrument zur Ermittlung, Darstellung und Abrechnung von Entgelten für die betreffenden Sozialleistungen. Der **Preis einer Fachleistungsstunde** muss alle betrieblichen Kosten decken, die zur konkreten Leistungserbringung erforderlich sind.[24] Zu den Kostenbestandteilen gehören Personal- und Sachkosten. Die Fachleistungsstunde berechnet den Quotienten für das Verhältnis von Personal- und Sachkosten zur Arbeitszeit einer Fachkraft, der in dieser Weise heruntergebrochen als Kosten pro Leistungsstunde gemessen wird.[25] Die Abrechnung selbst erfolgt regelmäßig, indem nach Gewährung der Leistung der von den Leistungsberechtigten gewählte Träger anhand der Abrechnungseinheit „Fachleistungsstunde" Abschlagszahlungen über die bewilligten und dann konkret erbrachten Leistungen erhält. Eine genaue Abrechnung über die tatsächlich erbrachten Leistungen erfolgt dann in der Regel am Ende des Bewilligungszeitraums. 24

Personalkosten sind die Kosten für die sozialpädagogischen Fachkräfte sowie die anteiligen Kosten für Leitung, Beratung und Verwaltung.[26] Bei den Personalkosten geht die Fachleistungsstunde von einer Berücksichtigung der Zeit eines/einer Mitarbeiters/-in aus, die ihm/ihr jährlich durchschnittlich zur Verfügung steht abzüglich Urlaub, Krankheit, Fortbildung. Umfasst sein können neben den direkten fallbezogenen Betreuungszeiten der Familien auch An- und Abfahrtszeiten, Fallberatungen im Team, Vor- und Nachbereitungszeiten sowie Dokumentation, Supervision und Fortbildung. Zu den **Sachkosten** gehören Kosten für Räume und Nebenkosten, Kommunikation, Ausstattung, Material u.a.[27] 25

Die Entgeltvereinbarungen sind stets für einen zukünftigen Zeitraum zu schließen und nachträgliche Ausgleiche sind unzulässig (§ 78 d Abs. 1 SGB VIII). Bei der **Prospektivrechnung,** wie sie der AFET-Bundesverband für Erziehungshilfe eV emp- 26

24 *Schindler*, in: Kunkel, LPK-SGB VIII, § 77 Rn 15.
25 AFET, AFET-Modell der Fachleistungsstunden für die ambulanten Erziehungshilfen, S. 10.
26 *Schindler*, in: Kunkel, LPK-SGB VIII, § 77 Rn 16.
27 *Schindler*, in: Kunkel, LPK-SGB VIII, § 77 Rn 15.

fiehlt,[28] wird die Struktur des Hilfeangebots vom Träger der freien Jugendhilfe so gut dargestellt, dass sich daraus alle Kosten beim Träger im Vereinbarungszeitraum ableiten lassen. Damit können die Kosten berücksichtigt werden, die tatsächlich anfallen.

27 Gegenstand der Leistungsvereinbarung sind sämtliche fachlichen Standards und standardisierte Aufwendungen für die **Arbeitsorganisation** des jeweiligen Trägers; neben den genauen pädagogischen Aufgaben werden also auch administrative Aufgaben und Pflichten beschrieben, etwa Diensthandy, Büroanteil pro Fachkraft, Fahrtkostenerstattung. Umfasst sind nicht nur festgelegte Standards der Abrechnung, Standards und Häufigkeit von Falldokumentation, Erstellung von Hilfeplanentwürfen, Nacht- und Wochenendeinsätze etc, sondern in die Berechnung der Abrechnungseinheit Fachleistungsstunde können auch fallunabhängige und fallübergreifende Angebote im Sozialraum einfließen,[29] also unter anderem auch die Erbringung von Leistungen und Aufgaben, bei denen es sich nicht um die entgeltfinanzierten Leistungen handelt (zu fallunspezifischer und fallübergreifender Arbeit siehe Rn 31 f). Je nach Angebotsform wird der Kalkulation der Fachleistungsstunde eine **Auslastungsquote** bzw ein **Auslastungsgrad** zugrunde gelegt.[30]

28 In der Praxis gibt es verschiedene **Berechnungsmodelle** für die Fachleistungsstunde:[31]

- Das **Brutto-Modell** trennt fallbezogene und fallunabhängige Tätigkeiten. Ausgangspunkt ist die Jahresbruttoarbeitszeit eines/einer Mitarbeiters/-in, dh Anwesenheitstage ohne Einbeziehung von Fehltagen aufgrund von Krankheit, Urlaub oder Fortbildung. Abgezogen werden sodann von der Bruttoarbeitszeit auch die Zeiten für fallübergreifende Arbeit. Mit abgedeckt sind aber auch fallbezogene Zeiten außerhalb der direkten Arbeit mit den Leistungsempfänger/inne/n, also zB Telefonate, Behördenkontakte und Dokumentationen. Effekt ist, dass ein relativ großes Stundenkontingent für fallbezogene Arbeiten verbleibt.
- Nach dem **Face-to-Face-Modell** oder **Netto-Modell** werden nur unmittelbare Kontaktzeiten mit den Leistungsberechtigten abgerechnet. Von der Bruttoarbeitszeit werden daher nicht nur Abwesenheitszeiten, sondern auch Zeiten für Kontakte zu Behörden, Institutionen und dem Umfeld sowie Telefonate abgezogen. Ausgangspunkt sind in der Regel die Personalkosten. Diesen werden die Kosten für Sachaufwand und mittelbare Leistungen prozentual aufgeschlagen. Dh, es ist für die Finanzierung entscheidend, ob bspw ein Verhältnis von 70:30 von direkten und mittelbaren Leistungen angenommen wird oder nur 80:20. Dieser Quotient bestimmt die Kosten einer Fachleistungsstunde.
- Das **Praxismodell** schließlich weicht die Trennung zwischen fallbezogener und fallübergreifender Arbeit auf. Es handelt sich um ein Netto-Modell, bei dem die Abrechnung nicht auf den direkten Kontakt beschränkt ist, sondern bei der alle Dienste für den Leistungsberechtigten als Grundlage dienen (zB Behördenkontakte, die unmittelbar im Interesse des Betroffenen erfolgen, oder das Fertigen von Schriftsätzen fürs Gericht, nicht aber die Dokumentation oder die Teilnahme an Dienstbesprechungen).

---

28 AFET, AFET-Modell der Fachleistungsstunden für die ambulanten Erziehungshilfen, S. 12.

29 AFET, AFET-Modell der Fachleistungsstunden für die ambulanten Erziehungshilfen, S. 12 f.

30 AFET, AFET-Modell der Fachleistungsstunden für die ambulanten Erziehungshilfen, S. 27; etwa Mustervertrag in AG § 78 Frankfurt aM, „face-2-face", S. 80.

31 Zu den Berechnungsmodellen siehe AFET, AFET-Modell der Fachleistungsstunden für die ambulanten Erziehungshilfen, S. 39 f.

Wird über die Maßeinheit der Fachleistungsstunde abgerechnet, so muss der Preis einer Fachleistungsstunde **alle Kosten** abdecken, die für die Leistungserbringung erforderlich sind, unterteilt in Personal- und Sachkosten. Bei den Personalkosten können je nach Berechnungsmodell neben den direkten fallbezogenen Betreuungszeiten der Familien auch mittelbare Leistungen einbezogen werden.

bb) Tagessatz als Abrechnungseinheit

Wird eine Leistung nicht stundenweise, sondern wie bei stationären Leistungen tageweise oder wie bei teilstationären Leistungen für einen Teil des Tages erbracht, so erfolgt die Abrechnung in der Praxis häufig mithilfe der Abrechnungseinheit Tagessatz. Das im Tagessatz berechnete Entgelt umfasst die Personalkosten, die Sachkosten sowie investive Folgekosten bzw den Substanzerhaltungsaufwand (Letztere in Abgrenzung zu den Investitionskosten iSd § 78 c Abs. 2 S. 4 SGB VIII, hierzu Rn 337 ff).[32] Die **Kostenkalkulation** stellt alle Kosten der Einrichtung dar, die durch die teil- oder vollstationären Leistungen entstehen. Für die Personalbemessung wird der tatsächliche Personalaufwand auf Grundlage des Personalschlüssels sowie der Personalanteile für den Funktionsbereich (insb. Leitung, Verwaltung) ermittelt.[33] Die Berechnung legt eine Mindestbelegung zugrunde (Auslastungsquote).[34] 29

Die Grundleistungen einer Einrichtung werden regelmäßig abgerechnet über Tagessätze, während die Abrechnung der **individuellen Zusatzleistungen** in der Regel über Stundensätze oder Fachleistungsstunden erfolgt.[35] Möglich sind auch Zusatzleistungen in Form von Tagessätzen.[36] Projekte werden bspw in Form von Festbeträgen (Projektbudgets) finanziert.[37] 30

Die Berechnung über Tagessätze dient der Abrechnung von Leistungen, die nicht stundenweise, sondern **tageweise** (insb. bei stationären Leistungen) oder für einen Teil des Tages (insb. bei teilstationären Leistungen) erbracht werden. Die Grundleistungen einer Einrichtung werden in der Regel über Tagessätze und die individuellen Zusatzleistungen über Stundensätze oder Fachleistungsstunden abgerechnet.

cc) Fachleistungsstunde, Tagessatz und sozialräumliche Finanzierung

Das Thema **Sozialraumbezug in erzieherischen Hilfen** ist seit jeher Thema in der Kinder- und Jugendhilfe[38] und betrifft regelmäßig auch Fragen der Finanzierung. Die Abrechnungseinheiten Fachleistungsstunde und Tagessatz können hierbei auch den Aufbau von Sozialraumkontakten umfassen (zu Möglichkeiten und Grenzen ausführlich Rn 355 ff).[39] Da eine Hilfe zur Erziehung das engere soziale Umfeld mit einbezie- 31

32 Vgl zB LJA Westfalen-Lippe/LJA Rheinland, Das Entgeltrecht, 2004, Rahmenvertrag I, § 9 Ziff. 3; Niedersächsischer Städtetag u.a., Rahmenvertrag nach § 78 f SGB VIII, 2012, § 6 Abs. 1.

33 Vgl zB LKT BW u.a., Rahmenvertrag nach § 78 f SGB VIII für Baden-Württemberg, 2006, Anlage 1, Ziff. 1.1; LJA Westfalen-Lippe/LJA Rheinland, Das Entgeltrecht, 2004, Rahmenvertrag I, § 10 Ziff. 2, Anlage 2; Niedersächsischer Städtetag u.a., Rahmenvertrag nach § 78 f SGB VIII, 2012, Anlage 8 Ziff. 1.1.

34 Vgl zB LJA Westfalen-Lippe/LJA Rheinland, Das Entgeltrecht, 2004, Rahmenvertrag I, § 10 Ziff. 1 und 3; Niedersächsischer Städtetag u.a., Rahmenvertrag nach § 78 f SGB VIII, 2012, Anlage 5, Ziff. 2.

35 Vgl zB LKT BW u.a., Rahmenvertrag nach § 78 f SGB VIII für Baden-Württemberg, 2006, Anlage 2, Ziff. 3 (Stundensätze); LJA Westfalen-Lippe/LJA Rheinland, Das Entgeltrecht, 2004, Rahmenvertrag I, § 9 Ziff. 5 (Fachleistungsstunde).

36 Vgl zB LJA Westfalen-Lippe/LJA Rheinland, Das Entgeltrecht, 2004, Rahmenvertrag I, § 9 Ziff. 5.

37 Vgl zB LJA Westfalen-Lippe/LJA Rheinland, Das Entgeltrecht, 2004, Rahmenvertrag I, § 9 Ziff. 5.

38 Siehe etwa *Koch/Lenz*, Integrierte Hilfen und sozialräumliche Finanzierungsformen, 2000; SPI, Sozialraumorientierung auf dem Prüfstand, 2001; ISA, Sozialraumorientierte Planung, 2001; *Koch*, Mehr Flexibilität, Integration und Sozialraumbezug in den erzieherischen Hilfen, 2002; *Merten, R.*, Sozialraumorientierung. Zwischen fachlicher Innovation und rechtlicher Machbarkeit, 2002; *Kalter/Schrapper*, Was leistet Sozialraumorientierung?, 2006; *Pichlmeier/Rose*, Sozialraumorientierte Jugendhilfe in der Praxis, 2010.

39 Zur entsprechenden Forderung siehe Diakonie, Stellungnahme zur Anhörung der AGJF am 10.12.2013, S. 2.

hen soll (§ 27 Abs. 2 S. 2 Halbs. 2 SGB VIII), ist auch die Sozialraumarbeit, dh der Aufbau und die Nutzung sozialräumlicher Ressourcen, von Nachbarschaften, Angehörigen, Freunden und Regeleinrichtungen, Bestandteil der fallspezifischen Arbeit selbst.[40] Kenntnisse über den Stadtteil, das Quartier oder den Straßenzug, seine Bewohner/innen und Kontaktpersonen sowie die Vernetzung im Sozialraum sind notwendige Voraussetzungen für die Nutzung der sozialräumlichen Ressourcen.

Die Abrechnungseinheiten Fachleistungsstunde und Tagessatz können auch Bestandteile der Leistungserbringung umfassen, die für den **Einbezug des sozialen Umfelds** und den **Aufbau von Sozialraumkontakten** erforderlich sind.

32 In Praxis und Literatur[41] wird bei den Tätigkeitsfeldern im Zuge sozialräumlich orientierter Hilfen zur Erziehung unterschieden zwischen

- **fallspezifischer bzw fallbezogener Arbeit**, bei der sich die Fachkräfte auf die Adressat/inn/en aus der Familie, auf den Einzelfall konzentrieren, sie beraten und unterstützen;
- **fallübergreifender Arbeit**, bei der sich die Fachkräfte anlassbezogen, also aufgrund einer Einzelfallhilfe und individuellen Hilfebedarfen, auch den Ressourcen im Sozialraum zuwenden (Nachbarschaften, Netzwerke oÄ), diese in die Hilfe einbeziehen und für diese nutzen, aber auch, wenn sie den Adressat/inn/en im Nachgang an eine beendete, vom Jugendamt zuvor gewährte Hilfe zur Erziehung noch für Beratung und Unterstützung zur Verfügung stehen;
- **fallunspezifischer Arbeit**, bei der sich Fachkräfte unabhängig vom Einzelfall Kenntnisse über den Sozialraum aneignen, Kontakte aufbauen sowie Netzwerke und Kooperationen knüpfen bzw sich an solchen beteiligen, oder bei der sie Personen, die regelmäßig in Kontakt mit den Adressat/inn/en stehen (Lehrer/innen, Erzieher/innen in Tageseinrichtungen, Polizei usw), informieren oder fortbilden.

Bei sozialräumlich orientierten Hilfen kann zwischen fallspezifischer bzw **fallbezogener Arbeit** (Beratung und Unterstützung der Familie im Einzelfall), **fallübergreifender Arbeit** (einzelfallbezogene Zuwendung zu Ressourcen im Sozialraum) sowie **fallunspezifischer Arbeit** (einzelfallunabhängige Arbeit im Sozialraum) unterschieden werden.

b) Automatik der Entgeltfinanzierung über das sozialrechtliche Dreieck

33 Die Finanzierung der Leistungen erfolgt immer über das sog. „sozialrechtliche Dreiecksverhältnis", wenn der Träger der öffentlichen Jugendhilfe über die Leistungsgewährung im Einzelfall durch Verwaltungsakt entscheidet. Nur dann handelt es sich um das sozialrechtliche Dreieck, im Kinder- und Jugendhilferecht speziell als jugendhilferechtliches Dreieck bezeichnet. Es bildet in den Fällen einer **Einzelfallentscheidung des Trägers der öffentlichen Jugendhilfe** sowohl Grundlage der Leistungserbringung als auch der Finanzierung. Dies betrifft nicht nur Fälle, in denen Rechtsansprüche auf (Sozial-)Leistungen durch Verwaltungsakt konkretisiert werden. Es greift auch dann ein, wenn (Sozial-)Leistungen, die im Ermessen des öffentlichen Trägers

40 AFET, AFET-Modell der Fachleistungsstunden für die ambulanten Erziehungshilfen, S. 35.

41 Zu dieser Unterscheidung siehe KGSt, Kontraktmanagement zwischen öffentlichen und freien Trägern, S. 28; *Lüttringhaus*, in: Merchel, Handbuch ASD, Kap. 23, S. 286, 289 ff; *Koch* u.a., Mehr Flexibilität, Integration und Sozialraumbezug in den erzieherischen Hilfen, S. 119; Caritas, Stellungnahme zur Anhörung der AGJF am 10.12.2013, S. 6; *Böllert*, Stellungnahme zur Anhörung der AGJF am 9.12.2013, S. 88; *Fehren/Hinte*, Sozialraumorientierung – Fachkonzept oder Sparprogramm, S. 31.

stehen oder bei denen er einen Beurteilungsspielraum hat, aufgrund einer Entscheidung des öffentlichen Jugendhilfeträgers bewilligt und damit konkretisiert werden.[42]

In der juristischen Literatur und Rechtsprechung zur Finanzierung von Leistungen nach SGB VIII ist eine unpräzise und damit missverständliche Herleitung der Finanzierung über das jugendhilferechtliche Dreiecksverhältnis weit verbreitet. Bei der Aktivierung der Finanzierung über das jugendhilferechtliche Dreieck wird teilweise allgemein darauf abgestellt, ob auf die Leistungen **im Gesetz ein Rechtsanspruch** besteht. Handele es sich um nach dem SGB VIII durch Rechtsanspruch gesicherte Leistungen, so könne ausschließlich das jugendhilferechtliche Dreiecksverhältnis Finanzierungsgrundlage sein.[43] In der Konsequenz kämen bei der Erbringung von Leistungen, die im Gesetz mit einem Rechtsanspruch unterlegt sind, andere Finanzierungsformen – Zuwendungen nach § 74 SGB VIII oder zweiseitige Leistungsverträge nach § 77 SGB III – nicht in Betracht.[44] Teilweise wird sogar generell vertreten, dass sich der Rechtsanspruch als wesentliches Gestaltungsprinzip des SGB VIII dergestalt auswirkt, dass andere Finanzierungsformen als die über das jugendhilferechtliche Dreiecksverhältnis nicht in Betracht kommen können.[45] 34

Die vermeintliche Unterteilung danach, ob Leistungen im Gesetz mit einem Rechtsanspruch hinterlegt sind oder nicht, trifft jedoch nicht die Kriterien für die Begründung eines jugendhilferechtlichen Dreiecksverhältnisses. Ein solches wird nur dann zur Grundlage der Finanzierung, wenn die Leistungserbringung in einer Weise erfolgt, bei der zwischen allen Beteiligten des Dreiecksverhältnisses und damit auf allen drei Seiten des Dreiecks tatsächlich direkte Leistungsbeziehungen vorliegen. Dazu muss nicht nur zwischen den Trägern der freien Jugendhilfe und den leistungsberechtigten Bürger/inne/n und zwischen den Trägern der freien und der öffentlichen Jugendhilfe, sondern auch zwischen den leistungsberechtigten Bürger/inne/n und den Trägern der öffentlichen Jugendhilfe eine **direkte Leistungsbeziehung** vorliegen. Eine solche entsteht aber nur dann, wenn der Rechtsanspruch des/der Bürgers/-in bzw die Leistungsverpflichtung durch die Geltendmachung gegenüber einem Träger der öffentlichen Jugendhilfe und dessen Entscheidung über die Gewährung der Leistung konkretisiert bzw aktiviert wurde. 35

Wird eine Rechtsanspruchsleistung dagegen niedrigschwellig angeboten oder kann die Leistung in sonstiger Weise von den Leistungsberechtigten bei einem Träger der freien Jugendhilfe **direkt und ohne vorherige Einzelfallentscheidung** des Trägers der öffentlichen Jugendhilfe über die Gewährung der Leistung in Anspruch genommen werden, so ist die Seite des Dreiecks, die die Leistungsbeziehung zwischen dem öffentlichen Träger und dem Leistungsberechtigten regelt, unvollständig. 36

Dass das jugendhilferechtliche Dreiecksverhältnis nur dann als Finanzierungsgrundlage in Betracht kommt, wenn es sich um ein vollständiges Dreiecksverhältnis handelt, spiegelt sich auch in der **Systematik von § 36 a SGB VIII:** 37

- In Absatz 1 der Vorschrift trägt der Träger der öffentlichen Jugendhilfe die Kosten einer Hilfe nach §§ 27 ff, 35 a und 41 SGB VIII nur dann, wenn sie auf der Grundlage seiner Entscheidung erbracht wird. Die Finanzierungspflicht wird also

42 *Münder*, in: ders. u.a., FK-SGB VIII, VorKap. 5 Rn 6.
43 BVerwG 14.11.2002, 5 C 57.01 = ZfJ 2003, 338; OVG NW 18.3.2005, 12 B 1931/04 = ZfJ 2005, 484; *Münder*, in: ders. u.a., FK-SGB VIII, VorKap. 5 Rn 6, § 74 Rn 5; *Wiesner*, in: ders., SGB VIII, § 77 Rn 5; *Gerlach/Hinrichs* ZKJ 2010, 344, 346.
44 *Münder*, in: ders. u.a., FK-SGB VIII, VorKap. 5 Rn 6.
45 *Hinrichs* standpunkt : sozial Sonderheft 2012, 5, 24, 26.

erst durch die konkretisierende und Verbindlichkeit herstellende Entscheidung des Trägers der öffentlichen Jugendhilfe über die Leistungsgewährung ausgelöst.

- In Absatz 2 der Vorschrift ist die Verpflichtung zur Zulassung der niedrigschwelligen unmittelbaren Inanspruchnahme und zum Abschluss von Vereinbarungen über die Übernahme der Kosten geregelt. Erfolgt die Inanspruchnahme direkt und unmittelbar, so ergibt sich die Finanzierung damit gerade nicht aus einer Entscheidung des Trägers der öffentlichen Jugendhilfe im Dreiecksverhältnis in Verbindung mit einer Entgeltvereinbarung zwischen dem Träger der öffentlichen und dem Träger der freien Jugendhilfe und findet somit die Finanzierung nicht im Rahmen des klassischen jugendhilferechtlichen Dreiecks statt.

38 Das Recht unterscheidet bei der Art der Finanzierung also nicht danach, ob im Gesetz auf die Leistung ein Rechtsanspruch besteht, sondern ob die Leistung aufgrund einer Einzelfallentscheidung des öffentlichen Jugendhilfeträgers erbracht wird.

Leistungen müssen notwendigerweise immer dann über das jugendhilferechtliche Dreieck finanziert werden, wenn auch die Leistungserbringung vollständig im jugendhilferechtlichen Dreieck stattfindet. Dies ist nur dann der Fall, wenn der Träger der öffentlichen Jugendhilfe eine **Entscheidung über die Leistungsgewährung im Einzelfall durch Verwaltungsakt** fällt und die Leistungsberechtigten die Leistung beim Leistungserbringer in Anspruch nehmen.

Für die Frage der Finanzierung im jugendhilferechtlichen Dreiecksverhältnis ist daher unerheblich, ob eine Leistung erbracht wird, der im Gesetz ein Rechtsanspruch oder lediglich eine objektiv-rechtliche Verpflichtung zugrunde liegt.

3. Zusammenfassung der Finanzierungsmöglichkeiten

Schaubild 2: Systematik der Finanzierungsformen nach SGB VIII

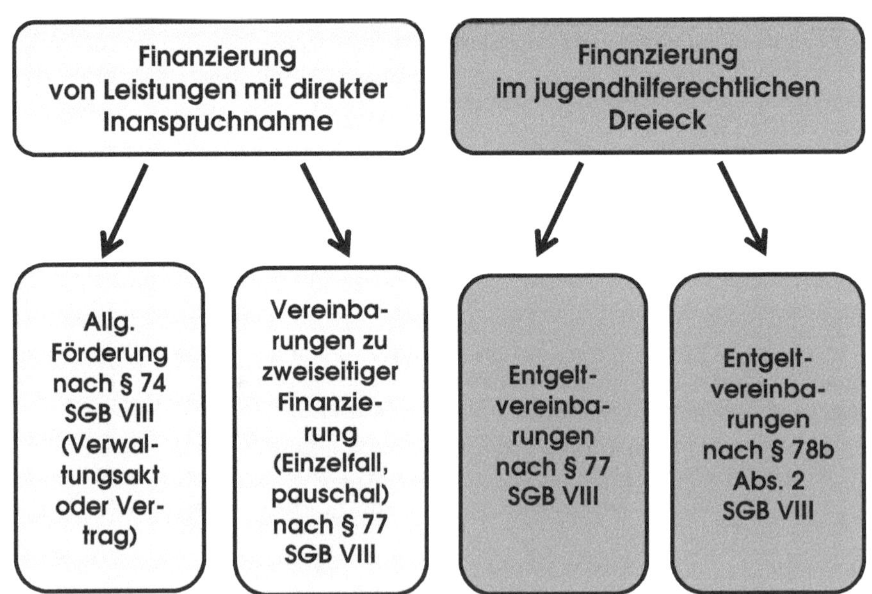

B. Direkte Inanspruchnahme: Leistungserbringung ohne Einzelfallentscheidung des Jugendamts

I. Finanzierungsformen, Angebotsgestaltung und Grenzen der Zulässigkeit nach aktueller Rechtslage

1. Angebotsformen: Beispiele (1, 2)

Die **Praxisbeispiele**, die in diesem und den folgenden Kapiteln vorangestellt sind, die- 39
nen der Veranschaulichung der abstrakten rechtlichen Konstruktionen zur Finanzierung von Leistungen nach SGB VIII. Die Auswahl versucht, die Bandbreite der – rechtlichen – Spielarten abzudecken und greift dabei nach Möglichkeit die Angebote auf, die in den aktuellen Debatten diskutiert werden. Die Beschreibung erhebt keinerlei Anspruch auf Vollständigkeit. Auch ist mit der Auswahl **keine fachliche Wertung** verbunden, diese oder jene Angebote seien nachahmungswürdig. Die fachliche Bewertung ist und bleibt dem (fach)politischen Diskurs vorbehalten.

Die Darstellung soll erleichtern, in den weiteren Diskussionen zu fachpolitischen sowie gesetzgeberischen Konsequenzen folgende **vier rechtliche Unterscheidungskriterien** nutzbar zu machen:

- Leistungserbringung ohne Einzelfallenscheidung des Jugendamtes über die Gewährung der Leistung: Finanzierung jenseits des jugendhilferechtlichen Dreiecks (B.);
- Leistungserbringung mit Einzelfallentscheidung des Jugendamtes über die Gewährung einer Leistung: Finanzierung im jugendhilferechtlichen Dreieck (C.);
- Leistungserbringung in Mischformen von Angeboten mit und ohne Einzelfallentscheidung des Jugendamtes über die Gewährung einer Leistung: Zulässigkeit von Mischfinanzierung trotz jugendhilferechtlichen Dreiecks? (D.)
- Leistungserbringung in Zusammenhang mit Regelstrukturen (Schule, Kita) (E.)

Beispiel 1: Elterncafé im System Frühe Hilfen. Als Anlaufstelle für Schwangere sowie Familien 40
mit Säuglingen und Kleinkindern in einem Stadtteil ohne Anmeldung offen ist ein Elterncafé, in dem Beratung erfolgen und Kontakt geknüpft werden kann sowie integrierte Gruppenangebote gemacht werden (Kochen, Frühstück, Babymassage, Babytreff, Sing- und Spielkreis, Elterntraining etc.). Von einem Team bestehend aus Familienhebammen, Sozialpädagog/inn/en und Psycholog/inn/en wird den Eltern „zeitnah und intensiv, vertraulich und verlässlich" niedrigschwellige Hilfe angeboten, wenn ihre Kinder besonderer Förderung bedürfen. Die Angebote umfassen u.a. Sozialberatung und Familienbegleitung, (videogestützte) entwicklungspsychologische Beratung, eine Gästewohnung für ein Wohnen auf Zeit in Krisen. Eltern werden sowohl im Elterncafé allgemein oder in Einzelterminen – sowohl im Elterncafé als auch aufsuchend – beraten und im Umgang mit Ämtern und Behörden (zB Jobcenter, Ausländerbehörde, Wohnungsamt) unterstützt. Nachbarschaftliche Kontakte und Netzwerke werden gefördert.[46]

Beispiel 2: Abenteuerspielplatz plus. In einem sozialen Brennpunkt ist ein Abenteuerspielplatz 41
etabliert. Die niedrigschwelligen Zugänge der Kinder, Jugendlichen und Familien aus dem Sozialraum werden genutzt und um Angebote erweitert, die eine Vergleichbarkeit zu Hilfen zur Erziehung aufweisen: Eltern sowie jungen Menschen wird in einer nahegelegenen Wohnung Einzel- und Gruppenberatung angeboten. Die sozialpädagogischen Fachkräfte leisten aufsuchende Familienhilfe und bieten in familiären Krisen für die Dauer von maximal drei Tagen die Möglichkeit einer kurzfristigen Unterkunft in der Wohnung, entweder für Kind/er und

---

46 ADEBAR – Beratung und Begleitung für Schwangere und Familien in Hamburg, vorgestellt auf der Fachtagung des Deutschen Vereins zur Weiterentwicklung und Steuerung der Hilfen zur Erziehung am 22.10.2013 in Berlin; hierzu *Hielscher/Seibt*, Evaluationsstudie zur Einzelbegleitung durch die Familienhebammen und die Familiäre Krisenhilfe bei ADEBAR. Die Perspektiven der Nutzerinnen, 2010.

Jugendliche/n mit betreuendem Elternteil oder mit Einverständnis des/der Personensorgeberechtigten für Kind/er oder Jugendliche/n allein.[47]

2. Flexible Finanzierung bei direkter Inanspruchnahme von Leistungen

a) Direkte Inanspruchnahme

42 Wenn das Jugendamt die Gewährung einer Leistung **nicht über einen Verwaltungsakt** (§ 31 SGB X) in einer Einzelfallentscheidung regelt, sondern die Leistungsberechtigten die Leistung direkt bei den Trägern der freien Jugendhilfe in Anspruch nehmen, greift das jugendhilferechtliche Dreieck nicht. Es spielt dabei keine Rolle, ob das Gesetz den Adressat/inn/en einen Anspruch auf die Leistung gibt oder nicht.

43 Im Bereich der Rechtsanspruchsleistungen handelt es sich um ein **unvollständiges bzw „hinkendes" Dreieck**: Ein im Gesetz angelegter Rechtsanspruch auf eine Sozialleistung nach SGB VIII bzw ein Anspruch auf ermessensfehlerfreie Entscheidung des Trägers der öffentlichen Jugendhilfe erlangt den Status der Rechtswirklichkeit nur dann, wenn er gegenüber dem Träger der öffentlichen Jugendhilfe geltend gemacht wird. Dies erfolgt bei unmittelbarer Inanspruchnahme der Leistung aber gerade nicht (zu Möglichkeiten und Grenzen ausführlich Rn 355 ff).

44 Im Bereich **rein objektiv-rechtlicher oder im Ermessen stehender Verpflichtungen** zur Leistung liegen dann, wenn über die Leistungserbringung nicht im Einzelfall durch das Jugendamt per Verwaltungsakt entschieden wird, ebenfalls keine direkten Leistungsbeziehungen zwischen den Trägern der öffentlichen Jugendhilfe und den leistungsberechtigten Bürger/inne/n vor.

b) Flexibilität der Finanzierung bei unmittelbarer Inanspruchnahme der Leistung

45 Die Finanzierung erfolgt in diesen Fällen nicht über das jugendhilferechtliche Dreieck, sondern über **zweiseitige Finanzierungsformen.** In Betracht kommen bei Leistungen, die unmittelbar in Anspruch genommen werden können:

- Förderung nach § 74 SGB VIII
  - **als gedeckelte Pauschalfinanzierung:** fester Betrag für einen gewissen Haushaltszeitraum, mit dem der Träger einer Einrichtung oder eines Dienstes Infrastruktur aufbauen und/oder Leistungen erbringen kann, soweit das Geld reicht;
  - **als Sockelfinanzierung:** fester Betrag für die Sicherstellung von Infrastruktur und einer Grundmenge von Angeboten; bei Überschreiten zusätzliche Vereinbarung über eine Einzelfallabrechnung nach § 77 SGB VIII;
- Vereinbarungen über eine Einzelfallabrechnung nach § 77 SGB VIII
  - **als pauschale Vorabfinanzierung** mit nachträglicher Abrechnung der in Anspruch genommenen Leistungen;
  - **als Einzelfallabrechnung:** Die Inanspruchnahme der Leistungen wird, nachdem die Leistung direkt beim Träger der freien Jugendhilfe in Anspruch genommen wurde, nach vorher mit dem Träger der öffentlichen Jugendhilfe festgelegten Entgelten abgerechnet.

46 In der Praxis sind auch **Mischmodelle**, etwa aus pauschaler Sockelfinanzierung und ergänzender Einzelfallabrechnung, anzutreffen.[48] Diese sind im Bereich zweiseitiger

47 Diskutiert in der Anhörung AGJF, Fachgespräch mit Vertreter/inne/n der Wissenschaft, am 9.12.2013.
48 *Meysen*, in: Münder u.a., FK-SGB VIII, § 36 a Rn 38.

Finanzierung, also bei direkter Inanspruchnahme der Leistung durch die Leistungsberechtigten, zulässig und können in Vereinbarungen nach § 77 SGB VIII integriert werden. Es besteht **Wahlfreiheit zwischen den Finanzierungsformen.**

Über eine **Förderung nach § 74 SGB VIII** sind somit jedenfalls solche Maßnahmen zu finanzieren, die sich nicht (allein) einzelfallfinanzieren lassen, weil die einzelnen Leistungen nicht sinnvoll identifiziert und gezählt werden können. Bei dem Elterncafé und Abenteuerspielplatz (Beispiele 1, Rn 40, und 2, Rn 41), aber bspw auch bei allen Angeboten der offenen Tür für Kinder und Jugendliche, können nicht alle einzelnen Leistungen gezählt und gegenüber dem Träger abgerechnet werden. Es kann nur generell nachgewiesen werden, dass die Mittel zweckentsprechend verwendet werden. Aber auch, wenn eine Infrastruktur geschaffen werden soll (zB an Beratung), kann eine Förderung ohne Notwendigkeit einer Abrechnung aller durchgeführten Einzelberatungen erforderlich sein bzw aus Praktikabilitätserwägungen umgesetzt werden. 47

Bei niedrigschwelligem Leistungsangebot mit direkter Inanspruchnahme der Hilfe ist das jugendhilferechtliche Dreieck nicht anwendbar. Auch wenn die Leistung im SGB VIII mit einem Rechtsanspruch hinterlegt ist, liegt lediglich ein **unvollständiges Dreieck** vor. Die Finanzierung kann nicht über das jugendhilferechtliche Dreiecksverhältnis stattfinden, sondern es sind zweiseitige Finanzierungformen anzuwenden. Möglich sind eine Förderung nach § 74 SGB VIII, zweiseitige Vereinbarungen nach § 77 SGB VIII über eine Einzelfallabrechnung oder Mischmodelle (zB Vereinbarungen über pauschale Sockelfinanzierung mit ergänzender Einzelfallabrechnung).

Schaubild 3: Finanzierungsformen bei Angeboten mit direkter Inanspruchnahme

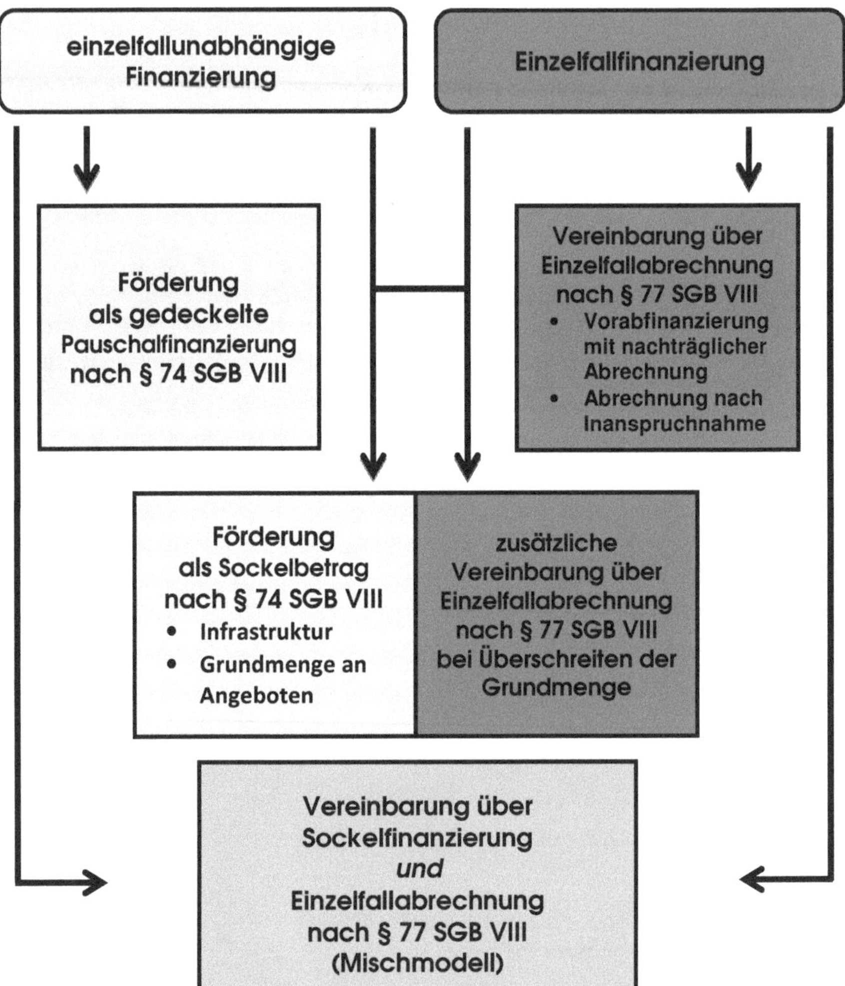

3. Förderung ausgewählter Träger und Angebote (§ 74 SGB VIII)

48 Über die Art und Höhe der Förderung entscheidet der Träger der öffentlichen Jugendhilfe im Rahmen der verfügbaren Haushaltsmittel nach pflichtgemäßem Ermessen (§ 74 Abs. 3 S. 1 SGB VIII). Daraus wird ein Rechtsanspruch nach § 74 Abs. 1 SGB VIII auf Förderung dem Grunde nach und ein Anspruch auf fehlerfreien Ermessensgebrauch hinsichtlich der Entscheidung über **Art und Höhe der Förderung** (§ 74 Abs. 3 SGB VIII) abgeleitet.[49] Dieser Anspruch auf Förderung dem Grunde nach wird teils lediglich als Anspruch darauf gewertet, dass der Träger der öffentlichen Jugend-

49 BVerwG 17.7.2009, 5 C 25.08 = E 134, 206; *Wiesner*, in: ders., SGB VIII, § 74 Rn 24; *Hauck*, in: ders./Noftz, SGB VIII, Stand: 1/2011, § 74 Rn 4; *Kunkel*, in: ders., LPK-SGB VIII, § 74 Rn 27.

hilfe sich mit Förderanträgen in der Sache zu befassen und darüber – ermessensfehlerfrei – zu entscheiden hat.[50] In der Sache hat der Träger der öffentlichen Jugendhilfe dann sowohl **Ermessen,** ob er fördert, als auch in welcher Höhe. Dagegen wird auch vertreten, ein Förderanspruch bestünde dem Grunde nach immer und nur Art und Höhe lägen im Ermessen des Trägers der öffentlichen Jugendhilfe.[51] Im Ergebnis kann aber auch nach dieser Rahmung kein direkter Anspruch auf Förderung angenommen werden, sondern nur auf Auseinandersetzung mit dem Förderantrag bei den Entscheidungen über die Förderung von Trägern der freien Jugendhilfe insgesamt.

Der Träger der öffentlichen Jugendhilfe entscheidet auch dann nach pflichtgemäßem 49
Ermessen über die Förderung, wenn mehrere Träger die Förderungsvoraussetzungen erfüllen und die von ihnen vorgesehenen Maßnahmen gleichwertig sind, zur Befriedigung des Bedarfs aber nur eine Maßnahme notwendig ist (§ 74 Abs. 3 S. 2 iVm S. 1 SGB VIII). Bei der Entscheidung über eine Förderung können also **Bedarfsgesichtspunkte** berücksichtigt werden. Die Förderung richtet sich nicht nur nach der Geeignetheit, sondern auch nach der Erforderlichkeit einer Maßnahme.[52] Der Träger der öffentlichen Jugendhilfe muss keine Überkapazitäten aufbauen und darf daher nur solche Einrichtungen, Dienste und Anstalten fördern, die er aufgrund der Bedarfsplanung für geeignet und erforderlich halten kann.[53] Erforderlich, um eine ermessensfehlerfreie Auswahlentscheidung treffen zu können, ist ein hinreichendes jugendhilferechtliches Maßnahmenkonzept mit einer Auswahlentscheidung, welche Maßnahmen zu fördern sind und mit den verfügbaren Haushaltsmitteln gefördert werden können.[54]

Zwar ist bei der Entscheidung über die Förderung der **Gleichheitsgrundsatz** von Be- 50
deutung (vgl § 74 Abs. 5 S. 1 SGB VIII), so dass dann, wenn verschiedene Träger gleichartige Maßnahmen anbieten (zB Beratung), diese grundsätzlich gleichmäßig zu berücksichtigen sind.[55] Auch dieser Grundsatz findet allerdings seine Grenze dort, wo gem. § 74 Abs. 3 S. 2 SGB VIII nur eine Maßnahme notwendig oder möglich ist.[56] Besteht daher vor Ort nur ein bestimmter zu erwartender Bedarf, nach dem nur eine gewisse Zahl von Einrichtungen oder Diensten notwendig ist, so können die zur Verfügung stehenden Mittel nicht auf unbegrenzt viele Einrichtungen und Dienste gleichmäßig verteilt werden. Die Sicherstellung von Qualität sowie der Eignung der Angebote zur Erfüllung der Aufgaben nach SGB VIII kann – unter Wahrung der Trägervielfalt (§ 3 Abs. 1 SGB VIII) – im Einzelfall eine Bündelung der Mittel auf ausgewählte Träger der freien Jugendhilfe erfordern.

Zwar stellt eine **Bevorzugung einzelner Träger der freien Jugendhilfe** bei der Vertei- 51
lung der Fördergelder aufgrund der objektiv berufsregelnden Tendenz einen Eingriff in die Berufsausübungsfreiheit dar (Art. 12 Abs. 1 GG), etwa wenn ein Abenteuerspielplatz Finanzierung erhält, aber eine Initiative zum Bau einer Skater-Tube nicht. Der Eingriff ist aber über die gesetzliche Grundlage des § 74 Abs. 3 S. 2 SGB VIII gerechtfertigt, solange der Träger der öffentlichen Jugendhilfe sein Ermessen bei der Entscheidung, wen er für die Erfüllung seiner Aufgaben im Rahmen der Wahrneh-

50 *Münder*, in: ders. u.a., FK-SGB VIII, § 74 Rn 21; *Hauck*, in: ders./Noftz, SGB VIII, Stand: 1/2011, § 74 Rn 40; *Kern*, in: Schellhorn u.a., SGB VIII, § 74 Rn 2.
51 *Wabnitz*, in: Fieseler u.a., GK-SGB VIII, Stand: 3/2010, § 74 Rn 44 b.
52 *Wabnitz*, in: Fieseler u.a., GK-SGB VIII, Stand: 3/2010, § 74 Rn 47.
53 *Wiesner*, in: ders., SGB VIII, § 74 Rn 25.
54 BVerwG 17.7.2009, 5 C 25.08; VG Leipzig 19.9.2013, 5 K 40/12.
55 OVG NW 26.9.2003, 12 B 1727/04 = JAmt 2004, 42; *Münder*, in: ders. u.a., FK-SGB VIII, § 74 Rn 30.
56 OVG NW 26.9.2003, 12 B 1727/04 = JAmt 2004, 42; *Münder*, in: ders. u.a., FK-SGB VIII, § 74 Rn 30.

mung seiner Gesamt- und Planungsverantwortung (§§ 79, 80 SGB VIII) fördert, pflichtgemäß ausübt.

Bei der Förderung (§ 74 SGB VIII) wird den Trägern der freien Jugendhilfe ein **Rechtsanspruch auf Förderung** dem Grunde nach und ein Anspruch auf fehlerfreien Ermessensgebrauch hinsichtlich der Entscheidung über Art und Höhe der Förderung (§ 74 Abs. 3 SGB VIII) zugestanden.

Ist nur eine begrenzte Zahl von Maßnahmen notwendig oder möglich, so entscheidet der Träger der öffentlichen Jugendhilfe über die **Trägerauswahl bei der Förderung** nach pflichtgemäßem Ermessen und kann daher auch bei Bedarf nach einer begrenzten Anzahl an Maßnahmen nur eine begrenzte Anzahl freier Träger fördern. § 74 Abs. 3 S. 2 SGB VIII rechtfertigt insoweit einen Eingriff in das Grundrecht der Berufsfreiheit (Art. 12 Abs. 1 GG) der nicht ausgewählten Träger der freien Jugendhilfe.

4. Abschluss von Vereinbarungen über eine Einzelfallfinanzierung mit ausgewählten freien Trägern (§ 77 SGB VIII)

52 Wenn ein Träger der öffentlichen Jugendhilfe nur mit ausgewählten Trägern (Anbieterpool) Vereinbarungen nach § 77 SGB VIII über die Erbringung von Leistungen abschließen will, die direkt und ohne Einzelfallentscheidung des Jugendamts in Anspruch genommen werden können, so werden hierdurch einige Träger der freien Jugendhilfe gegenüber anderen privilegiert. Von einer **Privilegierung** ist auszugehen, wenn nur mit bestimmten Trägern entsprechende Vereinbarungen über die Zulassung der direkten Inanspruchnahme ohne vorherige Jugendamtsentscheidung abgeschlossen werden (**Anbieterpool**).

53 Unterschiede können sich bei Rechtsanspruchsleistungen im unvollständigen, „hinkenden“ jugendhilferechtlichen Dreiecksverhältnis und bei der zugelassenen direkten Inanspruchnahme im Bereich von objektiv-rechtlichen oder im Ermessen stehender Verpflichtungen ergeben.

a) Anspruch auf den Abschluss von Vereinbarungen

54 Im **jugendhilferechtlichen Dreieck** ist für Leistungen aus dem Katalog des § 78 a SGB VIII ein Rechtanspruch aller Träger der freien Jugendhilfe auf den Abschluss von Vereinbarungen[57] bzw ein Anspruch auf ermessensfehlerfreie Entscheidung festgehalten (§ 78 b Abs. 2 SGB VIII). Und auch für andere rechtsanspruchsgesicherte Jugendhilfeleistungen, dh vor allem für ambulante Leistungen, wird im Rahmen des jugendhilferechtlichen Dreiecksverhältnisses von einem Rechtsanspruch auf Abschluss einer Vereinbarung nach § 77 SGB VIII[58] bzw von einem auf den Gleichbehandlungsgrundsatz und das Grundrecht der Berufsfreiheit (Art. 3, 12 GG) gestützten Anspruch auf ermessensfehlerfreie Entscheidung des öffentlichen Jugendhilfeträgers über den Abschluss einer Vereinbarung ausgegangen.[59] Dabei sind im Hinblick auf den Abschluss von Vereinbarungen seitens des öffentlichen Trägers ernsthafte Verhandlungen aufzunehmen und bei Erfüllung der Voraussetzungen ein entsprechender

57 So zu § 78 b Abs. 2 SGB VIII *Wiesner*, in: ders., SGB VIII, § 78 b Rn 24.

58 *Münder*, in: ders. u.a., FK-SGB VIII, § 77 Rn 15.

59 BVerwG 30.9.1993, 5 C 41.91 = NDV 1994, 197; 20.7.2000, 5 C 30.98 = DAVorm 2000, 1019; OVG SH 19.9.2001, 2 M 66/01; VG Münster 18.8.2004, 9 L 970/04 = JAmt 2005, 44; VG Stuttgart 3.12.2003, 7 K 714/03 = ZfJ 2004, 382, 383; VG Halle 21.9.2006, 4 A 225/04; VG Oldenburg 15.2.2005, 13 A 1148/03; *Schindler*, in: Kunkel, LPK-SGB VIII, § 77 Rn 7; *Wiesner*, in: ders., SGB VIII, § 77 Rn 6; *Riehle*, in: Krug u.a., Kinder- und Jugendhilfe, Stand: 1/2012, § 36 a Anm. II.5.; *Happe/Saurbier*, in: Jans u.a., KJHR, Stand: 12/2004, § 77 Rn 15; *Heinrich*, in: GK-SGB VIII, Stand: 11/2000, § 77 Rn 25; *Wabnitz*, in: Münder u.a., Handbuch KJHR, Kap. 5.4 Rn 2; DV-Gutachten NDV 2005, 494.

Vertrag abzuschließen.[60] Voraussetzung ist, dass die zu vereinbarenden Leistungen fachlich geeignet und notwendig und die zu vereinbarenden Entgelte leistungsgerecht sind.

Sind im jugendhilferechtlichen Dreieck also grundsätzlich mit allen geeigneten Trä- 55
gern der freien Jugendhilfe Vereinbarungen abzuschließen, so besteht ein solcher Anspruch bei **Leistungserbringung mit direkter Inanspruchnahme**, also außerhalb des jugendhilferechtlichen Dreiecks, nicht.[61] Ansprüche der Bewerber richten sich nur auf die Durchführung eines den gesetzlichen Vorgaben der Jugendhilfeplanung und den Vorgaben des öffentlichen Haushaltsrechts entsprechenden Verfahrens.[62] Damit unterscheidet sich die Finanzierung von derjenigen im Bereich von Leistungen, die im Rahmen des jugendhilferechtlichen Dreiecksverhältnisses abgewickelt und finanziert werden.

Begründet ist diese Differenzierung insbesondere darin, dass der Träger der öffentli- 56
chen Jugendhilfe beim Abschluss von Vereinbarungen außerhalb des jugendhilferechtlichen Dreiecks **Bedarfsgesichtspunkte** berücksichtigen darf, was ihm im Rahmen des Dreiecksverhältnisses verwehrt ist.

> Bei der Leistungserbringung im jugendhilferechtlichen Dreieck haben alle geeigneten Träger der freien Jugendhilfe einen **Anspruch auf Abschluss von Vereinbarungen** (nach § 77 SGB VIII bzw §§ 78 a ff SGB VIII) bzw auf ermessensfehlerfreie Entscheidung über den Vereinbarungsabschluss.

b) Keine Bedarfsgesichtspunkte im jugendhilferechtlichen Dreieck

Im Rahmen des jugendhilferechtlichen Dreiecks entscheidet der Träger der öffentli- 57
chen Jugendhilfe über die Leistungsgewährung und damit auch über das Anfallen des vereinbarten Entgelts und den Bedarf im Einzelfall. Bei der Ausübung seines Ermessens über den Abschluss von Vereinbarungen nach § 77 bzw § 78 b SGB VIII darf er daher grundsätzlich keine Bedarfsprüfung vorwegnehmen, also eine antizipierende Ermittlung der zu erwartenden Inanspruchnahme.[63] Auch wenn innerhalb des Trägers der öffentlichen Jugendhilfe aus fachlichen oder politischen Gründen Präferenzen bestehen mögen, bestimmte Einrichtungen oder Dienste vorrangig zu belegen bzw zu vermitteln oder sich ein Überangebot abzeichnet, rechtfertigt dies nicht, anderen Trägern der freien Jugendhilfe als Anbieter von Leistungen den Abschluss einer Vereinbarung zu verweigern.

> Da bei der Leistungserbringung im jugendhilferechtlichen Dreieck über die Leistungserbringung und die Eignung des jeweiligen Trägers bei der Entscheidung im Einzelfall entschieden wird, darf der Träger der öffentlichen Jugendhilfe **Bedarfsgesichtspunkte nicht bereits zum Zeitpunkt des Vereinbarungsabschlusses** berücksichtigen.

60 BVerwG 30.9.1993, 5 C 41.91 = E 94, 202.
61 OVG NW 30.3.2005, 12 B 2444/04 = ZfJ 2005, 485; *Münder*, in: ders. u.a., FK-SGB VIII, § 77 Rn 15.
62 *Münder*, in: ders. u.a., FK-SGB VIII, § 77 Rn 15.
63 BVerwG 30.9.1993, 5 C 41.91 = NDV 1994, 197; 20.7.2000, 5 C 30.98 = DAVorm 2000, 1019; *Wiesner*, in: ders., SGB VIII, § 77 Rn 6; *Schindler*, in: Kunkel, LPK-SGB VIII, § 77 Rn 7; *Münder*, in: ders. u.a., FK-SGB VIII, § 77 Rn 10; *Happe/Saurbier*, in: Jans u.a., KJHR, Stand: 12/2004, § 77 Rn 16; DV-Gutachten NDV 2005, 494, 496; für § 78 b SGB VIII: OVG NW 26.4.2004, 12 A 858/03; *Kern*, in: Schellhorn u.a., SGB VIII § 78 b Rn 20; *Münder*, in: ders. u.a., FK-SGB VIII, § 78 b Rn 22.

c) Zulässigkeit der Berücksichtigung von Bedarfsgesichtspunkten im Bereich der unmittelbaren Inanspruchnahme

aa) Zeitpunkt einer möglichen Berücksichtigung von Bedarfsgesichtspunkten

58 Die Gründe, die im jugendhilferechtlichen Dreieck für die Nichtberücksichtigung von Bedarfsgesichtspunkten sprechen, passen nicht auf Fallgestaltungen der unmittelbaren Inanspruchnahme der **Leistung ohne Einzelfallentscheidung des Jugendamts.** Im jugendhilferechtlichen Dreieck ergibt sich allein aus dem Abschluss der Vereinbarung noch keine Leistungspflicht bzw Kostenübernahmepflicht im Einzelfall, so dass gleichwohl der Leistungserbringer das wirtschaftliche Risiko trägt und der Wettbewerb bei der tatsächlichen Inanspruchnahme der Leistungsangebote durch die Ausübung des Wunsch- und Wahlrechts der Leistungsempfänger reguliert wird.

59 Die Leistungspflicht bzw Kostenübernahme im Einzelfall folgt in diesen Fällen nicht unmittelbar aus der Vereinbarung zwischen dem Träger der öffentlichen Jugendhilfe und dem freien Träger, sondern erst aus der Einzelfallentscheidung des Trägers der öffentlichen Jugendhilfe, in welcher auch das Wunsch- und Wahlrecht der Leistungsberechtigten berücksichtigt wird. Die **Entgeltvereinbarung** nach §§ 78 a ff SGB VIII bzw § 77 SGB VIII ist lediglich Basis des zu zahlenden Entgelts im Fall einer solchen Einzelfallentscheidung des öffentlichen Trägers und bedeutet damit zunächst nur, dass die entsprechenden Anbieter auf dem „Markt der Jugendhilfe“ als Anbieter zugelassen werden. Bei Vereinbarungen nach § 77 SGB VIII werden im Bereich des jugendhilferechtlichen Dreiecks Bedarfsgesichtspunkte sinnvollerweise noch gar nicht berücksichtigt, da die tatsächliche Inanspruchnahme und Auswahl eines bestimmten Trägers erst auf der Ebene der Entscheidung über die Leistungsgewährung im Einzelfall Berücksichtigung finden können.[64]

60 Bei Vereinbarungen bezogen auf Leistungen, die von den leistungsberechtigten Bürger/inne/n unmittelbar in Anspruch genommen werden, findet eine Entscheidung des Trägers der öffentlichen Jugendhilfe über die im Einzelfall geeignete Hilfe und deren Gewährung nicht statt. **Bedarfsgesichtspunkte** kann der Träger der öffentlichen Jugendhilfe also nicht bei der Leistungsgewährung, sondern ausschließlich zum **Zeitpunkt des Vereinbarungsabschlusses** berücksichtigen.

bb) Notwendigkeit einer Berücksichtigung von Bedarfsgesichtspunkten

61 Die Entscheidung über die Möglichkeit der Leistungserbringung, die Sicherstellung der Geeignetheit für die jeweiligen Einzelfälle sowie der notwendigen Qualität ist bei der unmittelbaren Inanspruchnahme vorverlagert auf den Abschluss der Vereinbarung nach § 77 SGB VIII. Während Entgeltvereinbarungen im Dreieck lediglich Basis des nach der Einzelfallentscheidung über die Leistungsgewährung zu zahlenden Entgelts sind, beinhaltet die Vereinbarung über Leistungen, bei deren Erbringung der Träger der öffentlichen Jugendhilfe nicht involviert ist, bereits die **Finanzierungszusage**, ohne dass der Träger der öffentlichen Jugendhilfe später Einfluss auf die Leistungserbringung im Einzelfall hat. Insofern ähnelt die Sachlage eher derjenigen bei Zuwendungen nach § 74 SGB VIII als derjenigen bei der Leistungserbringung im jugendhilferechtlichen Dreiecksverhältnis.

62 In den Vereinbarungen zwischen dem Träger der öffentlichen und den Trägern der freien Jugendhilfe, die eine unmittelbare Inanspruchnahme ermöglichen, muss der Träger der öffentlichen Jugendhilfe vorab die Voraussetzungen für die Leistungser-

64 *Stähr*, in: Budde u.a., Sozialraumorientierung, S. 53.

bringung, die Ausgestaltung der Hilfe, die Qualitätsentwicklung sowie die Übernahme der Kosten regeln und nimmt seine **Steuerungsverantwortung** damit vorgezogen anhand der Vereinbarungen wahr.

Mit dem **Ziel einer indirekten Steuerung** geht es daher in diesen Vereinbarungen um eine qualitative wie quantitative Bestimmung von Art und Umfang der Leistungserbringung. Erforderlich sind nicht nur inhaltliche Festlegungen, welche Angebote des Leistungserbringers der Zulassung zur direkten Inanspruchnahme unterfallen, sondern auch Vereinbarungen zur Einhaltung qualitativer Standards, zB bei der Bedarfsfeststellung. 63

Will der Träger der öffentlichen Jugendhilfe seiner Verantwortung zur Qualitätssicherung nach § 79 Abs. 2 S. 1 Nr. 2 SGB VIII gerecht werden, erfordert dies ebenfalls eine Trägerauswahl beim Abschluss von Vereinbarungen nach § 77 SGB VIII. Die Annahme aus dem Bereich des jugendhilferechtlichen Dreiecks, die Zurverfügungstellung, Quantität und Qualität von Leistungen könne „in erster Linie durch Wettbewerb sichergestellt werden",[65] trifft für den Bereich **niedrigschwelliger Inanspruchnahme** gerade nicht zu, denn bei einer nachträglichen Einzelfallabrechnung gemäß Entgeltvereinbarungen nach § 77 SGB VIII ohne Einbeziehung des Trägers der öffentlichen Jugendhilfe findet **zum Zeitpunkt der Leistungserbringung keine Prüfung** statt, ob die fachlichen und organisatorisch-strukturellen Qualitätsanforderungen für die Leistungserbringung (noch) vorliegen. Vielmehr muss der Träger der öffentlichen Jugendhilfe die Finanzierung über Vereinbarungen ohne eigene Entscheidung über die Leistungsgewährung im Einzelfall vorab sichern. 64

Schließt er aber ohne eine Berücksichtigung von Bedarfsgesichtspunkten mit mehr als notwendig vielen Trägern der freien Jugendhilfe Vereinbarungen über die unmittelbare Inanspruchnahme ab und sieht dabei eine Abrechnung für die Inanspruchnahme im Einzelfall vor (Einzelfall- statt Pauschalfinanzierung), so besteht die Gefahr, dass einige dieser Träger so wenig in Anspruch genommen werden, dass ihre wirtschaftlichen Mittel zur **Sicherung der Qualität der Leistungserbringung** nicht ausreichen. Während dieser Gefahr bei der Leistungsabwicklung im Rahmen des jugendhilferechtlichen Dreiecksverhältnisses über die Überprüfung der Geeignetheit bei der Einzelfallentscheidung begegnet werden kann, besteht diese Möglichkeit bei der unmittelbaren Inanspruchnahme nicht. Hier besteht vielmehr die Gefahr, dass die Leistung in einem konkreten Einzelfall bei einem Träger in Anspruch genommen wird, der aufgrund der seltenen Inanspruchnahme nicht über die nötigen wirtschaftlichen Mittel verfügt, um eine ausreichende Qualität der Leistung sicherstellen zu können. 65

Daher wird der Träger der öffentlichen Jugendhilfe bei Leistungen mit direkter Inanspruchnahme seiner Gesamtverantwortung – auch im Hinblick auf die Qualität der Leistung – nur gerecht, wenn er etwa durch Bildung eines Anbieterpools die ausreichende Inanspruchnahme zur Sicherung der notwendigen wirtschaftlichen Grundlagen des Leistungserbringers möglichst unabhängig davon gewährleistet, ob dieser sich später im Wettbewerb gegen andere Leistungserbringer durchsetzt. Die Vorabzusage auch einer Einzelfallfinanzierung von niedrigschwelligen Leistungen setzt somit in der Regel voraus, dass Bedarfsgesichtspunkte einbezogen und zur Grundlage der Vereinbarungen über Leistungen mit direkter Inanspruchnahme nach § 77 SGB VIII gemacht werden. 66

65 BVerwG 13.5.2004, 3 C 45.03 = NJW 2004, 3134, 3136.

Anders als bei der Leistungsgewährung im jugendhilferechtlichen Dreieck kann der Träger der öffentlichen Jugendhilfe bei der Leistungserbringung mit direkter Inanspruchnahme ohne eigene Entscheidung über die konkrete Leistungsgewährung die **fachlichen und organisatorisch-strukturellen Qualitätsanforderungen** für die Leistungserbringung nicht mehr im Einzelfall prüfen, sondern muss sie vorab und in einem allgemeinen Prozess der Qualitätsentwicklung sichern. Die Vorabzusage einer Finanzierung von niedrigschwelligen Leistungen setzt somit in der Regel voraus, dass **Bedarfsgesichtspunkte** einbezogen und zur Grundlage der Vereinbarungen über Leistungen mit direkter Inanspruchnahme nach § 77 SGB VIII gemacht werden.

d) Eingriff in die Berufsausübungsfreiheit (Art. 12 Abs. 1 GG)

aa) Eingriff

67 Die exkludierende oder privilegierende Auswahl einiger freier Träger für die Sicherstellung eines bestimmten Leistungsangebots (**Anbieterpool**) hat objektiv berufsregelnde Tendenz und stellt eine Benachteiligung derjenigen Träger in ihrer Berufsausübung dar (Art. 12 Abs. 1 GG), die nicht in den Kreis des Anbieterpools aufgenommen werden.[66] Die Auswahl verschafft einzelnen Trägern der freien Jugendhilfe Vorteile und schließt andere von den Privilegien aus. Auch wenn die nicht berücksichtigten Träger der freien Jugendhilfe ihre Leistungen anbieten können und mit ihnen Vereinbarungen nach § 77 SGB VIII abgeschlossen werden, ist für sie doch infolge der gesicherten Finanzierung einzelner Träger oder der nur einzelnen Trägern vorab zugesicherten nachträglichen Einzelfallabrechnung auch bei unmittelbarer Inanspruchnahme ohne vorherige Einzelfallentscheidung des Jugendamts ein nicht unerheblicher Rückgang der Marktchancen zu erwarten.[67]

68 Werden ausgewählte Träger der freien Jugendhilfe pauschal mit nachträglicher Einzelfallabrechnung finanziert, so liegt ein **Eingriff in die Berufsausübungsfreiheit** der nicht berücksichtigten Träger vor. Ein Eingriff liegt auch dann vor, wenn die zur Verfügung stehenden Mittel lediglich zu einem bestimmten Prozentsatz an die ausgewählten Träger der freien Jugendhilfe verteilt werden.[68] Denn die Marktchancen sind jedenfalls dann nennenswert betroffen, wenn die nicht ausgewählten Träger der freien Jugendhilfe eine massive und spürbare Reduzierung von Fällen erleiden oder deutliche Nachteile bei der Nachfrage nach ihren Leistungen erwarten können.

69 Auch wenn ein Träger der öffentlichen Jugendhilfe nur ausgewählten Trägern der freien Jugendhilfe in Vereinbarungen die **Möglichkeit der unmittelbaren Inanspruchnahme von Leistungen** einräumt und hierüber eine nachträgliche Einzelfallfinanzierung vorsieht, während die übrigen Träger der freien Jugendhilfe auf die Leistungserbringung nach vorheriger Einzelfallentscheidung des Jugendamts angewiesen sind, hat dieses Vorgehen objektiv berufsregelnde Tendenz. Auch in diesen Fällen kann insbesondere bei Angeboten, für die ein niedrigschwelliger Zugang konstitutiv ist, von einem Rückgang der Fallzahlen der anderen Träger ausgegangen werden, da diese nicht von Leistungsberechtigten in Anspruch genommen werden können, die zuvor nicht den Weg zum Jugendamt gehen wollen.

Die exkludierende oder privilegierende Auswahl einiger freier Träger (**Anbieterpool**) für die Sicherstellung des Leistungsangebots mit direkter Inanspruchnahme stellt aufgrund der objektiv berufsregelnden Tendenz einen **Eingriff in die Berufsausübungsfreiheit** dar (Art. 12 Abs. 1 GG).

66 *Münder* ZfJ 2005, 89, 96.
67 VG Osnabrück 13.11.2009, 4 B 13/09; VG Lüneburg 20.12.2005, 4 B 50/05.
68 VG Hamburg 5.8.2004, 13 E 2873/04.

bb) Rechtfertigung

Außerhalb des jugendhilferechtlichen Dreiecks stellt sich die Frage, ob Träger der öffentlichen Jugendhilfe befugt sind, das Angebot über Anbieterpools zu steuern, wenn sie eine direkte Inanspruchnahme von Leistungen zulassen, ohne sich die Entscheidung im Einzelfall vorzubehalten. 70

Der Eingriff in die Berufsausübungsfreiheit kann nur durch Gesetz oder aufgrund eines Gesetzes gerechtfertigt werden (Art. 12 Abs. 1 S. 2 GG). **§ 74 Abs. 3 S. 2 SGB VIII** enthält eine solche rechtfertigende gesetzliche Grundlage. 71

Eine entsprechende Regelung ist in **§ 77 SGB VIII** nicht enthalten. Allerdings entsprechen die Aspekte, die im Rahmen des § 74 SGB VIII zu berücksichtigen sind, denen bei der Einzelfallfinanzierung von Leistungen, die unmittelbar in Anspruch genommen werden können. Aufgrund der Wahlfreiheit hinsichtlich der Vereinbarung als Finanzierungsform im Rahmen von Angeboten mit direkter Inanspruchnahme ist auch insoweit nicht nur zulässig, sondern regelmäßig auch notwendig, Bedarfsgesichtspunkte zu berücksichtigen. Auch wenn in die Vereinbarung nach § 77 SGB VIII keine Sockelbetragsfinanzierung integriert ist, hat der Träger der öffentlichen Jugendhilfe bei der Einzelfallfinanzierung keine Möglichkeit mehr, zum Zeitpunkt der (nicht erfolgenden) Entscheidung über die Leistungsgewährung die Einhaltung der Qualitätsanforderungen zu überprüfen, und muss daher bereits zum Zeitpunkt des Abschlusses von Vereinbarungen mit den Trägern der freien Jugendhilfe Bedarfsgesichtspunkte berücksichtigen. 72

Hat der Träger der öffentlichen Jugendhilfe bei der Zulassung der unmittelbaren Inanspruchnahme somit grundsätzlich die Wahl, ob er die Träger der freien Jugendhilfe pauschal über Zuwendungen nach § 74 SGB VIII oder einzelfallbezogen nach § 77 SGB VIII finanziert, so müssen auch für eine Anbieterauswahl im Rahmen des § 77 SGB VIII die gleichen Erwägungen gelten wie bei § 74 SGB VIII. Zwar ist § 74 Abs. 3 S. 2 SGB VIII auf Vereinbarungen nach § 77 SGB VIII nicht unmittelbar anwendbar. 73

Die fehlende systematische Einordnung des § 77 SGB VIII in die Regelungen zur Finanzierung von Leistungen nach SGB VIII (siehe Rn 13) und die eher rudimentäre Durchdringung des geänderten § 77 SGB VIII bei der Einführung der §§ 78 a ff SGB VIII[69] lassen jedoch darauf schließen, dass eine planwidrige Lücke vorliegt. Die Interessenlage ist bei der zweiseitigen Finanzierung, wie gesehen, vergleichbar. § 74 Abs. 3 S. 2 SGB VIII ist somit **entsprechend anwendbar** und dient auch hier als Ermächtigungsgrundlage für einen Eingriff in Art. 12 GG. 74

> Da nicht nur für den Fall der Zuwendungsfinanzierung, sondern auch für den Fall der zweiseitigen Einzelfallfinanzierung eine Berücksichtigung von Bedarfsgesichtspunkten notwendig ist, kann **§ 74 Abs. 3 S. 2 SGB VIII als Rechtsfertigungsgrundlage** für den Eingriff in die Berufsausübungsfreiheit entsprechend herangezogen werden.

5. Anspruch nicht berücksichtigter Träger auf Abschluss einer Vereinbarung nach § 77 SGB VIII

Um **infrastrukturelle Angebote an Leistungen** zu schaffen, bei denen eine direkte Inanspruchnahme beim Träger der freien Jugendhilfe ohne Einzelfallentscheidung des Trägers der öffentlichen Jugendhilfe zugelassen wird, ist meist die **Schaffung eines Anbieterpools notwendig und zulässig.** Die Träger der öffentlichen Jugendhilfe dür- 75

69 Siehe BT-Drucks. 13/10330 sowie *Struck*, in: Kröger, Leistung, Entgelt und Qualitätsentwicklung in der Jugendhilfe, S. 17 ff.

fen ausgewählte Träger der freien Jugendhilfe pauschal nach § 74 SGB VIII fördern oder mit ausgewählten Trägern der freien Jugendhilfe Vereinbarungen über eine Einzelfallfinanzierung bei unmittelbarer Inanspruchnahme nach § 77 SGB VIII abschließen und andere Träger dabei unberücksichtigt lassen. Die Auswahl dieser Anbieter muss rechtmäßig erfolgen, also insbesondere das Subsidiaritätsprinzip (§ 4 SGB VIII), das Prinzip der Trägervielfalt (§ 3 SGB VIII) und das Wunsch- und Wahlrecht der Leistungsberechtigten (§ 5 SGB VIII) beachten.

76 Dies bedeutet allerdings nicht, dass die insoweit nicht berücksichtigten Träger der freien Jugendhilfe keine Möglichkeit haben, ihre Leistungen anzubieten. Bei der Leistungserbringung im Rahmen des **jugendhilferechtlichen Dreiecksverhältnisses** haben alle geeigneten Träger der freien Jugendhilfe einen Anspruch auf Abschluss einer Vereinbarung nach §§ 78 a ff bzw § 77 SGB VIII bzw einen Anspruch auf ermessensfehlerfreie Entscheidung über den Vereinbarungsabschluss (siehe Rn 54 ff). Daher sind mit allen geeigneten Trägern, die nicht für die Zulassung der unmittelbaren Inanspruchnahme vorgesehen sind, Vereinbarungen nach § 77 SGB VIII abzuschließen, bei denen die Gewährung des Entgelts von der vorherigen Einzelfallentscheidung des Jugendamts abhängig ist. Werden geeignete Träger der freien Jugendhilfe vom Abschluss von Vereinbarungen nach § 77 SGB VIII ausgeschlossen, so liegt jedenfalls ein nicht zu rechtfertigender Eingriff in die Berufsausübungsfreiheit (Art. 12 GG) vor (hierzu im Einzelnen Rn 240 ff).

Zur **Schaffung infrastruktureller Angebote**, bei denen eine direkte Inanspruchnahme beim Träger der freien Jugendhilfe ohne Einzelfallentscheidung des Trägers der öffentlichen Jugendhilfe zugelassen wird, dürfen ausgewählte Träger somit nach § 74 SGB VIII gefördert oder über Vereinbarungen nach § 77 SGB VIII finanziert werden. Den nicht berücksichtigten Trägern bleibt im Bereich von Leistungen, denen im SGB VIII ein Rechtsanspruch zugrunde liegt, lediglich ein Anspruch auf Abschluss einer Vereinbarung im Rahmen des jugendhilferechtlichen Dreiecksverhältnisses, also mit Einzelfallentscheidung des Jugendamts vor der konkreten Leistungserbringung.

6. Keine Einschränkung des Wunsch- und Wahlrechts durch einen „Anbieter-Pool" (§ 5 SGB VIII)

77 Im Rahmen der Planungsverantwortung der Träger der öffentlichen Jugendhilfe (§ 79 Abs. 1 SGB VIII) besteht eine objektiv-rechtliche Pflicht, im Rahmen der **Jugendhilfeplanung** die **Schaffung eines bedarfsgerechten Angebots** zu planen (§ 80 SGB VIII). Den Bedarf haben die Träger der öffentlichen Jugendhilfe unter Berücksichtigung der Wünsche, Bedürfnisse und Interessen der jungen Menschen und der Personensorgeberechtigten zu ermitteln (§ 80 Abs. 1 Nr. 2 SGB VIII) und die zur Befriedigung dieses Bedarfs notwendigen Vorhaben rechtzeitig und ausreichend zu planen (§ 80 Abs. 1 Nr. 3 SGB VIII).

78 **Zielvorgaben der Jugendhilfeplanung** sind in Absatz 2 der Vorschrift geregelt. Dabei soll u.a. ein möglichst wirksames, vielfältiges und aufeinander abgestimmtes Angebot von Jugendhilfeleistungen gewährleistet werden (§ 80 Abs. 2 Nr. 2 SGB VIII). Mit dem Planungserfordernis zur Schaffung einer pluralen Angebotspalette korreliert die Pflicht zur Berücksichtigung der Wünsche, Bedürfnisse und Interessen der Leistungsberechtigten, wie sie auch im Wunsch- und Wahlrecht der Leistungsberechtigten

ihren Ausdruck findet (§ 5 SGB VIII), die in die Jugendhilfeplanung ebenso einzubeziehen ist[70] wie die Schaffung einer Angebots- und Trägervielfalt.[71]

Bei der Auswahl einiger freier Träger, bei denen Hilfen unmittelbar ohne Einzelfallentscheidung des Jugendamts in Anspruch genommen werden können, ist daher darauf zu achten, dass das **Wunsch- und Wahlrecht der Leistungsberechtigten** nicht in unzulässiger Weise eingeschränkt wird. Einer „trägerorientierten Versäulung und Verkrustung"[72] der Angebote soll entgegengewirkt werden. 79

Wählen die Leistungsberechtigten trotz ausreichender **Trägerpluralität** im Bereich der unmittelbaren Inanspruchnahme einen anderen Träger, mit dem der Träger der öffentlichen Jugendhilfe keine Vereinbarung über die unmittelbare Inanspruchnahme abgeschlossen hat, so sind sie dazu im Rahmen ihres Wunsch- und Wahlrechts berechtigt. Anspruch auf Kostenübernahme besteht in diesem Fall aber nur, wenn das Jugendamt über die Leistungsgewährung zuvor im Einzelfall entschieden hat. Die Gegenfinanzierung direkter Inanspruchnahme können die Leistungsberechtigten dagegen nicht bei allen vorhandenen Trägern begehren, sondern nur bei denjenigen, mit denen der Träger der öffentlichen Jugendhilfe entsprechende Vereinbarungen über die Finanzierung der Leistungserbringung abgeschlossen hat. 80

Das Wunsch- und Wahlrecht der Leistungsberechtigten wird bei der Leistungserbringung mit direkter Inanspruchnahme ohne Einzelfallentscheidung des Jugendamts über die Pflicht des Trägers der öffentlichen Jugendhilfe sichergestellt, eine **bedarfsgerechte Angebots- und Trägervielfalt** zu planen und gewährleisten (vgl § 3 Abs. 1, § 80 Abs. 2 Nr. 2 SGB VIII).

Wählen die Leistungsberechtigten für die Leistungserbringung einen anderen, nicht zweiseitig finanzierten Träger aus, besteht bei direkter Inanspruchnahme kein **Anspruch auf Kostenübernahme**, sondern nur dann, wenn das Jugendamt über die Leistungsgewährung zuvor entschieden hat.

7. Kommunaler Gestaltungsspielraum beim Zulassen direkter Inanspruchnahme

a) Grundsätzliche Zulässigkeit

Zahlreiche Leistungen nach SGB VIII, die von freien Trägern angeboten werden, können von den Leistungsberechtigten direkt in Anspruch genommen werden, ohne dass sie sich vorher an das Jugendamt wenden müssen und ohne dass das Jugendamt zuvor im Einzelfall über das Vorliegen der Leistungsberechtigung, die Geeignetheit und Erforderlichkeit der Hilfe sowie die Gewährung der Leistung entschieden hat (**niedrigschwelliger Zugang**). Die Inanspruchnahme erfolgt also nicht nach förmlicher Gewährung durch das Jugendamt im jugendhilferechtlichen Dreieck, sondern unmittelbar und ohne Kostenbelastung der Leistungsberechtigten.[73] 81

Hintergrund der Vorhaltung eines niedrigschwelligen Angebots ist, dass der **Zugang zu Hilfen** erleichtert werden soll,[74] insbesondere wenn die Gefahr besteht, dass der Weg zum Jugendamt hilfesuchende Bürger/innen von der Inanspruchnahme einer Hilfe abhalten oder diese erschweren könnte. Denn das Erfordernis einer vorherigen Antragstellung beim Jugendamt darf die innere Hemmschwelle, sich mit seinen persönlichen bzw familiären Problemen an Dritte zu wenden, nicht durch organisatori- 82

70 *Münder*, in: ders. u.a., FK-SGB VIII, § 5 Rn 5.
71 *Wabnitz*, in: Kunkel, LPK-SGB VIII, § 80 Rn 11.
72 *Wiesner*, in: ders., SGB VIII, § 80 Rn 14.
73 *Schmid-Obkirchner*, in: Wiesner, SGB VIII, § 28 Rn 20, 20 a; bke/DIJuF JAmt 2012, 637.
74 Deutscher Landkreistag, Stellungnahme zur Anhörung der AGJF am 23.1.2014, S. 4.

sche, verfahrensrechtliche oder finanzielle Hürden sowie die Angst vor einer Gefährdung der Vertraulichkeit der Beratung verstärken.[75]

83 Das SGB VIII lässt eine Vorhaltung niedrigschwelliger Angebote und die direkte Inanspruchnahme grundsätzlich zu. Es eröffnet den Trägern der öffentlichen Jugendhilfe einen **weiten Gestaltungsspielraum**, Leistungen entweder vom Vorbehalt einer vorherigen Entscheidung über die Leistungsgewährung abhängig zu machen oder sie in einer Weise zu finanzieren, dass die direkte Inanspruchnahme zulässig ist.

84 Für ein bestimmtes Leistungssegment normiert § 36 a Abs. 2 SGB VIII in seinem Satz 1 eine **Soll-Verpflichtung** des Trägers der öffentlichen Jugendhilfe, die niedrigschwellige unmittelbare Inanspruchnahme ambulanter Hilfen zu ermöglichen. Satz 2 legt zugleich fest, dass die Steuerungsverantwortung des Jugendamts bei den ambulanten niedrigschwelligen Hilfen nicht konkret-individuell, sondern abstrakt-generell bezogen auf das Leistungsangebot insgesamt wahrgenommen werden soll. Dies kommt durch die Vorgabe an den Träger der öffentlichen Jugendhilfe zum Ausdruck, Vereinbarungen hinsichtlich Voraussetzungen und Ausgestaltung der Leistungserbringung zu schließen.[76]

85 Andere als die in § 36 a Abs. 2 SGB VIII angesprochenen Leistungen können, müssen aber nicht niedrigschwellig angeboten werden. Die Zurverfügungstellung niedrigschwelliger Angebote ist daher grundsätzlich auch ohne die regelhafte Pflicht zum Absehen von einer vorheriger Befassung und Entscheidung des Jugendamts möglich.[77] Der Träger der öffentlichen Jugendhilfe kann die Finanzierung entsprechend gestalten.

86 Grenzen ergeben sich für die Zulässigkeit niedrigschwelliger Angebote im Bereich der Hilfen zur Erziehung, der Eingliederungshilfe sowie der Hilfe für junge Volljährige aus den **verfahrensrechtlichen Pflichten des § 36 SGB VIII:**

- Die Entscheidung über die im Einzelfall angezeigte Hilfeart soll im Zusammenwirken mehrerer Fachkräfte getroffen werden; zusammen mit dem Personensorgeberechtigten und dem Kind oder Jugendlichen soll ein Hilfeplan aufgestellt werden, wenn die Hilfe voraussichtlich für längere Zeit zu leisten ist (§ 36 Abs. 2 S. 1 und 2 SGB VIII).
- Die Personensorgeberechtigten sowie Kinder, Jugendliche oder junge Volljährige sind vor ihrer Entscheidung über die Inanspruchnahme einer Hilfe bzw vor einer Änderung von Art und Umfang der Hilfe zu beraten und auf die möglichen Folgen für die Entwicklung hinzuweisen (§ 36 Abs. 1 S. 1 SGB VIII).

87 § 36 a Abs. 1 SGB VIII bestätigt die Steuerungsverantwortung des Jugendamts hinsichtlich Klärung, Koordinierung und Kontrolle der bedarfsgerechten Leistung und stellt damit die Verbindlichkeit der Rahmenvorgaben in §§ 27, 36 SGB VIII klar.[78]

Das SGB VIII lässt grundsätzlich zu, den Leistungsberechtigten u.a. zur Erleichterung des Hilfezugangs die direkte, niedrigschwellige Inanspruchnahme zu ermöglichen. Die Träger der öffentlichen Jugendhilfe haben im Rahmen ihrer **Steuerungsverantwortung** insoweit einen weiten **Gestaltungsspielraum**. Für das Leistungssegment des § 36 a Abs. 2

75 *Schmid-Obkirchner*, in: Wiesner, SGB VIII, § 28 Rn 20; SFK 1 des DIJuF ZfJ 2003, 61, 63; *Riehle*, in: Krug u.a., Kinder- und Jugendhilfe, Stand: 1/2012, § 36 a Anm. II.4.

76 bke JAmt 2011, 128, 130; *Kunkel*, in: ders., LPK-SGB VIII, § 36 a Rn 9; *Fieseler*, in: ders. u.a., GK-SGB VIII, Stand: 10/2008, § 36 a Rn 18; *Wiesner*, in: ders., SGB VIII, § 36 a Rn 40; *Riehle*, in: Krug u.a., Kinder- und Jugendhilfe, Stand: 1/2012, § 36 a Anm. II.4.

77 *Meysen*, in: Münder u.a., FK-SGB VIII, § 36 a Rn 33 f.

78 bke JAmt 2011, 128, 129.

SGB VIII besteht sogar eine Soll-Verpflichtung zur Zulassung der niedrigschwelligen Inanspruchnahme ambulanter Hilfen zur Erziehung. Grenzen der Zulässigkeit ergeben sich aus den verfahrensrechtlichen Pflichten des § 36 SGB VIII zur Hilfeplanung oder zur Information und Aufklärung der Leistungsberechtigten.

Schaubild 4: Rechte und Pflichten zur Ermöglichung direkter Inanspruchnahme

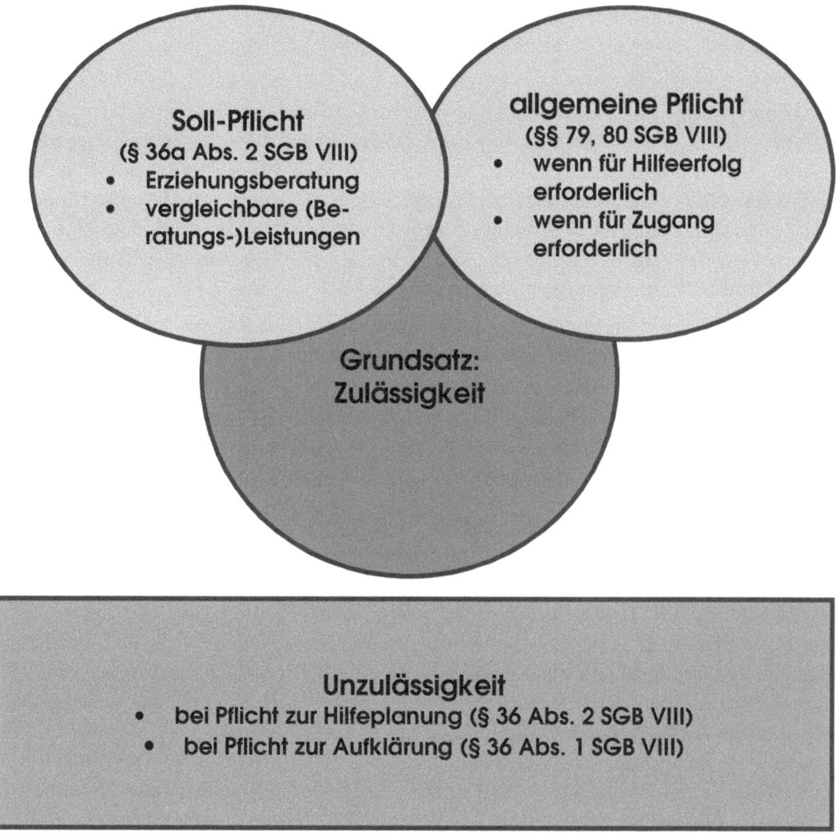

b) Pflicht zur Ermöglichung direkter Inanspruchnahme (§ 36 a Abs. 2 SGB VIII)

Die Ermöglichung direkter Inanspruchnahme kann, wie § 36 a Abs. 2 S. 1 SGB VIII ausdrücklich klarstellt, verpflichtend sein. Der Träger der öffentlichen Jugendhilfe soll danach die niedrigschwellige unmittelbare Inanspruchnahme von ambulanten Hilfen zulassen, insbesondere der **Erziehungsberatung**. Mit „soll" wird die Verpflichtung im Regelfall aufgestellt, nur im begründeten Einzelfall sind Ausnahmen möglich.[79] Hintergrund dieser Regelung ist, dass ein Verbot der Selbstbeschaffung dieser Hilfen deren Sinn und Zweck in Frage stellen würde. Die hilfesuchenden Bürger/innen wären gezwungen, „sich zunächst zur Klärung der Leistungsvoraussetzungen Personen anzuvertrauen, mit denen sie nicht in einen Beratungsprozess eintreten wol- 88

79 *Kunkel*, in: ders., LPK-SGB VIII, § 36 a Rn 6; *Meysen*, in: Münder u.a., FK-SGB VIII, § 36 a Rn 1; bke/DIJuF JAmt 2012, 637, 638.

len",[80] insbesondere müsste das Jugendamt vor der Inanspruchnahme ein Verwaltungsverfahren einleiten, um die Leistungsvoraussetzungen zu prüfen und einen Verwaltungsakt über die Leistungsgewährung zu erlassen (§ 8 SGB X).

89 Die Pflicht zur Sicherstellung niedrigschwelliger Inanspruchnahme bezieht sich auf ambulante – dh alle nicht in § 91 Abs. 1 und 2 SGB VIII als teil- oder vollstationär genannten – Leistungen der Hilfen zur Erziehung, Eingliederungshilfe sowie Hilfe für junge Volljährige (§ 36 a Abs. 2 S. 1 SGB VIII). Betroffen sein können sämtliche **ambulanten Hilfearten**, ohne dass einzelne Leistungen ausdrücklich ausgeschlossen wären.[81]

90 Allerdings findet allein die Erziehungsberatung nach § 28 SGB VIII als Hilfeart im Rahmen der Hilfen zur Erziehung ausdrückliche exemplarische Erwähnung als Ausnahme zu den Vorgaben in § 36 a Abs. 1 und 3 SGB VIII („insbesondere"). Sie soll niedrigschwellig angeboten, direkte Inanspruchnahme soll durch Vereinbarungen mit den Leistungserbringern verpflichtend ermöglicht werden. Im **Umkehrschluss** ergibt sich daraus, dass eine Verpflichtung zur Sicherung niedrigschwelliger Angebote nicht auf alle ambulanten Leistungen ausgeweitet ist.[82]

91 Durch die Hervorhebung von Erziehungsberatung gibt der Gesetzgeber implizit **zwei Kriterien** vor, bei deren gemeinsamem oder alleinigem Vorliegen sich eine Pflicht zur Ermöglichung direkter Inanspruchnahme ergibt, weil sie für die Erreichung des Hilfeerfolgs konstitutiv sind (so zB bei Streetwork als Leistung nach § 27 Abs. 2 S. 1 SGB VIII):

- Vergleichbarkeit der Interventionsintensität mit der Erziehungsberatung,[83]
- Erforderlichkeit des niedrigschwelligen Zugangs für den Hilfeerfolg bzw zur Eröffnung der Hilfezugänge.[84]

92 Während § 36 a Abs. 2 SGB VIII nur für den Bereich der Hilfen zur Erziehung (§§ 27 ff SGB VIII), Eingliederungshilfe (§ 35 a SGB VIII) und Hilfe für junge Volljährige (§ 41 SGB VIII) unmittelbare Geltung beansprucht,[85] kann sich auch darüber hinaus eine **generelle Pflicht zur Ermöglichung direkter Inanspruchnahme** ergeben. Unstreitig ist, dass der Gedanke des § 36 a Abs. 1 SGB VIII klarstellende Aussagen hinsichtlich der sich aus der Gesamt- und Planungsverantwortung (§§ 79, 80 SGB VIII) ergebenden Steuerungsverantwortung des Trägers der öffentlichen Jugendhilfe enthält. Auch § 36 a Abs. 2 SGB VIII enthält allgemeingültige Aussagen, wonach der Träger der öffentlichen Jugendhilfe im gesamten Leistungsspektrum des SGB VIII gehalten ist, **bedarfsgerechte Angebote** für Kinder und Jugendliche zu gewährleisten (§ 79 Abs. 2 SGB VIII).[86]

80 *Wiesner*, in: ders., SGB VIII, § 36 a Rn 38.

81 *Kunkel* ZKJ 2007, 241; *Fieseler*, in: ders. u.a., GK-SGB VIII, Stand: 10/2008, § 36 a Rn 19; *Riehle*, in: Krug u.a., Kinder- und Jugendhilfe, Stand: 1/2012, § 36 a Anm. II.4.

82 *Meysen*, in: Münder u.a., FK-SGB VIII, § 36 a Rn 34; aA *Kunkel* ZJJ 2007, 241; *Kunkel*, in: ders., LPK-SGB VIII, § 36 a Rn 6; diesem „im Interesse des niedrigschwelligen Zuganges" zustimmend *Fieseler*, in: ders. u.a., GK-SGB VIII, Stand 10/2008, § 36 a Rn 19.

83 *Wiesner*, in: ders., SGB VIII, § 36 a Rn 39.

84 *Meysen*, in: Münder u.a., FK-SGB VIII, § 36 a Rn 1, 5, 35; ähnlich auch *Werner*, in: Jans u.a., KJHR, Stand: 4/2007, § 36 a Rn 24 im Folgenden allerdings das Abstellen auf die Eingriffsintensität ebenso wie das Erfordernis einer Hilfeplanung als Grenze ablehnend und zu dem Ergebnis kommend, „dass der Gesetzgeber seinerzeit [nur] die Beratungsangebote entsprechend § 28 SGB VIII im Auge hatte und ansonsten für zukünftige Entwicklungen weiterer Hilfen offen bleiben wollte.".

85 *Meysen*, in: Münder u.a., FK-SGB VIII, § 36 a Rn 1, 5, 35; *Kunkel*, in: ders., LPK-SGB VIII, § 36 a Rn 8; *Fischer*, in: Schellhorn u.a., SGB VIII, § 36 a Rn 4.

86 *Meysen*, in: Münder u.a., FK-SGB VIII, § 36 a Rn 3, 5.

Eine **Pflicht, die direkte Inanspruchnahme zuzulassen**, besteht daher insbesondere im Bereich der Beratungsleistungen für Kinder und Jugendliche (§ 8 Abs. 3 SGB VIII), der Beratung im Kontext von Trennung und Scheidung (§§ 17, 18 Abs. 3 SGB VIII) sowie der Leistungen zur allgemeinen Förderung der Erziehung in der Familie (§ 16 SGB VIII). Neben dem Bereich der klassischen Beratungsleistungen gilt diese Pflicht zur Sicherstellung eines niedrigschwelligen, weil nur dann bedarfsgerechten Angebots selbstverständlich auch in anderen Bereichen, etwa bei den Angeboten der offenen Kinder- und Jugendarbeit (§ 11 SGB VIII).[87] 93

Jenseits dessen ist, wie oben gesehen (siehe Rn 81 ff), bei allen – auch bei den in § 36 a Abs. 2 SGB VIII nicht genannten – ambulanten Leistungen auch ohne Pflicht die **Zulassung direkter Inanspruchnahme grundsätzlich möglich und zulässig**, etwa bei den Hilfearten Soziale Gruppenarbeit (§ 29 SGB VIII), Erziehungsbeistand, Betreuungshelfer (§ 30 SGB VIII) und Sozialpädagogische Familienhilfe (§ 31 SGB VIII) sowie bei den unbenannten bzw flexiblen Hilfen nach § 27 Abs. 2 SGB VIII.[88] Entsprechendes gilt für die ambulanten Hilfen, die jungen Volljährigen nach § 41 SGB VIII gewährt werden.[89] 94

> Die **Pflicht zur Zulassung direkter Inanspruchnahme** (§ 36 a Abs. 2 S. 1 SGB VIII) bezieht sich insbesondere auf die Erziehungsberatung (§ 28 SGB VIII). Zwar nicht aus § 36 a Abs. 2 SGB VIII, aber aus der Gesamt- und Planungsverantwortung des Trägers der öffentlichen Jugendhilfe ergibt sich auch in anderen Leistungsbereichen mit vergleichbarer Interventionsintensität und Erforderlichkeit für den Hilfeerfolg eine Pflicht zur Zulassung. Dies betrifft insbesondere Beratungsleistungen nach §§ 8, 17, 18 Abs. 3 SGB VIII, die Förderung nach § 16 SGB VIII und die Jugendarbeit nach § 11 SGB VIII.

c) Grenzen direkter Inanspruchnahme: Finanzierungsvorbehalt des Jugendamts (§ 36 a Abs. 1 SGB VIII)?

Diesem Gestaltungsspielraum der Träger der öffentlichen Jugendhilfe, bedarfsgerecht in weiten Bereichen den direkten Zugang zu den Hilfen zu ermöglichen, ist dann eine Grenze gesetzt, wenn die gesetzlich gesicherte und gesetzesmäßig wahrgenommene Steuerungsverantwortung eine **jugendamtliche Entscheidung über die Gewährung der Leistung** erforderlich macht. § 36 a Abs. 1 S. 1 Halbs. 1 SGB VIII stellt insoweit klar, dass der Träger der öffentlichen Jugendhilfe für den Bereich der Hilfen zur Erziehung, Eingliederungshilfe und Hilfen für junge Volljährige die Finanzierung der Leistung von einer Entscheidung des Trägers der öffentlichen Jugendhilfe aufgrund einer Hilfeplanung abhängig machen kann. 95

Damit wird zwar die **Funktion des Jugendamts als Leistungsträger** klargestellt, der zur Kostentragung grundsätzlich nur dann verpflichtet ist, wenn er zuvor über die Geeignetheit und Erforderlichkeit der Hilfe entschieden hat.[90] Dieser Verweis auf die Zuweisung der alleinigen Entscheidungskompetenz an den Träger der öffentlichen Jugendhilfe im Rahmen der Gewaltenteilung (Art. 20 Abs. 2 GG)[91] bedeutet im Umkehrschluss aber nicht, dass die Träger der öffentlichen Jugendhilfe daran gehindert 96

87 *Meysen*, in: Münder u.a., FK-SGB VIII, § 36 a Rn 3, 35 mit allen genannten Beispielen; *Kunkel*, in: ders., LPK-SGB VIII, § 36 a Rn 8; *Fischer*, in: Schellhorn u.a., SGB VIII, § 36 a Rn 4; *Fieseler*, in: ders. u.a., GK-SGB VIII, Stand: 10/2008, § 36 a Rn 20.

88 *Meysen*, in: Münder u.a., § 36 a Rn 34; *Fischer*, in: Schellhorn u.a., SGB VIII, § 36 a Rn 14; *Kunkel* ZKJ 2007, 241.

89 *Kunkel* ZKJ 2007, 241.

90 *Meysen*, in: Münder u.a., FK-SGB VIII, § 36 a Rn 2 f m. w. Nachw.; *Wiesner*, in: ders., SGB VIII, § 36 a Rn 1 f.

91 *Meysen*, in: Münder u.a., FK-SGB VIII, § 36 a Rn 9.

wären, den Leistungsberechtigten einen direkten Zugang zur Leistung durch entsprechende Finanzierung zu ermöglichen. Wann direkte Inanspruchnahme zugelassen wird und wann nicht, entscheidet der jeweilige Träger der öffentlichen Jugendhilfe im Rahmen seiner Gesamt-, Planungs- und Steuerungsverantwortung (§§ 79, 80 SGB VIII, siehe Rn 92 f) und hat sich daran zu orientieren, ob die Niedrigschwelligkeit erforderlich oder sinnvoll ist, damit die Leistungsberechtigten Zugang zur Hilfe finden und/oder damit die Hilfe ihre Wirkungen entfalten kann.

97 Der Träger der öffentlichen Jugendhilfe muss allerdings zumindest dann selbst über die Leistungsgewährung entscheiden, wenn vor Inanspruchnahme der Leistung eine **Hilfeplanung erforderlich** ist oder sich für die Fortsetzung nach direkter Inanspruchnahme als notwendig erweist. Dies stellt sicher, dass die Funktion des Jugendamts als Verantwortlicher für die Steuerung der Hilfeprozesse gewahrt wird. Die Vorgaben des § 36 SGB VIII, auf die § 36 a Abs. 1 SGB VIII verweist, betreffen – nur – die Fälle, in denen ausschließlich durch eine vorherige Befassung des Jugendamts und dessen Entscheidung sichergestellt ist, dass es die fachliche Verantwortung auch tatsächlich (weiter) übernehmen kann.

d) Grenzen direkter Inanspruchnahme: Hilfeplanung als fachlicher Standard (§ 36 Abs. 2 SGB VIII)

98 Dem Gestaltungsspielraum des öffentlichen Trägers, für bestimmte Angebote niedrigschwelligen Zugang zu ermöglichen oder nicht, setzt das SGB VIII eine Grenze erst dort, wo die Zulassung direkter Inanspruchnahme deshalb nicht möglich ist, weil ihr das Verfahrenserfordernis eines Hilfeplanverfahrens nach § 36 Abs. 2 SGB VIII entgegensteht.[92] Danach ist die Einhaltung des fachlichen Standards einer Hilfeplanung erforderlich, wenn die Hilfe voraussichtlich für längere Zeit zu leisten ist (§ 36 Abs. 2 S. 1 SGB VIII). Personensorgeberechtigte und Kind oder Jugendlicher haben einen **Anspruch auf qualifizierte Beteiligung** an der Entscheidungsfindung und Mitgestaltung des Hilfeprozesses (§ 36 Abs. 2 S. 2 SGB VIII).[93]

99 Die Durchführung der Hilfeplanung, die neben der Zielkontrolle vor allem der Selbstkontrolle des **verantwortlichen Jugendamts** dient und durch die partizipative Gestaltung gewährleistet, dass Eltern und Kinder bzw junge Erwachsene nicht zum Objekt eines staatlichen Verfahrens werden,[94] ist an den Träger der öffentlichen Jugendhilfe adressiert und kann nicht nach § 76 SGB VIII auf einen Träger der freien Jugendhilfe übertragen werden. Verantwortlich ist allein der Träger der öffentlichen Jugendhilfe.[95]

100 Der unbestimmte Rechtsbegriff **„voraussichtlich für längere Zeit“** bedarf der Konkretisierung. Angesichts der unterschiedlichen Intensität der Hilfen oder Qualität des Hilfebedarfs und der unterschiedlichen Zeitrelevanz aufgrund des Lebensalters des Kindes können starre Grenzen nicht gezogen werden. Sinnvoll und sachgerecht er-

92 *Kunkel* ZJJ 2007, 241.

93 *Schmid-Obkirchner*, in: Wiesner, SGB VIII, § 36 Rn 9 f, 14 m. w. Nachw.; *Meysen*, in: Münder u.a., FK-SGB VIII, § 36 Rn 22; *Schmid*, Die Hilfeplanung nach § 36 SGB VIII, S. 33 f.

94 *Weber/Franzki* ZJJ 2009, 394, 395; *Schmid*, Die Hilfeplanung nach § 36 SGB VIII, S. 33 f, 35.

95 bke JAmt 2011, 128, 129; *Stähr*, in: Hauck/Noftz, SGB VIII, Stand: 10/2006, § 36 Rn 29; aA *Mrozynski*, SGB VIII, § 36 Rn 14; *Schmid*, Die Hilfeplanung nach § 36 SGB VIII, S. 81 f für den Kontext der Fortschreibung des Hilfeplans nach § 36 Abs. 2 S. 2 SGB VIII.

scheint vielmehr die Entwicklung hilfespezifischer Zeiträume unter Berücksichtigung des Alters des Kindes.[96]

> Die Zulassung unmittelbarer Inanspruchnahme findet eine **Begrenzung durch das Verfahrenserfordernis der Hilfeplanung**, wenn die Hilfe voraussichtlich für längere Zeit zu leisten ist (§ 36 Abs. 2 S. 1 SGB VIII). Dieser unbestimmte Rechtsbegriff erfordert die Entwicklung hilfespezifischer Zeiträume unter Berücksichtigung des Alters des Kindes.

aa) Sonderfall Erziehungsberatung nach § 28 SGB VIII

Bei der Erziehungsberatung stellt sich die Frage, ob und wann im Fall einer länger- 101
fristig angelegten Beratung nach § 28 SGB VIII die sich aus § 36 Abs. 2 SGB VIII ergebende gesetzliche **Grenze direkter Inanspruchnahme ambulanter Hilfen** erreicht und demzufolge eine förmliche Gewährung zu prüfen ist.[97]

Einigkeit besteht zunächst darin, dass die Einbeziehung des Jugendamts dann erfor- 102
derlich wird, wenn sich im Laufe des Beratungsprozesses herausstellt, dass die Hilfe durch **Beratung nicht (mehr) ausreicht** und daher alternative Hilfen, auch andere Hilfen zur Erziehung, in Erwägung zu ziehen sind.[98] Ob eine Hilfeplanung für eine andere Hilfe beim Jugendamt eingeleitet wird, entscheidet dann – nach entsprechender Motivation durch die Beratungsfachkraft – letztlich der/die Adressat/in der Hilfe selbst.[99]

Unterschiedliche Positionen finden sich hingegen, wenn die Frage aufgeworfen ist, 103
wann es sich bei der Erziehungsberatung selbst um eine **längerfristige Hilfe** handelt:[100]

- Vertreten wird, im Sinne der niedrigschwelligen Ausgestaltung des Hilfeangebots sollte bei der Erziehungsberatung ein Hilfeplanverfahren nur dann angestoßen werden, wenn **weitere Hilfen in Erwägung gezogen** werden.[101] Statt der förmlichen Gewährung sei das formfreiere Verfahren nach § 28 S. 2 SGB VIII gesetzlich vorgesehen, § 36 a Abs. 2 SGB VIII gebe der Erziehungsberatungsstelle besondere Kompetenzen, die sonst von den Fachkräften, die den Hilfeplan nach § 36 Abs. 2 SGB VIII aufzustellen haben, wahrgenommen würden. Die Erziehungsberatung sei vom Schutzzweck des § 36 Abs. 2 SGB VIII, bei dem es um Hilfen außerhalb der eigenen Familie oder Hilfen mit vergleichbar schwerer Belastung gehe, nicht erfasst[102] bzw falle als gesetzlich bestimmte Ausnahme nicht unter die Verfahrensvorschriften der §§ 27, 36 SGB VIII.[103]
- Ausgehend von der anfangs genannten Ungeeignetheit starrer Grenzziehungen (siehe Rn 98 ff) und dem Hinweis auf den hinter diesem Merkmal stehenden Grundsatz der Verhältnismäßigkeit wird zT versucht, den unbestimmten Rechtsbegriff „voraussichtlich für längere Zeit" anhand **formaler Zeitkriterien** zu kon-

---

96 *Schmid-Obkirchner*, in: Wiesner, SGB VIII, § 36 Rn 50; *Schmid*, Die Hilfeplanung nach § 36 SGB VIII, S. 44 ff.

97 bke/DIJuF JAmt 2012, 637.

98 *Struck/Trenczek*, in: Münder u.a., FK-SGB VIII, § 28 Rn 19; *Happe/Saurbier*, in: Jans u.a., KJHR, Stand: 1/2003, § 27 Rn 33 b; *Stähr*, in: Hauck/Noftz, SGB VIII, Stand: 10/2006, § 27 Rn 68, Stand: 6/2009, § 36 a Rn 20.

99 bke/DIJuF JAmt 2012, 637, 640.

100 DIJuF-Rechtsgutachten JAmt 2011, 134.

101 *Struck/Trenczek*, in: Münder u.a., FK-SGB VIII, § 28 Rn 19; *Happe/Saurbier*, in: Jans u.a., KJHR, Stand: 1/2003, § 27 Rn 33 b; bke JAmt 2011, 128, 129 f.

102 *Happe/Saurbier*, in: Jans u.a., KJHR, Stand: 1/2003, § 27 Rn 33 ff; *Werner*, in: Jans u.a., KJHR, Stand: 12/1997, § 36 Rn 33.

103 bke JAmt 2011, 128, 129 f.

kretisieren und die Erziehungsberatung wie andere vergleichbare eingriffsarme Leistungen für etwa sechs Monate von der Notwendigkeit der Hilfeplanung nach § 36 Abs. 2 SGB VIII auszunehmen. Spätestens bei einer erwarteten Dauer der Leistungsgewährung über einen Zeitraum von (mindestens) sechs Monaten hinaus müsse in der Regel das Hilfeplanverfahren zum Einsatz kommen.[104]

- Eine weitere Ansicht interpretiert das Kriterium entsprechend differenziert nach der **Ausgestaltung der Leistungserbringung** hilfe- und bedarfsspezifisch ausgerichtet auf die individuelle Hilfe.[105] Angesichts der unterschiedlichen Intensität der Leistungen, unterschiedlicher Qualitäten des Hilfebedarfs sowie unterschiedlicher Zeitrelevanzen im Hinblick auf das Alter des Kindes ist dies aus Verhältnismäßigkeitsgründen auch geboten.[106]

104 Wegen der Bedeutung der Erziehungsberatung unter den Hilfen zur Erziehung, der Systematik und dem Zweck des Gesetzes – Entscheidung und Hilfeplanung nach §§ 27, 36 Abs. 2 SGB VIII sowie dem hierzu Ausnahmen bestimmenden § 36 a Abs. 2 SGB VIII – wird die Erziehungsberatung in der Regel von der Hilfeplanung durch das Jugendamt ausgenommen sein. Die Erziehungsberatung, die nach den Zahlen der Bundesstatistiken regelmäßig den überaus größten Anteil an gewährten erzieherischen Hilfen ausmacht,[107] stellt in mehrfacher Hinsicht eine **atypische**, sich von den anderen Hilfen zur Erziehung (§§ 29 bis 35 SGB VIII) unterscheidende Hilfe dar.

105 Dies gilt einmal für deren ausdrückliche Erwähnung in dem mit „Steuerungsverantwortung, Selbstbeschaffung" überschriebenen **§ 36 a SGB VIII**. In dessen Absatz 2 ist für diese bereits im Gesetzeswortlaut festgehalten, dass von der Ermöglichung niedrigschwelliger unmittelbarer Inanspruchnahme nur im begründeten Ausnahmefall abgewichen werden darf. Außerdem hat der Gesetzgeber in § 36 a Abs. 2 S. 2 SGB VIII geregelt, dass das Jugendamt durch Vereinbarungen mit den freien Trägern die Leistung Erziehungsberatung allgemein steuert und den Erziehungsberatungsstellen selbst – im Rahmen der Gesamtverantwortung des Jugendamts – Steuerungsfunktionen zugewiesen (§ 28 SGB VIII).[108] Wesensmerkmal der Erziehungsberatung ist das Zusammenwirken von Fachkräften verschiedener Fachrichtungen (§ 28 S. 2 SGB VIII), weshalb ihre Arbeitsweise auch als Vorbild für die Hilfeplanung nach § 36 SGB VIII angesehen worden ist.[109]

106 Einen weiteren Unterschied stellt der **zeitliche Umfang der Erziehungsberatung** dar. Dieser reicht bei Weitem auch dann nicht an die durchschnittliche Zahl der Leistungsstunden einer noch als kurzfristig zu beurteilenden anderen Hilfe zur Erziehung heran, wenn die Hilfe längere Zeit erfolgt. Nicht einmal bei mehrjährigen Beratungen wird die Zahl der Leistungsstunden, ab der bei anderen eine Hilfeplanung als rechtlich zwingend angesehen wird, erreicht.[110]

104 *Schmid-Obkirchner*, in: Wiesner, SGB VIII, § 36 Rn 50 f; *Meysen*, in: Münder u.a., FK-SGB VIII, § 36 Rn 39; *Fischer*, in: Schellhorn u.a., SGB VIII, § 36 Rn 15; *Kunkel* ZKJ 2007, 241.

105 *Werner*, in: Jans u.a., KJHR, Stand: 12/1997, § 36 Rn 32; *Nothacker*, in: Fieseler, GK-SGB VIII, Stand: 12/2009, § 36 Rn 40.

106 DIJuF-Rechtsgutachten JAmt 2011, 134, 136.

107 *Happe/Saurbier*, in: Jans u.a., KJHR, Stand: 1/2003, § 27 Rn 33 c; Statistisches Bundesamt Pressemitteilung Nr. 353 vom 21.10.2013, www.destatis.de/presseaktuell.

108 bke/DIJuF JAmt 2012, 637, 638; *Struck/Trenczek*, in: Münder u.a., FK-SGB VIII, § 28 Rn 18; *Happe/Saurbier*, in: Jans u.a., KJHG, Stand: 1/2003, § 27 Rn 33 b zu den Kompetenzen der Erziehungsberatungsstelle nach § 28 SGB VIII.

109 bke JAmt 2011, 128, 131.

110 bke/DIJuF JAmt 2012, 637, 638 f mit den Zahlen der Bundesstatistik.

Der **Hilfeplan nach § 36 Abs. 2 SGB VIII** stellt die Grundlage für die Ausgestaltung der jeweiligen Hilfe dar und sichert deren „Passgenauigkeit“.[111] Auf seiner Basis soll regelmäßig geprüft werden, ob die gewählte Hilfe auch weiterhin geeignet und notwendig ist. Eine der wesentlichen Funktionen ist die **Selbstkontrolle des Jugendamts**, das sowohl in fachlicher als auch zeitlicher Hinsicht seine Maßnahmen wiederkehrend anhand der niedergelegten Aufzeichnungen überprüfen kann und muss. Daneben ist die Zielkontrolle für die Fachkräfte und nicht zuletzt für die **Beteiligung der Adressat/inn/en** von entscheidender Bedeutung.[112] Zur Verwirklichung dieser Ziele hat der Gesetzgeber das Hilfeplanverfahren nach § 36 Abs. 2 SGB VIII grundsätzlich verpflichtend nur für die auf längere Dauer angelegten Hilfen vorgesehen, bei denen die Belastungsintensität, Qualitätssicherung und partizipatorische Gestaltung des Hilfeprozesses diesen förmlichen Prozess erfordert.[113] 107

Die Träger der öffentlichen Jugendhilfe sind im Rahmen ihrer Gesamtverantwortung nach §§ 79, 80 SGB VIII verantwortlich für Bereitstellung der erforderlichen und geeigneten Dienste, Einrichtungen und Veranstaltungen (§ 79 Abs. 2 SGB VIII). Erforderlichkeit und Geeignetheit der Hilfen ist im Wege der Jugendhilfeplanung nach den in § 80 Abs. 2 SGB VIII festgelegten Kriterien zu ermitteln, welcher in § 80 Abs. 2 Nr. 2 SGB VIII insbesondere die **Gewährleistung eines möglichst wirksamen Angebots** aufgibt.[114] Wie oben gesehen, hängen bei der Erziehungsberatung deren Aufsuchen und Hilfeerfolg in vielen Fällen von der Möglichkeit direkter Inanspruchnahme ohne Einschaltung des Jugendamts und Durchführung eines Hilfeplanverfahrens ab. Die Voraussetzung der längeren Dauer liegt bei der Erziehungsberatung im Vergleich zu den sonst von § 36 Abs. 2 SGB VIII erfassten Hilfen kaum vor, so dass es grundsätzlich der Erziehungsberatungsstelle obliegt, über die Erbringung der Hilfe zu entscheiden und bei einer länger andauernden Beratung im Fachteam zu erörtern, wann und wie eine Öffnung zum Jugendamt erarbeitet werden kann und soll.[115] 108

> Die **Erziehungsberatung** ist in der Regel von der Hilfeplanung durch das Jugendamt ausgenommen. Eine Einbeziehung des Jugendamts wird insbesondere dann erforderlich, wenn die Beratung nicht mehr ausreicht und andere Hilfen in Erwägung gezogen werden.

bb) Andere Leistungen nach §§ 27 ff, 35 a, 41 SGB VIII

Bei den anderen ambulanten Hilfen zur Erziehung stellt sich, wenn diese niedrigschwellig angeboten werden, die Situation anders dar. 109

Die aufsuchende **sozialpädagogische Familienhilfe nach § 31 SGB VIII** gilt allgemein als intensivste Form der ambulanten Hilfen zur Erziehung.[116] Sie ist nach § 31 S. 2 SGB VIII „in der Regel auf längere Zeit angelegt“. Die intensive Arbeit im privaten Lebensbereich der Familie, teilweise unter dem Stichwort „gläserne Familie“ diskutiert,[117] erfordert als Grundlage eine Vereinbarung zwischen der Familie und der/den Fachkraft/Fachkräften, in der der Hilfeprozess fixiert und regelmäßig überprüft und fortschrieben wird.[118] 110

111 bke/DIJuF JAmt 2012, 637, 639.
112 *Weber/Franzki* ZKJ 2009, 394 f.
113 bke/DIJuF JAmt 2012, 637, 639.
114 *Wiesner*, in: ders., SGB VIII, § 79 Rn 9.
115 bke/DIJuF JAmt 2012, 637, 639; bke JAmt 2011 128, 131.
116 DJI, Online-Handbuch Sozialpädagogische Familienhilfe, Kap. 1.1.
117 *Schmid-Obkirchner*, in: Wiesner, SGB VIII, § 31 Rn 5; *Struck*, in: Münder u.a., FK-SGB VIII, § 31 Rn 6; *Fischer*, in: Schellhorn u.a., SGB VIII, § 31 Rn 8 zur zeitlichen Intensität.
118 *Schmid-Obkirchner*, in: Wiesner, SGB VIII, § 31 Rn 16.

111 Die Entscheidung über die im Einzelfall angezeigte Hilfe im Zusammenwirken mehrerer Fachkräfte sichert die **Mehrdimensionalität und Ganzheitlichkeit der Hilfe**, die das gesamte Familiensystem und dessen soziales Netzwerk umfasst.[119] Außerdem sichert sie den Adressat/inn/en, im „Dschungel" der Hilfeangebote eine Klärung herbeizuführen und eine für sie passende Leistung zu finden.

112 Zulässig bleibt allerdings, insbesondere in den Fällen, in denen durch die Möglichkeit der direkten Inanspruchnahme der Zugang zur Hilfe erst ermöglicht wird und durch eine Einbeziehung des Jugendamts der Hilfeerfolg gefährdet wäre, zumindest für eine **(Anfangs-)Phase bei aufsuchenden Hilfen der sozialpädagogischen Familienhilfe** auf die Hilfeplanung unter Regie des Jugendamts zu verzichten.[120] Der aufsuchenden Arbeit des Elterncafés und Abenteuerspielplatzes (Beispiele 1, Rn 40, und 2, Rn 41) steht § 36 Abs. 2 SGB VIII somit nicht entgegen.

113 Gleiches gilt auch für die **Endphase der Gewährung** einer sozialpädagogischen Familienhilfe, in der ein weiterer – mehr oder weniger loser – Hilfekontakt sinnvoll sein kann, ohne dass es weiterer Hilfeplanung und Einbeziehung des Jugendamts bedarf. Um den Weg in die Unabhängigkeit von intensiveren Hilfen zu erleichtern, kann es auch hier fachlich sinnvoll sein, die unmittelbare Inanspruchnahme niedrigschwelliger Angebote zu ermöglichen.

114 Auch bei der **intensiven pädagogischen Einzelbetreuung nach § 35 SGB VIII** mit dem Ziel der sozialen Integration Jugendlicher und der Hinführung zu einer eigenverantwortlichen Lebensführung sind meist ambulante Leistungen die geeigneten und notwendigen.[121] Aufgrund der zeitlichen Dimension der Leistung, die „in der Regel auf längere Zeit angelegt" ist (§ 35 S. 2 SGB VIII), kommt § 36 Abs. 2 SGB VIII auch bei dieser Hilfeart grundsätzlich zur Anwendung.[122] Schon die Intensität der Leistung spricht – von Ausnahmefällen abgesehen – gegen ein Entfallen der nach § 36 Abs. 2 SGB VIII erforderlichen Hilfeplanung. Es geht nicht mehr „nur" um die Klärung von Teilproblemen, sondern um eine intensive Unterstützung junger Menschen, deren Leben insgesamt so belastet ist, dass familien- oder gruppenbezogene Hilfen nicht in Betracht kommen.[123]

115 Bei den ambulanten Hilfen im Rahmen der **Eingliederungshilfe nach § 35 a Abs. 2 Nr. 1 SGB VIII** wird vertreten, ihre Niedrigschwelligkeit sei wegen des damit verbundenen Verfahrens nach § 35 a Abs. 1 a SGB VIII zur Feststellung der seelischen Behinderung ausgeschlossen.[124] Dem ist in dieser Apodiktik nicht zuzustimmen. Zwar liegt die Dauer dieser ambulanten Hilfen, die sich nahezu auf die Hälfte der Hilfen im Rahmen des § 35 a SGB VIII belaufen, in der Regel über einem Zeitraum von sechs Monaten. Es gibt aber durchaus auch wenige Monate bis zu einem halben Jahr andauernde Hilfen.[125] Ist eine Teilhabebeeinträchtigung festzustellen, kann die Erbringung von Leistungen erfolgen, auch wenn keine Diagnostik iSd § 35 a Abs. 1 a SGB VIII erfolgt ist bzw wenn eine solche vorliegt, aber dem Jugendamt nicht zur Kenntnis gebracht wird.

---

119 DJI, Online-Handbuch Sozialpädagogische Familienhilfe, Kap. 1.1.

120 Insoweit ist der für die Erziehungsberatung herausgearbeitete Grundsatz (DIJuF-Rechtsgutachten JAmt 2011, 134, 135, 137) auf die sozialpädagogische Familienhilfe übertragbar.

121 *Schmid-Obkirchner*, in: Wiesner, SGB VIII, § 35 Rn 17 ff; *Fischer*, in: Schellhorn u.a., SGB VIII, § 35 Rn 6 ff.

122 *Schmid-Obkirchner*, in: Wiesner, SGB VIII, § 35 Rn 21 f; *Kunkel* ZJJ 2007, 241.

123 *Nonninger*, in: Kunkel, LPK-SGB VIII, § 35 Rn 9.

124 *Kunkel* ZJJ 2007, 241; *Fieseler*, in: ders. u.a., GK-SGB VIII, Stand: 10/2008, § 36 a Rn 19.

125 *Pothmann* ZJJ 2009, 353, 356 f.

Teilhabebeeinträchtigungen aufgrund einer seelischen Störung iSd § 35 a Abs. 1 S. 1 Nr. 1 SGB VIII treten häufig im Zusammenhang der Schule auf, daneben dominieren Entwicklungsauffälligkeiten und Auffälligkeiten im sozialen Verhalten.[126] Für Kinder und Jugendliche, die aufgrund ihrer Auffälligkeiten meist in ihrem sozialen Umfeld bereits ausgegrenzt sind, stellen der **Gang zum „Amt“** und die Erwartung, sich dort anvertrauen zu müssen, eine Schwelle dar, sich vertrauensvoll zu öffnen und damit eine geeignete Grundlage für Beurteilung und Hilfe zu schaffen. Für diese Fälle kann eine beratende Stelle konstitutiv sein, die geeignet ist, mit Geduld und Zeit ein solches **Vertrauensverhältnis** herzustellen, gemeinsam mit den Kindern und Jugendlichen die Hilfeform zu klären und auf das durchzuführende Verfahren vorzubereiten.[127] 116

Die **Erziehungsbeistandschaft nach § 30 SGB VIII** ist zwar nicht ausdrücklich, aber von ihrem Zweck als Hilfe bei der Bewältigung von Entwicklungsproblemen auf einen längeren Zeitraum angelegt,[128] so dass grundsätzlich ein Hilfeplan nach § 36 Abs. 2 SGB VIII und damit die vorherige Entscheidung des Jugendamts erforderlich ist. Darüber hinaus wird ein direkter Zugang nicht als unabdingbar anzusehen sein, so dass keine Verpflichtung, wohl aber Gestaltungsspielraum für die Ermöglichung von Angeboten besteht, die direkt in Anspruch genommen werden können. 117

Auch für die **Betreuungshilfe nach § 30 SGB VIII**, die aufgrund einer Betreuungsanweisung des Gerichts erfolgt und strafrechtlich befristet ist,[129] ist bei voraussehbar längerer Dauer eine Hilfeplanung durchzuführen. Bei Leistungen, die gerichtlich initiiert oder bei denen die Leistungsadressat/inn/en zur Inanspruchnahme verpflichtet werden, liegt Niedrigschwelligkeit ohnehin nicht vor. 118

Auch bei der **sozialen Gruppenarbeit** (**§ 29 SGB VIII**) kann es Konstellationen geben, in denen die Niedrigschwelligkeit essenziell ist für den Hilfeerfolg und in denen beim Ausschluss eines niedrigschwelligen Zugangs die Gefahr besteht, dass die Hilfe gar nicht in Anspruch genommen wird. Es ist aber in der Regel als notwendig zu erachten, auf eine baldige Beteiligung des Trägers der öffentlichen Jugendhilfe hinzuwirken.[130] 119

Für ambulante unbenannte bzw **flexible Hilfen nach § 27 Abs. 2 SGB VIII**, die über den in Satz 1 dieser Vorschrift gewährten Spielraum („insbesondere“) durch den fließenden Übergang von einer zur anderen Hilfe, den Einsatz mehrerer Hilfen nebeneinander, aber auch in Entwicklung neuer, individueller („maßgeschneiderter“) Hilfen gewährt werden,[131] gelten für die Ermöglichung eines niedrigschwelligen Angebots je nach Vergleichbarkeit mit den im Katalog der §§ 28 bis 35 SGB VIII genannten Hilfen auch gleiche Kriterien wie bei den anderen Hilfearten. 120

Bei ambulanten **Hilfen für junge Volljährige nach § 41 Abs. 2 SGB VIII** lassen die gewachsenen Fähigkeiten und das gewachsene Bedürfnis zu selbstständigem verantwortungsbewusstem Handeln einen weiten Spielraum bei der Ermöglichung direkter Inanspruchnahme zu. 121

---

126 *Pothmann* ZJJ 2009, 353, 355.

127 Im Ergebnis ebenso *Meysen*, in: FK-SGB VIII, § 36 a Rn 34.

128 *Schmid-Obkirchner*, in: Wiesner, SGB VIII, § 30 Rn 7; *Fischer*, in: Schellhorn u.a., SGB VIII, § 30 Rn 5.

129 *Struck/Trenczek*, in: Münder u.a., FK-SGB VIII, § 30 Rn 9.

130 *Wiesner*, in: ders., SGB VIII, § 36 a Rn 39.

131 *Tammen/Trenczek*, in: Münder u.a., FK-SGB VIII, § 27 Rn 18 f; *Schmid-Obkirchner*, in: Wiesner, SGB VIII, § 27 Rn 29; *Stähr*, in: Hauck/Noftz, SGB VIII, Stand: 10/2006, § 27 Rn 44 f.

122 Bei den ambulanten Leistungen zur **allgemeinen Förderung in der Erziehung in der Familie nach § 16 SGB VIII**, deren niedrigschwelliges Angebot mangels Anwendbarkeit des § 36 SGB VIII grundsätzlich uneingeschränkt zulässig ist, wird darauf zu achten sein, dass die Etikettierung „16er-Leistung" nicht der Umgehung der Verfahrensanforderungen in § 36 SGB VIII dient. Von einer solchen unzulässigen Einordnung in § 16 SGB VIII wird dann auszugehen sein, wenn die Leistung wegen Intensität sowie Adressat/inn/enkreis in ihrer Ausgestaltung und in ihren Qualitätsanforderungen den Leistungen aus dem Katalog der §§ 27 ff SGB VIII entspricht.

123 Die teilstationäre Leistung der **Erziehung in einer Tagesgruppe nach § 32 SGB VIII** ist an der Schnittstelle zwischen ambulanten/beratenden und stationären Hilfen angesiedelt. Ihre pädagogischen und therapeutischen Möglichkeiten sollen die Vorteile ambulanter Hilfen beim Erhalt des elterlichen Bezugssystems und bei der Orientierung am familiären Kontext der Familie mit dem teilstationären Setting verbinden. Um den Verbleib des Kindes in der Familie zu sichern, geht die Konzeption der Hilfeart davon aus, dass bei grundsätzlich tragfähigen Beziehungen innerhalb der Familie die Tagesgruppe einen weniger starken Eingriff in den privaten Lebensraum darstellt als bspw die sozialpädagogische Familienhilfe bzw eine Fremdunterbringung.[132]

124 Die in § 32 S. 1 SGB VIII genannten Maßnahmen der Unterstützung der Entwicklung des Kindes/Jugendlichen durch soziales Lernen in der Gruppe, Begleitung der schulischen Förderung und Elternarbeit sowie das Fernziel, über deren Erfolge die Betreuung in einer Tagesgruppe allmählich durch weniger intensive Betreuungs- und Beratungsangebote abzulösen,[133] erfordern eine Hilfe „auf längere Zeit" mit einem Hilfeplan nach § 36 Abs. 2 SGB VIII, um Selbst- und Zielkontrolle des verantwortlichen Jugendamts in fachlicher und zeitlicher Hinsicht sowie Beteiligung der Familie und Fachkräfte zu sichern (zu dieser Bedeutung des Hilfeplans nach § 36 Abs. 2 SGB VIII siehe bereits Rn 81 ff). Das Erfordernis der Zusammenarbeit der Fachkräfte mit den Eltern wird in § 37 Abs. 1 S. 1 SGB VIII auch für die Erziehung in einer Tagesgruppe ausdrücklich hervorgehoben.[134] Dies spricht grundsätzlich gegen die Zulassung direkter Inanspruchnahme ohne Einbeziehung des Jugendamts. Für die – seltene – intensive Einzelförderung durch eine geeignete Form der Familienpflege nach § 32 S. 2 SGB VIIII[135] gilt Entsprechendes.

125 Ist die Tagesgruppe allerdings **im Lebensumfeld** der Kinder, Jugendlichen und ihrer Familien über ergänzende sozialräumliche Angebote integriert und finden Eltern den Zugang zu dieser „von den Betroffenen als weniger stigmatisierend und eingreifend erlebten"[136] Hilfeart für ihr Kind möglicherweise direkt, kann der Träger der öffentlichen Jugendhilfe für eine Übergangszeit einen solchen über entsprechende Finanzierungszusagen ermöglichen.

126 **Stationäre Leistungen nach §§ 33, 34 SGB VIII** greifen als Unterbringung außerhalb der Familie gravierend in die Entwicklung von Kindern und Jugendlichen sowie in das Familiengeschehen ein. Wenn die Leistung auf längere Zeit angelegt ist, ist die Durchführung einer Hilfeplanung nach § 36 Abs. 2 SGB VIII daher zwingend durchzuführen. Bei kürzer dauernden stationären Leistungen stellt sich weniger die Frage, ob ein Hilfeplanverfahren erforderlich ist, sondern ob hier die Rechte der Leistungs-

132 *Struck*, in: Münder u.a., FK-SGB VIII, § 32 Rn 13; *Schmid-Obkirchner*, in: Wiesner, SGB VIII, § 32 Rn 7 f.
133 *Struck*, in: Münder u.a., FK-SGB VIII, § 32 Rn 8.
134 *Kunkel*, in: ders., LPK-SGB VIII, § 32 Rn 2.
135 *Struck*, in: Münder u.a., FK-SGB VIII, § 32 Rn 15.
136 *Struck*, in: Münder u.a., FK-SGB VIII, § 32 Rn 13.

berechtigten gewahrt werden, wenn der öffentliche Träger informiert und beteiligt wird; hierzu im Folgenden.

Bei anderen **ambulanten Leistungen** der Hilfe zur Erziehung, Eingliederungshilfe oder Hilfe für junge Volljährige ist der niedrigschwellige Zugang insbesondere beim Einstieg in die Hilfe möglich. Daneben ist auf die **Interventionsintensität** und den erwarteten zeitlichen Umfang der Hilfe abzustellen. Ausnahmen von der Hilfeplanung bestehen insbesondere dann, wenn die **Niedrigschwelligkeit** für den Hilfeerfolg essenziell ist.

e) Grenzen direkter Inanspruchnahme: Transparenz und Beteiligung als fachlicher Standard (§ 36 Abs. 1 S. 1, Abs. 2 SGB VIII)

Bei den beiden Hilfearten Vollzeitpflege (§ 33 SGB VIII) und Heimerziehung, betreute Wohnform (§ 34 SGB VIII), bei denen es um die nicht nur kurzfristige, sondern dauerhafte Unterbringung des Kindes außerhalb der eigenen Familie geht und die daher in der Regel „voraussichtlich für längere Zeit zu leisten" sind, ist eine Entscheidung über die Inanspruchnahme auch durch den öffentlichen Träger zu treffen und das Hilfeplanverfahren nach § 36 Abs. 2 SGB VIII durchzuführen. Das Schutzbedürfnis, das sich aus der **besonderen Belastung der Trennung von Eltern und Kind** ergibt,[137] macht es grundsätzlich erforderlich, dass staatliche Stellen durch kontinuierliche Begleitung des Hilfeprozesses die Rechte der Beteiligten wahren, sie vor Missbrauch schützen und sie vor ihrer Entscheidung über die Inanspruchnahme einer Hilfe hinreichend über deren Bedeutung und Intensität aufklären, informieren und beraten (§ 36 Abs. 1 S. 1 SGB VIII). 127

Hierzu fordert § 36 Abs. 1 S. 1 SGB VIII vom Jugendamt, die Personensorgeberechtigten, das Kind oder den/die Jugendliche/n bzw junge/n Volljährige/n vor der Entscheidung über die Inanspruchnahme einer Hilfe und vor einer notwendigen Änderung durch Beratung über Art und Umfang der Hilfe und **Hinweis auf die möglichen Folgen** für die Entwicklung des Kindes oder Jugendlichen auch tatsächlich in die Lage zu versetzen, ihre Rechte wahrzunehmen und eine bewusste und freie Entscheidung über die Inanspruchnahme der Leistungen zu treffen.[138] Die spezifische Aufklärungs-, Informations- und Beratungspflicht des § 36 Abs. 1 S. 1 SGB VIII dient der Sicherung der Handlungsmacht und kompetenten Entscheidung der Hilfeadressat/inn/en (im Englischen **„agency"**). 128

Dem Anspruch der Personensorgeberechtigten und dem Kind bzw Jugendlichen auf qualifizierte Beteiligung an der Entscheidungsfindung im Hilfeplanungsprozess (§ 36 Abs. 2 S. 2 Halbs. 1 SGB VIII, siehe Rn 81 ff) entspricht die Pflicht des Jugendamts durch eigenständigen Einbezug der Personensorgeberechtigten, des Kindes oder des/der Jugendlichen eine eigene Hilfebeziehung im persönlichen Kontakt mit der Fachkraft zu vermitteln und die Hilfeplanung als **partizipatorischen, regelmäßig zu überprüfenden Gestaltungsprozess** (§ 36 Abs. 2 S. 2 Halbs. 2 SGB VIII) zwischen Leistungsberechtigten und sonstigen Leistungsempfängern sowie den Fachkräften im Jugendamt durchzuführen.[139] Das Zusammenwirken mehrerer Fachkräfte (§ 36 Abs. 2 S. 1 SGB VIII) sichert qualifizierte und transparente Entscheidungen über die geeignete und erforderliche Hilfe.[140] 129

137 *Happe/Saurbier*, in: Jans u.a., KJHR, Stand: 5. Lfg, § 27 Rn 33 a.
138 *Meysen*, in: Münder u.a., FK-SGB VIII, § 36 Rn 7 ff.
139 *Meysen*, in: Münder: FK-SGB VIII, § 36 Rn 22 f m. w. Nachw.
140 *Meysen*, in: Münder: FK-SGB VIII, § 36 Rn 38; *Schmid-Obkirchner*, in: Wiesner, SGB VIII, § 36 Rn 46.

130 Diesem Zweck des § 36 SGB VIII, durch Information, Aufklärung, Beratung und Beteiligung die Personensorgeberechtigten und Kinder/Jugendlichen in ihren Rechten zu schützen, widerspricht nicht, wenn es Personensorgeberechtigten ermöglicht wird, in **Krisensituationen** eine kurzfristige Unterbringung auch ohne Entscheidung des Jugendamts zu initiieren – nur für das Kind bzw den/die Jugendliche/n oder gemeinsam mit der Erziehungsperson. Die Gästewohnung im Elterncafé für ein Wohnen auf Zeit in Krisen sowie die Schlafmöglichkeit in der Wohnung neben dem Abenteuerspielplatz können somit kurzfristige und kurz dauernde stationäre Unterbringung vorhalten, ohne dass das Jugendamt zuvor darüber entschieden haben muss (Beispiel 1, Rn 40, und 2, Rn 41).

131 Die **maximale Dauer** einer solchen Unterbringung dürfte mit wenigen Tagen anzusetzen sein. Unabdingbare Voraussetzung ist zudem, dass die Adressat/inn/en vom Leistungserbringer grundlegend über ihre Rechte, die Rahmenbedingungen der Unterbringung (Freiwilligkeit, maximale Dauer), die möglichen Folgen für die Entwicklung des Kindes oder des/der Jugendlichen und die jederzeitige Möglichkeit der Adressat/inn/en, das Jugendamt einzubeziehen, hingewiesen werden.

> Bei **stationären Leistungen**, die mit einer Trennung von Eltern und Kind verbunden sind (§§ 33, 34 SGB VIII), ergeben sich besondere **Verfahrenspflichten** zur Wahrung der Rechte der Beteiligten (Sicherung der Handlungsmacht und kompetenten Entscheidung) durch Aufklärung, Information und Beratung (§ 36 Abs. 1 S. 1, Abs. 2 SGB VIII). Kurzfristige und/oder kurz dauernde Unterbringungen in Krisensituationen können aber auch ohne Entscheidung des Jugendamts zugelassen werden.

f) Grenzen der Nichtentscheidung bei Kenntnis des Jugendamts vom Hilfebedarf

132 Hat ein Träger der öffentlichen Jugendhilfe durch entsprechende Finanzierung einen dazu bereiten Träger der freien Jugendhilfe in die Lage versetzt, bestimmte Leistungen niedrigschwellig anzubieten, stellt sich die Frage, ob es sich noch um eine direkte Inanspruchnahme handelt, wenn das Jugendamt vom Hilfebedarf und der Leistungserbringung weiß, diese ggf angebahnt oder vermittelt hat oder sie beratend begleitet. Das **Absehen von einer Einzelfallentscheidung** – und somit einer Aktivierung des jugendhilferechtlichen Dreiecks – hat jedenfalls dann Grenzen, wenn damit die Umgehung der besonderen gesetzlichen Verfahrens- und Finanzierungsvorgaben intendiert ist.

133 Haben die Leistungsberechtigten gegenüber dem Träger der öffentlichen Jugendhilfe ihren Willen eindeutig zum Ausdruck gebracht, von ihm eine Leistung zu begehren, handelt es sich – bei Vorliegen der sonstigen Voraussetzungen für die Leistungsgewährung – grundsätzlich um eine **Antragstellung iSd § 27 Abs. 1 SGB VIII.**[141] In diesem Fall hat das Jugendamt über die Gewährung oder Nichtgewährung der Leistung zu entscheiden.

134 Dem Träger der öffentlichen Jugendhilfe ist aber auch bei Kenntnis vom Hilfebedarf und der (anstehenden) Inanspruchnahme zumindest dann möglich, **keine Einzelfallentscheidung über die Leistungsgewährung** zu treffen, wenn die Leistung von den Adressat/inn/en auch sonst direkt in Anspruch genommen werden kann, die Leistungsberechtigten keine Entscheidung einfordern und die Erfüllung ihrer Ansprüche durch die ausbleibende Leistungsgewährung durch das Jugendamt nicht verkürzt wird. Auch dann, wenn nach einer längeren Gewährung von Leistungen mit Hilfepla-

141 *Tammen/Trenczek*, in: Münder u.a., FK-SGB VIII, § 27 Rn 44 m. w. Nachw.; *Schmid-Obkirchner*, in: Wiesner, SGB VIII, § 27 Rn 36 m. w. Nachw.

nung nach § 36 SGB VIII eine Anschlusshilfe ermöglicht werden soll, um den nachwirkend-fortbestehenden Hilfebedarf zu decken, kann in Kenntnis des Jugendamts die unmittelbare Inanspruchnahme zugelassen werden.

Nicht zulässig, im Bereich der Hilfen zur Erziehung, der Eingliederungshilfe sowie der Hilfen für junge Volljährige von einer Einzelfallentscheidung abzusehen, ist allerdings, wenn die Dauer der Hilfe und die Art des Bedarfs grundsätzlich die Durchführung einer Hilfeplanung nach § 36 Abs. 2 SGB VIII erfordert. Hat das Jugendamt bereits Kenntnis von der Leistungserbringung, tritt der Wunsch der Leistungsberechtigten nach mehr Jugendamtsferne und einer Leistungserbringung unabhängig von einem sozialverwaltungsrechtlichen Verfahren im Jugendamt stärker in den Hintergrund. Die Nichtentscheidung dürfte hier nur in Ausnahmefällen zulässig sein.[142] Ein Absehen von der Einleitung eines Verwaltungsverfahrens nach § 8 SGB X sowie von einer Entscheidung über die Leistungsgewährung wäre in der Regel eine **Umgehung** u.a. der Finanzierung über das jugendhilferechtliche Dreieck. 135

Die Zulassung direkter Inanspruchnahme findet darüber hinaus seine Grenze, wenn mit ihr trotz **Kenntnis des Jugendamts vom konkreten Hilfebedarf** die gesetzlichen Verfahrens- und Finanzierungsvorgaben umgangen werden. Insbesondere wenn die Leistungen von anderen Leistungsberechtigten unmittelbar in Anspruch genommen werden können, kann das Jugendamt allerdings unter Umständen von einer Einzelfallentscheidung absehen. Die unmittelbare Inanspruchnahme in Kenntnis des Jugendamts kann zudem zugelassen werden, wenn nach einer Gewährung von Leistungen mit Hilfeplanung nach § 36 Abs. 2 SGB VIII eine **Anschlusshilfe** ermöglicht werden soll, um den nachwirkend-fortbestehenden Hilfebedarf zu decken.

8. Zulässigkeit und Notwendigkeit einer Ausschreibung nach Vergaberecht?

Bedienen sich öffentliche Träger bei der Erfüllung ihrer Aufgaben privater Anbieter, sind die **Vorgaben des (europäischen) Wirtschafts- und Wettbewerbsrechts** zu berücksichtigen.[143] Bei bestimmten Aufträgen der öffentlichen Hand ist die Durchführung eines Vergabeverfahrens verpflichtend vorgesehen. Dies kann auch im Bereich sozialer Dienstleistungen der Fall sein. 136

a) Allgemeine Anforderungen des Vergaberechts

Die europarechtlichen Anforderungen für die Vergabe sind in §§ 97 bis 129 des Gesetzes gegen Wettbewerbsbeschränkungen (GWB), der Vergabeverordnung (VgV) und Abschnitt 2 einer Verwaltungsvorschrift, der Vergabe- und Vertragsordnung für Leistungen Teil A (VOL/A) geregelt. Der Gesetzgeber hat mit diesen **Vorschriften** die – ohne nationale Umsetzung unmittelbar geltenden – Vergaberichtlinien der EU[144] in nationales Recht umgesetzt.[145] 137

142 Noch zu diesem Erfordernis *Mrozynski*, SGB VIII, § 36 a Rn 10.

143 *Boetticher* RdJB 2010, 488, 492.

144 Hier einschlägig RL 2004/18/EG des europäischen Parlaments und des Rates vom 31.3.2004 über die Koordinierung der Verfahren zur Vergabe öffentlicher Bauaufträge, Lieferaufträge und Dienstleistungsaufträge (VKR).

145 *Kunkel*, in: ders., LPK-SGB VIII, § 74 Rn 57; *Münder*, in: ders. u.a., FK-SGB VIII, § 77 Rn 13.

138 Das Vergaberecht mit seinen Ausschreibungsverpflichtungen verfolgt insbesondere **zwei Ziele:**

- dem Staat den wirtschaftlichsten Einkauf von Leistungen zu ermöglichen sowie
- den Wettbewerb und die Herstellung von Chancengleichheit zwischen den Anbietern zu unterstützen.[146]

139 Die Anwendbarkeit der §§ 97 ff GWB setzt erstens voraus: die **Vergabe eines „öffentlichen Auftrags"**, in § 99 Abs. 1 GWB definiert als entgeltlicher Vertrag zwischen einem öffentlichen Auftraggeber und einem Unternehmen über die Beschaffung von Leistungen, die Liefer-, Bau- oder Dienstleistungen zum Gegenstand haben. Zweitens muss der festgelegte[147] **Schwellenwert** (ab 1.1.2014: 207.000 EUR, §§ 127, 100 Abs. 1 GWB iVm § 2 Abs. 1 VgV) erreicht werden.

140 Für Aufträge unterhalb dieses Schwellenwertes ist das **nationale Vergaberecht** anzuwenden, dessen Einzelheiten in Abschnitt 1 der VOL/A geregelt sind. Die Verpflichtung zur Anwendung dieser Vorschriften ergibt sich aus der Bundeshaushaltsordnung, den Landeshaushalts- oder Gemeindehaushaltsordnungen.[148] Dieses aus dem öffentlichen Haushaltsrecht entstammende nationale Vergaberecht – mit den sich hieraus ergebenden Ausschreibungsverpflichtungen – hat den wirtschaftlichen und sparsamen Umgang mit öffentlichen Haushaltsmitteln zum Ziel.[149] Darüber hinaus gelten auch unterhalb der Schwellenwerte die im Kartellvergaberecht in § 97 GWB ausdrücklich niedergelegten tragenden Prinzipien der öffentlichen Beschaffungstätigkeit – Wettbewerbs- und Transparenzgrundsatz sowie ein weitreichendes Gleichbehandlungsgebot und Diskriminierungsverbot. Sie sind bei der Auslegung aller Vergabevorschriften, insbesondere der Vergabe- und Vertragsordnungen zu berücksichtigen.[150]

141 Die **Anwendbarkeit** setzt in § 30 Haushaltsgrundsätzegesetz (HGrG), § 55 Bundeshaushaltsordnung (BHO) und den gleichlautenden Landeshaushaltsordnungen[151] einen „Vertrag" über Lieferungen und Leistungen und in § 1 VOL/A, wie im GWB, die Vergabe eines „öffentlichen Auftrags" über Leistungen (Lieferungen und Dienstleistungen) voraus. Die in § 99 Abs. 1 GWB enthaltene Definition wird heute für alle öffentlichen Aufträge übernommen.[152]

142 Unbeachtlich ist Vergaberecht erst bei Unterschreitung einer **Bagatellgrenze**, die derzeit bei einem Richtwert zwischen 12.000 und 25.000 EUR liegt.[153] Die Träger der

146 DV-Gutachten NDV 2004, 141; *Ziekow*, in: ders./Völlink, Vergaberecht, § 99 GWB Rn 7.

147 *Ziekow*, in: ders./Völlink, Vergaberecht, § 99 GWB Rn 2; *Münder*, in: ders. u.a., FK-SGB VIII, § 77 Rn 14; die Schwellenwerte werden von der Europäische Kommission mittels VO Nr. 1251/2011 vom 30.11.2011 zur Änderung der Vergabekoordinierungsrichtlinie 2004/18/EG alle zwei Jahre die Schwellenwerte für Auftragsverfahren für die Jahre 2012/2013 angepasst (veröffentlicht im Amtsblatt der europäischen Union L 319/43 vom 2.12.2011); ab dem 1.1.2014 gilt für Dienstleistungsverträge betreffende EU-Vergabeverfahren der durch EU-Verordnung 1336/2013 eingeführte und durch Änderung des § 2 VgV unmittelbar ohne Übergangszeit geltende neue Schwellenwert iHv 207.000 EUR, der damit den für Auftragsverfahren für die Jahre 2012/2013 geltenden Schwellenwert iHv 200.000 EUR ablöst.

148 Bekanntmachung der Vergabe- und Vertragsordnung für Leistungen – Teil A (VOL/A) 20.9.2009, BAnz. Nr. 196 a v. 29.12.2009.

149 *Ziekow*, in: ders./Völlink, Vergaberecht, GWB Einl. Rn 21; *Boetticher/Münder*, Kinder- und Jugendhilfe und europäischer Binnenmarkt, S. 24 m. w. Nachw.; *Münder*, in: ders. u.a., FK-SGB VIII, § 77 Rn 13.

150 *Groß*, in: Gröpl, BHO/LHO, § 55 Rn 16.

151 *Groß*, in: Gröpl, BHO/LHO, § 55 Korrespondenzhinweise.

152 *Dittrich*, Bundeshaushaltsordnung, Stand: 6/2010, § 55 Rn 10.

153 *Boetticher* ZJJ 2011, 154, 158 Fn 59.

öffentlichen Jugendhilfe sind als Behörde einer Gebietskörperschaft öffentliche Auftraggeber nach § 98 Nr. 1 GWB.[154]

Welche Auswirkungen die wirtschafts- und wettbewerbsrechtlichen Vorschriften auf die unterschiedlichen Finanzierungsformen der Leistungserbringung im SGB VIII haben, lässt sich nicht generell, sondern nur differenziert danach treffen, wie die Finanzierung der Leistungserbringung in der Kinder- und Jugendhilfe jeweils geregelt ist.[155] 143

b) Anwendbarkeit bei der Zuwendungsfinanzierung nach § 74 SGB VIII?

Bei der **Finanzierung über Sozialsubventionen** (siehe Rn 7 ff), die einseitig per Bescheid oder über Zuwendungsverträge vergeben werden, wird nahezu einhellig angenommen, dass das Vergaberecht irrelevant ist. Vergaberecht ist nur anwendbar, wenn durch die Zuwendungsfinanzierung mindestens eine gegenseitige vertragliche Bindung entsteht. Der Entgeltbegriff ist weit zu verstehen und erfasst alle zweiseitigen verpflichtenden Verträge, in denen die Gegenleistung geldwerten Charakter hat, ohne dass die gegenseitigen Verpflichtungen zwingend wechselseitig abhängig (synallagmatisch) sind; es genügen auch andere Formen der Verknüpfung.[156] Nach anderer engerer Auffassung setzt § 99 Abs. 1 GWB ein synallagmatisches Verhältnis von Leistung und Gegenleistung voraus.[157] Eine Entscheidung zwischen diesen Ansichten kann dahinstehen, da bei den Sozialsubventionen auch kein zweiseitiges vertragliches Austauschverhältnis begründet wird. 144

Dies ist bei der einseitig durch Bescheid erfolgenden Förderung offensichtlich. Aber auch dann, wenn die **Finanzierung über einen Zuwendungsvertrag** erfolgt, ist das Wesentliche dieser Zuwendung, dass einem Privaten von einem Träger der öffentlichen Verwaltung eine vermögenswerte (Gegen-)Leistung zu dem Zweck gewährt wird, diesen in die Lage zu versetzen, eine im öffentlichen Interesse liegende (soziale) Aufgabe erfüllen zu können.[158] Der Förderung steht demnach keine konkrete, marktmäßig gekaufte Leistung gegenüber,[159] die gegenüber dem Träger der öffentlichen Jugendhilfe zu erbringen wäre. Der freie Träger erbringt seine Leistung vielmehr (später) bei Inanspruchnahme aufgrund seiner eigenen Aufgabe und vertraglichen Verpflichtung gegenüber dem/der Hilfeempfänger/in. Dies schließt eine Verknüpfung der Leistung des freien Trägers mit der des Trägers der öffentlichen Jugendhilfe und damit die Annahme eines „öffentlichen Auftrags“ aus, so dass Vergaberecht bei der Zuwendungsfinanzierung nach § 74 SGB VIII nicht gilt.[160] 145

Einzelne Stimmen in der Literatur vertreten, dass im Einzelfall – weil nämlich dann die Ausführungen zur Finanzierung nach § 77 SGB VIII gälten, wo Vergaberecht Anwendung finde – auch Subventionen nach § 74 SGB VIII vergaberechtlich verteilt 146

154 *Boetticher/Münder*, Kinder- und Jugendhilfe und europäischer Binnenmarkt, S. 56 f; *Hinrichs*, Standpunkt: sozial Sonderheft 2012, 5, 29.

155 *Boetticher/Münder*, Kinder- und Jugendhilfe und europäischer Binnenmarkt, S. 52 hinsichtlich der Auswirkungen des gesamten europäischen Wirtschafts- und Wettbewerbsrechts auf die jeweils unterschiedlichen Finanzierungsformen der Leistungserbringung im SGB VIII.

156 *Weyand*, Vergaberecht, Teil 1 § 99 GWB Rn 19; *Ziekow*, in: ders./Völlink, Vergaberecht, § 99 GWB Rn 35, 37.

157 Nachw. bei *Weyand*, Vergaberecht, Teil 1, § 99 GWB Rn 20; *Hinrichs*, Standpunkt: sozial Sonderheft 2012, 5, 29 zu § 99 GWB.

158 *Wiesner*, in: ders., SGB VIII, § 74 Rn 9.

159 *Boetticher/Münder*, Kinder- und Jugendhilfe und europäischer Binnenmarkt, S. 44, 57; *Boetticher* ZJJ 2011, 154, 158.

160 *Hinrichs*, standpunkt : sozial Sonderheft 2012, 5, 29; im Ergebnis übereinstimmend *Wabnitz*, in: Fieseler u.a., GK-SGB VIII, Stand: 7/2005, § 74 Rn 124; mit etwas anderer Begründung *Kunkel*, in: ders., LPK-SGB VIII, § 74 Rn 57.

werden könnten. Im Blick ist dabei der Bereich, in dem der öffentliche Träger die Leistungserbringung so gestalte, dass trotz der äußeren Form der Zuwendungsfinanzierung ein gegenseitiger Vertrag, also ein **Beschaffungsvertrag**, vorläge, zB wenn die Zuwendungsbescheide durch eine extreme Output-Orientierung geprägt seien, die dem Träger nur noch wenig eigenen Spielraum der konkreten Leistungserfüllung lasse.[161] Im Vergaberecht gelte der materielle Beschaffungsbegriff. Damit ist gemeint, dass sich der öffentliche Auftraggeber entschlossen haben muss, (hier insb. Dienst-)Leistungen[162] zu beschaffen, dass er diesbezüglich organisatorische und/oder planerische Schritte ergreift, um die Art und Weise der Beschaffung, deren gegenständliche Leistungsanforderungen und den Weg der Ermittlung und Auswahl des Erbringers der Leistung zu regeln.[163] Eine Umgehung durch die Form der Beschaffung sei also nicht gültig.

147 Diese Auffassung, die dem öffentlichen Träger einen Spielraum einräumt, der ihm im Einzelfall die Anwendung des Vergaberechts erlaubt, ist bereits von ihrer Grundvoraussetzung her nicht haltbar. Denn auch für die im Bereich der zweiseitigen Finanzierung alternativ[164] zur Verfügung stehende Finanzierung über Leistungsverträge nach § 77 SGB VIII ist die Anwendbarkeit des Vergaberechts abzulehnen. Auch solche sind – wie im Folgenden (siehe die anschließenden Ausführungen zu § 77 SGB VIII Rn 149 ff) zu zeigen sein wird – **keine Beschaffungsverträge**, dh „öffentliche Aufträge" iSd § 99 Abs. 1 GWB. Sogar im Tatbestand der maßgeblichen Vorschrift zur Finanzierung im SGB VIII ist ausdrücklich der (deklaratorische) Hinweis auf die Autonomie der freien Wohlfahrtspflege enthalten (§ 74 Abs. 1 S. 1 Halbs. 1 SGB VIII: „freiwillige Tätigkeit"). Damit wird klargestellt, dass „der Träger der öffentlichen Jugendhilfe mit der Förderung der freien Jugendhilfe nicht für die Erfüllung eigener Aufgaben sorgt, sondern die freie Jugendhilfe bei der Erfüllung der Aufgaben unterstützt, die diese sich selbst gestellt hat".[165] Bei der Förderung nach § 74 SGB VIII kann – unabhängig von der jeweiligen Gestaltung – nicht von einem „öffentlichen Auftrag" gesprochen werden.

148 Da die Voraussetzung „öffentlicher Auftrag" nicht vorliegt, besteht bei der Zuwendungsfinanzierung nach § 74 SGB VIII weder eine Verpflichtung noch eine gesetzliche Ermächtigung für ein Vergabeverfahren, so dass seine – gleichwohl vorgenommene – Durchführung unzulässig und angreifbar wäre.

c) Anwendbarkeit bei zweiseitigen Leistungsverträgen (§ 77 SGB VIII)?

149 Bei den zweiseitigen Leistungsverträgen wird die Geltung des Vergaberechts und demzufolge eine Ausschreibungspflicht von einigen Stimmen bejaht.[166] Nach der Gegenauffassung scheidet jedoch generell in der Kinder- und Jugendhilfe – auch im Bereich der Leistungsverträge nach § 77 SGB VIII – eine Anwendbarkeit aus, und zwar unabhängig davon, ob die Leistungserbringung im jugendhilferechtlichen Dreiecksverhältnis erfolgt, in einem unvollständigen Dreieck oder in sonstiger direkter Inan-

---

161 *Hinrichs*, standpunkt : sozial Sonderheft 2012, 5, 29 f; *Rixen* ZJJ 2011, 163, 167 f.
162 *Boetticher* RdJB 2010, 488, 490.
163 *Ziekow*, in: ders./Völlink, Vergaberecht, § 99 GWB Rn 16 m. w. Nachw.
164 *Münder*, in: ders. u.a., FK-SGB VIII, § 77 Rn 3; *Wiesner*, in: ders., SGB VIII, § 77 Rn 5 a.
165 *Wiesner*, in: ders., SGB VIII, § 74 Rn 15.
166 *Münder*, in: ders. u.a., FK-SGB VIII, § 77 Rn 12; *Wiesner*, in: ders., SGB VIII, § 77 Rn 13; *Boetticher* ZJJ 2001, 154, 158; *Rixen* ZJJ 2011, 163, 167; *Hinrichs*, standpunkt : sozial Sonderheft 2012, 5, 30 f; Vergabekammer bei der Bezirksregierung Münster 2.7.2004, VK 13/04; Vergabekammer Stuttgart 11.1.2006, 1 VK 73/0.

spruchnahme, bei der dem Angebot kein Rechtsanspruch auf die Leistung zugrunde liegt.[167]

Entscheidend ist, ob eine gesetzliche Verpflichtung bzw Ermächtigung zur Durchführung eines Vergabeverfahrens besteht. Die rechtliche Diskussion kreist um das Merkmal „öffentlicher Auftrag" iSd § 99 Abs. 1 GWB, also darum, ob ein entgeltlicher Vertrag zwischen einem öffentlichen Auftraggeber und einem privaten Auftragnehmer vorliegt, in dem es um die Beschaffung von Leistungen, hier insbesondere Dienstleistungen, geht. 150

aa) Widerspruch zu Grundprinzipien des SGB VIII

Die Vergaberegeln kommen nur zur Anwendung, wenn der Träger der öffentlichen Jugendhilfe mit der Ausschreibung als Nachfrager einer entgeltlichen, dh von ihm zu vergütenden Leistung am Markt auftritt, also einen Beschaffungsvertrag mit einem oder mehreren Anbietern schließen will.[168] 151

Es bedarf also auch hier eines **„öffentlichen Auftrags"** und auch bei Vereinbarungen nach § 77 SGB VIII scheidet die Annahme eines solchen bereits vom Sinn und Zweck der Leistungserbringung im SGB VIII aus. Da sich die gesetzliche Zielsetzung des SGB VIII unabhängig von der jeweiligen Finanzierungsform überwiegend aus den Allgemeinen Vorschriften im Ersten Kapitel des SGB VIII ergibt, treffen auch die Gesichtspunkte, die von den Gerichten bisher im Zusammenhang mit Entscheidungen zum jugendhilferechtlichen bzw sozialhilferechtlichen Dreiecksverhältnis angeführt wurden, gleichermaßen für die Leistungserbringung mit Einzelfallabrechnung bei direkter Inanspruchnahme zu. 152

Das Vergaberecht bezweckt die Förderung des Wettbewerbs auf öffentlichen Beschaffungsmärkten, wenn dort ein **öffentlicher Auftraggeber als Nachfrager** – und nicht als Anbieter[169] – auftritt.[170] Die Träger der öffentlichen Jugendhilfe kaufen aber nicht – wie teilweise vertreten wird[171] – gezielt Leistungen ein, um sie dem/der Leistungsberechtigten zur Verfügung zu stellen; sie beschaffen nicht Leistungen gegen Entgelt auf einem „Markt für Jugendhilfeeinrichtungen". Bei dem Abschluss von Vereinbarungen nach § 77 SGB VIII geht es vielmehr um die Zusammenarbeit von Jugendhilfe- und Einrichtungsträgern bei der wirksamen Erfüllung sozialstaatlicher Aufgaben.[172] „Auch wenn die Träger der öffentlichen Jugendhilfe die Gebote der Wirtschaftlichkeit und Sparsamkeit zu beachten haben, sind bei der Gewährung von Jugendhilfeleistungen auch Faktoren zu berücksichtigen, die nicht von den Grundsätzen des Markts und des freien Wettbewerbs bestimmt werden":[173] 153

Der **Subsidiaritätsgrundsatz** bestimmt, dass Träger der öffentlichen Jugendhilfe von eigenen Maßnahmen absehen sollen, wenn Träger der freien Jugendhilfe Einrichtungen, Dienste und Veranstaltungen betreiben (§ 4 Abs. 2 SGB VIII). Die Träger der öffentlichen Jugendhilfe erteilen folglich keine „öffentlichen Aufträge" im Sinne des 154

167 *Kern*, in: Schellhorn u.a., SGB VIII, § 77 Rn 27; *Schindler*, in: Kunkel, LPK-SGB VIII, § 77 Rn 7; *Wabnitz*, in: Fieseler u.a., GK-SGB VIII, Stand 7/2005, § 74 Rn 124.

168 VG Münster 22.6.2004, 5 L 756/04 = RsDE Nr. 57, 75 (juris Rn 38).

169 *Ziekow*, in: ders./Völlink, Vergaberecht, § 99 GWB Rn 7.

170 VG Münster 18.8.2004, 9 L 970/04 = JAmt 2005, 44, 46; VG Münster 22.6.2004, 5 L 756/04 = RsDE Nr. 57, 75 (juris Rn 53) in einem Beschluss zu §§ 93 ff BSHG (jetzt: §§ 75 ff SGB XII).

171 *Boetticher* ZJJ 2011, 154, 158; *Boetticher/Münder*, Kinder- und Jugendhilfe und europäischer Binnenmarkt, S. 77; *Münder*: in: ders. u.a., FK-SGB VIII, § 77 Rn 12.

172 VG Münster 22.6.2004, 5 L 756/04 = RsDE Nr. 57, 75 (juris Rn 51, 53) zu Vereinbarungen nach § 93 Abs. 2 BSHG.

173 VG Münster 18.8.2004, 9 L 970/04 = JAmt 2005, 44, 46.

Wettbewerbsrechts, sondern befördern und ermöglichen die vorrangigen Tätigkeiten der freien Jugendhilfe.

155 Der **Grundsatz der partnerschaftlichen Zusammenarbeit** zwischen Trägern der öffentlichen und freien Jugendhilfe (§ 4 Abs. 1 S. 1 SGB VIII) gründet auf einer historisch gewachsenen Tradition einer eigenständigen freien Wohlfahrtspflege beim Initiieren und bei der Zurverfügungstellung von Angeboten, was sich in einer gemeinsamen Planung der örtlichen Angebotspalette spiegelt. Das Bundesverfassungsgericht hat dies mit „der gemeinsamen Bemühung von Staat und freien Jugend- und Wohlfahrtsorganisationen“ sowie der „hergebrachten und durch Jahrzehnte bewährten Zusammenarbeit von Staat und freien Verbänden“ benannt.[174]

156 Die Mitwirkung der Träger der freien Jugendhilfe bei der Jugendhilfeplanung ist institutionell verankert. § 71 SGB VIII sieht die stimmberechtigte Mitbestimmung beim Identifizieren von Problemlagen junger Menschen und ihrer Familien, bei der Jugendhilfeplanung und vor allem auch bei der finanziellen Förderung der freien Jugendhilfe im Jugendhilfeausschuss vor. Die Zusammenarbeit erfolgt auf der **Ebene der Gleichordnung.** Der Träger der freien Jugendhilfe ist nicht etwa „weisungsgebundener Befehlsempfänger“,[175] nicht Beauftragter des Trägers der öffentlichen Jugendhilfe („Erfüllungsgehilfe“), sondern erfüllt (weiterhin) seine eigene Aufgabe.[176] Die Träger der öffentlichen Jugendhilfe „beschaffen“ sich also keine Leistungen, die sie selbst gegenüber dem/den Bürger/innen erbringen.

157 Die **Achtung der Selbstständigkeit der freien Jugendhilfe** (§ 4 Abs. 1 S. 2 SGB VIII) schützt die Träger der freien Jugendhilfe im Rahmen der Zusammenarbeit in ihrer Autonomie als Träger eigener sozialer Aufgaben und bei der eigenen Aufgabenwahrnehmung. Die Selbstständigkeit der freien Jugendhilfe hat ihre Grundlage in den grundgesetzlichen Freiheitsrechten.[177] Sie ist nicht verhandelbar. Selbstverpflichtungen (beider Seiten) oder vertragliche Vereinbarungen dürfen den Kern dieser Autonomie nicht antasten. „Eine öffentliche Förderung darf deshalb nicht mit Auflagen oder Bedingungen versehen sein, die im Hinblick auf das satzungsmäßige oder traditionelle Selbstverständnis des gesellschaftlichen Engagements nicht oder nur zu seinem Schaden erfüllt werden kann.“[178] Hierdurch wird die sonst auch auf dem öffentlichen Beschaffungsmarkt bestehende Freiheit bei der inhaltlichen Gestaltung von Verträgen in untypischer Weise eingeschränkt.

158 Die Pflicht zur **Achtung der Trägervielfalt** (§ 3 Abs. 1 SGB VIII) deutet die Notwendigkeit an, bei der Entwicklung einer lebensweltorientierten Vielfalt an Angeboten für eine noch größere Vielfalt an familiären Lebenssituationen und Bedarfslagen die Eigeninitiative und Mitgestaltung der Träger der freien Jugendhilfe zuzulassen. Dies führt zu der grundsätzlichen Verpflichtung des Trägers der öffentlichen Jugendhilfe, die Jugendhilfeaufgaben mit möglichst vielen Trägern der freien Jugendhilfe zu gewährleisten, die die unterschiedlichen Wertorientierungen abdecken.[179] Dies wiede-

174 BVerfGE 22, 180, 200 = NJW 1967, 1795. In dieser Entscheidung aus dem Jahr 1967 legte das BVerfG § 5 Abs. 3 S. 2 JWG dahingehend verfassungskonform aus und wies damit die Kritik der öffentlichen Jugendhilfe an einer Vorrangstellung der Träger der freien Jugendhilfe und Wohlfahrtspflege als unbegründet zurück.

175 *Kern*, in: Schellhorn u.a., SGB VIII, § 4 Rn 7.

176 *Wiesner*, in: ders., SGB VIII, § 4 Rn 5.

177 *Wiesner*, in: ders., SGB VIII, § 4 Rn 12; *Schindler*, in: Kunkel, LPK-SGB VIII, § 4 Rn 23.

178 *Wiesner*, in: ders., SGB VIII, § 4 Rn 12.

179 *Kern*, in: Schellhorn u.a., SGB VIII, § 3 Rn 3 unter Hinweis auf VG Münster 18.8.2004, 9 L 970/04 = JAmt 2005, 44, 45.

rum setzt der Freiheit am Markt, darüber zu entscheiden, ob bzw mit wem ein Vertrag geschlossen werden soll, Grenzen.

Das **Wunsch- und Wahlrecht der Leistungsberechtigten** (§ 5 SGB VIII) ist steuerndes sowie Rechtsansprüche konkretisierendes Element bei der Auswahl aus einem pluralen Leistungsangebot (vgl § 3 Abs. 1 SGB VIII). Es verdeutlicht, dass die Angebotsstruktur durch die Zusammenarbeit der öffentlichen mit der freien Jugendhilfe, und – im Rahmen eines festgestellten Bedarfs – vor allem von den Interessen der Leistungsberechtigten her bestimmt wird.[180] 159

bb) Fehlende vergaberechtliche relevante Verknüpfung der Leistungen im zweiseitigen Vertrag nach § 77 SGB VIII

Will im Verständnis des Vergaberechts ein öffentlicher Träger einen **„entgeltlichen Vertrag“** iSd § 99 Abs. 1 GWB, also einen Beschaffungsvertrag, mit einem oder mehreren Anbieter/n schließen, setzt dies bei weiter Auslegung eine zweiseitige vertragliche Verknüpfung von Leistung und Gegenleistung voraus. Ausreichend ist danach zB die Vereinbarung einer Bedingung oder die Abrede, dass die eine Leistung den Rechtsgrund für die andere darstellt.[181] Selbst bei diesem Verständnis des Begriffs der Entgeltlichkeit, der keinen gegenseitigen (synallagmatischen) Austausch verlangt, fehlt es auch bei den zweiseitigen Verträgen nach § 77 SGB VIII an einer solchen Verknüpfung. 160

Träger der freien Jugendhilfe, die gegenüber dem/der Hilfeempfänger/in eine Leistung erbringen, erfüllen ihre eigene **Verpflichtung aus einem privatvertraglichen Schuldverhältnis** mit dem/der Hilfeempfänger/in und handeln hierbei nicht im Auftrag und gemäß den Weisungen des öffentlichen Trägers, wie § 4 Abs. 1 S. 1 SGB VIII zum Ausdruck bringt. Der Träger der freien Jugendhilfe ist vielmehr in Zielsetzung, Ausführung und Organisation selbstständig (§ 4 Abs. 1 S. 2 SGB VIII).[182] 161

Bei der Leistungserbringung nach SGB VIII handelt es sich somit weder unmittelbar noch mittelbar um eine Erbringung der Leistung gegenüber dem Träger der öffentlichen Jugendhilfe, sondern um eine **unmittelbare Inanspruchnahme der Leistung durch die Bürger/innen** beim Träger der freien Jugendhilfe (siehe Rn 13 ff). Verabredet wird auch weder eine Bedingung noch dass die Leistung den Rechtsgrund für die Gegenleistung des öffentlichen Trägers darstellt. Die Finanzierung durch den Träger der öffentlichen Jugendhilfe erfolgt aufgrund seiner ihm durch § 79 SGB VIII zugewiesenen „Gesamtverantwortung im Sinne einer Letztverantwortung gegenüber den Leistungsberechtigten für die Erfüllung der gesetzlich geregelten Aufgaben der Jugendhilfe“.[183] Die Finanzierungspflicht ergibt sich in dem, in diesem Abschnitt u.a. behandelten unvollständigen, „hinkenden“ Dreieck zwar aufgrund einer Vereinbarung mit dem Träger der freien Jugendhilfe, aber der Träger der freien Jugendhilfe handelt im Auftrag der Leistungsempfänger/innen und erfüllt seine Pflichten, die er diesen gegenüber hat. 162

Auch durch den Abschluss zweiseitiger Leistungsverträge soll der Träger der freien Jugendhilfe in die Lage versetzt werden, Aufgaben nach dem SGB VIII gegenüber den Leistungsberechtigten zu erfüllen (siehe Rn 7 ff).[184] Wie dargelegt, stehen **Zuwendung** 163

180 *Wiesner*, in: ders., SGB VIII, § 5 Rn 1; *Schindler*, in: Kunkel, LPK-SGB VIII, § 5 Rn 1.
181 *Weyand*, Vergaberecht, Teil 1, § 99 GWB Rn 19.
182 VG Münster 18.8.2004, 9 L 970/04 = JAmt 2005, 44, 46 zum jugendhilferechtlichen Dreieck.
183 *Wiesner*, in: ders., SGB VIII, § 79 Rn 1.
184 *Wiesner*, in: ders., SGB VIII, § 74 Rn 9 für die Zuwendungsfinanzierung.

und zweiseitiger Leistungsvertrag alternativ nebeneinander[185] (siehe Rn 45 ff) und dem Träger der öffentlichen Jugendhilfe steht im Rahmen seines Gestaltungsermessens frei, welche Finanzierungsform er wählt. Anders als bei der Zuwendung werden beiderseitige Leistungen ausgetauscht,[186] indem bei der Finanzierung auf die Leistungserbringung im Einzelfall Bezug genommen wird. Nach dem (subsidiär anzuwendenden) Haushaltsrecht ist deshalb bei einem klaren Leistungsversprechen des freien Trägers zwar uU die Variante der Vereinbarung nach § 77 SGB VIII systemgerechter;[187] an der bis hierin dargestellten leistungserbringungsrechtlichen Systematik und den leistungserbringungsrechtlichen Grenzen ändert sich indes nichts.

164 Allerdings wird teilweise die Autonomie der Träger der freien Jugendhilfe (§ 4 Abs. 1 SGB VIII) bestritten. Der öffentliche Träger kaufe eine Leistung – mit dem **Ziel der „Output-Steuerung“** – ein. Zu deren Erbringung verpflichte sich der Leistungserbringer ihm gegenüber. Daher solle diese Verpflichtung auch im Rahmen des vertraglichen Verhältnisses zwischen Leistungserbringer und Leistungsträger gelten, obwohl die Leistung gegenüber einem Leistungsempfänger in Natur erbracht werden soll.[188] Ähnlich wird von anderer Seite argumentiert, der entgeltliche Charakter eines Vertrags bezöge sich auf die Gegenleistung der öffentlichen Verwaltung für die Erbringung einer Leistung. Bei den gegenseitigen Leistungsverträgen werde regelmäßig ein Entgelt in Gestalt einer Geldzahlung vereinbart, um den privaten Dritten in die Lage zu versetzen, die vereinbarte Dienstleistung zu erbringen.[189]

165 Dem ist entgegenzuhalten, dass diese Betrachtung allein auf den Wortlaut des § 99 Abs. 1 GWB abstellt, eine von jedem Kontext isolierte Betrachtung vornimmt und die **Strukturen der Kinder- und Jugendhilfe** in Form des Subsidiaritätsgrundsatzes, der Autonomie der freien Wohlfahrtspflege, der Pluralität des Leistungsangebots und des Wunsch- und Wahlrechts ausblendet bzw gezielt negiert, um zum gewünschten Auslegungsergebnis zu gelangen.

166 Der vom SGB VIII gesetzlich gerahmte Kontext ist jedoch – da er die Rechtsbeziehungen im Rahmen der Erbringung von Jugendhilfeleistungen erklärt – sowohl bei einer wortlautgetreuen Interpretation als auch bei einer am Sinn und Zweck des § 99 Abs. 1 GWB orientierten Auslegung zu berücksichtigen und führt zur Verneinung der Voraussetzung „öffentlicher Auftrag“. Entscheidend ist die **fehlende Verknüpfung der Gegenleistung** mit der Tätigkeit des Trägers der freien Jugendhilfe, die dieser weder unmittelbar noch mittelbar gegenüber dem Träger der öffentlichen Jugendhilfe ausübt.

167 Ob es sich bei den Verträgen zudem um **nicht ausschreibungspflichtige Dienstleistungskonzessionen**[190] handelt, bei denen die Gegenleistung für die Erbringung des Auftrags nicht in einem vorher festgelegten Preis, sondern im Nutzungs- oder Verwertungsrecht liegt und der Konzessionär das wirtschaftliche Risiko trägt, kann dahinstehen.[191]

185 *Wiesner*, in: ders., SGB VIII, § 77 Rn 5 a, *Münder*, in: ders. u.a., FK-SGB VIII, § 77 Rn 3.
186 *Münder*, in: ders. u.a., FK-SGB VIII, § 77 Rn 3.
187 *Kern*, in: Schellhorn u.a., SGB VIII, § 77 Rn 8, § 74 Rn 20.
188 *Hinrichs*, standpunkt : sozial Sonderheft 2012, 5, 30.
189 *Boetticher/Münder*, Kinder- und Jugendhilfe und europäischer Binnenmarkt, S. 77.
190 So *Schindler*, in: Kunkel, LPK-SGB VIII, § 77 Rn 7.
191 Offen lassend auch VG Münster 22.6.2004, 5L 756/04 = RsDE Nr. 57, 75 (juris Rn 38).

cc) Kein Vorrang des SGB VIII vor Wettbewerbsrecht

Teilweise wird gegen eine Ausschreibungspflicht vorgetragen, das Vergaberecht sei im **Bereich der sozialen Dienste** generell nicht anwendbar, da die Beauftragung von Leistungen im Rahmen der Sozialgesetzbücher grundsätzlich anderen Anforderungen gerecht werden müsse als bei der Beschaffung von Immobilien, Büromaterialen oÄ, und daher als speziellere Rechtsmaterie Vorrang vor dem Vergaberecht habe.[192] Dieser Ansicht kann aus grundsätzlichen systematischen Gesichtspunkten – auch mit Blick auf die Konstruktion der Leistungserbringung im SGB II und SGB III – nicht gefolgt werden. 168

Mit dem Vergaberecht des GWB wird **zwingendes Gemeinschaftsrecht** umgesetzt. 169
Daraus ergibt sich auch der Vorrang der GWB-Vorschriften gegenüber Spezialregelungen, etwa im Sozialleistungsrecht. Nicht die spezielleren Regeln greifen, sondern die übergeordneten. Dies ist hier das in §§ 97 ff GWB umgesetzte Gemeinschaftsrecht der EU. Der Vorrang des Gemeinschaftsrechts würde – wenn es einschlägig wäre – keine nationalen Ausnahmen zulassen.[193] Für Beschaffungsvorgänge, die nicht den europäischen Regelungen, sondern – wenn der Schwellenwert nicht überschritten ist – dem nationalen haushaltsrechtlichen Vergaberecht unterfallen, könnte der deutsche Gesetzgeber allerdings einen Vorrang des SGB VIII festlegen.[194]

Dass die Anwendbarkeit von Vergaberecht im Bereich sozialer Dienste möglich und 170
gewollt sein kann, zeigt die **Rechtslage im SGB II und SGB III.** So enthält § 45 Abs. 3 SGB III eine klarstellende (deklaratorische) Vorschrift über die Geltung des Vergaberechts. Nach den Gesetzesmaterialen sei aufgrund der vielseitigen inhaltlichen Ausgestaltungsmöglichkeiten der Maßnahmen die Anwendung des Vergaberechts für jeden Fall gesondert zu prüfen.[195] Eine andere Ansicht meint in diesem Zusammenhang, aufgrund des Hinweises auf „Vergaberecht" seien zwingend gegenseitige Verträge abzuschließen.[196] Als entscheidend führt der Gesetzgeber an, ihn hätten Erfahrungen aus der Praxis hierzu genötigt,[197] dass für diesen Bereich sozialer Dienste der Vorrang des Vergaberechts – wenn dessen Anwendungsvoraussetzungen vorliegen – eine Klarstellung erfährt.

Im **Bereich des SGB II** ist streitig, ob die Leistungsträger die von ihnen zu gewähren- 171
den Sozialleistungen auch mittels Vergabe öffentlicher Aufträge beschaffen können (gegenseitige Leistungsverträge) oder auf das sozialrechtliche Dreiecksverhältnis mittels öffentlicher-rechtlicher Verträge und damit auf vergabeneutrale (vergabefreie) Beschaffungen festgelegt sind.[198] In den Gesetzesmaterialien zu § 17 Abs. 2 S. 1 SGB II, der den Abschluss einer Vereinbarung über die Vergütung der Leistung regelt, kommt zum Ausdruck, dass die Vergabe öffentlicher Aufträge nicht ausgeschlossen wird. Auch bei den Vereinbarungen nach § 17 Abs. 2 S. 1 SGB II kann sich der Leistungsträger somit gemäß dem Grundsatz des Beschaffungsermessens (§ 17 Abs. 1 Nr. 2 SGB II) entscheiden, die von ihm zu gewährenden Sozialleistungen mittels Ver-

192 Nachw. bei *Boetticher/Münder*, Kinder- und Jugendhilfe und europäischer Binnenmarkt, S. 74 Fn 287; *Wabnitz* NDV 2003, 141, 146; *Stähr/Hilke* ZfJ 1999, 155, 158 bzgl § 55 BHO.

193 *Boetticher/Münder*, Kinder- und Jugendhilfe und europäischer Binnenmarkt, S. 74 unter Verweis auf die Vergabekoordinierungsrichtlinie; *Boetticher* ZJJ 2011, 154, 158; andeutungsweise VG Münster 22.6.2004, 5 L 756/04 = RsDE Nr. 57, 75 (juris Rn 36) zu §§ 93 ff BSHG, wo die Frage der Spezialität letztlich dahinstehen konnte.

194 *Boetticher/Münder*, Kinder- und Jugendhilfe und europäischer Binnenmarkt, S. 74.

195 *Kador*, in: Mutschler u.a., SGB III, § 45 Rn 87.

196 *Münder*, in: ders., LPK-SGB II, § 17 Rn 30.

197 *Kador*, in: Mutschler u.a., SGB III, § 45 Rn 87.

198 *Rixen/Weißberger*, in: Eicher, SGB VIII, § 17 Rn 16.

gabe öffentlicher Aufträge zu beschaffen, und hat dann die einschlägigen Bestimmungen des Vergaberecht zu beachten.[199]

172 Bei Beachtung der Systematik des Gesetzes gilt daher auch im Bereich des Sozialgesetzbuchs der **Vorrang des Vergaberechts,** wenn im jeweiligen rechtlichen Kontext die Anwendungsvoraussetzungen vorliegen – was im Bereich der Kinder- und Jugendhilfe nach SGB VIII nicht der Fall ist.

> Im Bereich der Zuwendungsfinanzierung nach **§ 74 SGB VIII** ist die Anwendbarkeit des Vergaberechts umstritten. Nach hier vertretener Auffassung sind Ausschreibungen unzulässig. Es liegt insbesondere **kein öffentlicher Auftrag** iSd § 99 Abs. 1 GWB vor, also kein Beschaffungsvertrag bzw entgeltlicher Auftrag. Aufgrund der Autonomie der freien Wohlfahrtspflege sorgt der Träger der öffentlichen Jugendhilfe mit der Förderung der Träger der freien Jugendhilfe nicht für die Erfüllung seiner Aufgaben, sondern er unterstützt die freie Jugendhilfe bei der Erfüllung der eigenen Aufgaben.
>
> Auch bei zweiseitigen Leistungsverträgen nach **§ 77 SGB VIII** liegt mangels einer dem Vergaberecht entsprechenden Verknüpfung von Leistung und Gegenleistung ebenfalls **kein öffentlicher Auftrag** iSd § 99 Abs. 1 GWB vor. Bei der Leistungserbringung des Trägers der freien Jugendhilfe handelt es sich auch bei Vorliegen einer Leistungs- und Entgeltvereinbarung nach § 77 SGB VIII nicht um eine Leistungserbringung gegenüber dem Träger der öffentlichen Jugendhilfe. Der Träger der freien Jugendhilfe handelt vielmehr im Auftrag der Leistungsempfänger/innen und erfüllt seine Pflichten diesen gegenüber.
>
> Eine Anwendung der Vergaberegeln stellt generell einen **Widerspruch zu Grundprinzipien des SGB VIII** dar. Betroffen sind insbesondere der Subsidiaritätsgrundsatz (§ 4 Abs. 2 SGB VIII), der Grundsatz der partnerschaftlichen Zusammenarbeit und die Achtung der Selbstständigkeit der freien Jugendhilfe (§ 4 Abs. 1 SGB VIII), die Pflicht zur Achtung der Trägervielfalt (§ 3 Abs. 1 SGB VIII) und das Wunsch- und Wahlrecht der Leistungsberechtigten (§ 5 SGB VIII).

9. Anwendbarkeit des Beihilfenrechts

a) Voraussetzungen und soziale Dienstleistungen

173 Bei der Finanzierung von Leistungen nach SGB VIII wird auch diskutiert, ob diese dem **europäischen Recht über die Gewährung staatlicher Beihilfen** unterfällt. Eine Anbieterauswahl könnte somit nach den betreffenden europarechtlichen Vorschriften erforderlich und möglich sein (Art. 107 des Vertrags über die Arbeitsweise der Europäischen Union [AEUV]). Diese europäischen Vorgaben gelten in den Mitgliedstaaten unmittelbar und kennen keine Entsprechung im nationalen Recht.

174 Hier geht es um die Förderung sozialer Dienstleistungen im SGB VIII, also die Erfüllung wichtiger öffentlicher Aufgaben.[200] Dies bedeutet allerdings nicht, insoweit besteht mittlerweile Einigkeit, dass die **Finanzierung sozialer Dienste** per se von den Vorgaben des europäischen Beihilferechts ausgenommen, also beihilfenrechtlich neutral wäre.[201]

175 In anderen Mitgliedstaaten der Europäischen Union werden derartige Leistungen in ganz anderen Strukturen erbracht. Die Anwendbarkeit des europäischen Beihilfenrechts hängt daher insbesondere davon ab, ob, je nach nationaler Ausgestaltung, die einzelnen Voraussetzungen des Art. 107 Abs. 1 AEUV erfüllt sind. Dies ist der Fall,

---

199 *Rixen/Weißberger*, in: Eicher, SGB VIII, § 17 Rn 16 ff.

200 *Boetticher* RdJB 2010, 488, 490.

201 *Mrozynski*, SGB VIII, § 74 Rn 24; *Münder*, in: ders. u.a., FK-SGB VIII, § 74 Rn 38; *Kreuschitz/Wernicke*, in: Lenz/Borchardt, EU-Verträge, Art. 107 Rn 5: „Eine Maßnahme ist nicht schon wegen ihres sozialen Charakters von der in Art. 107 Abs. 1 enthaltenen Definition ausgeschlossen".

wenn Beihilfen – gleich welcher Art – aus staatlichen Mitteln gewährt werden, die ein bestimmtes Unternehmen begünstigen, und wenn es dadurch zu **Wettbewerbsverzerrungen** kommt, die den Handel zwischen den Mitgliedstaaten beeinträchtigen. Die Beihilfen müssen von einem gewissen Gewicht sein. Ausgenommen kann die Anwendbarkeit sein, wenn beihilferechtliche Rechtfertigungsgründe für die Begünstigung bestehen.[202]

Liegt eine in diesem Sinne verbotene Beihilfe[203] vor, hängt deren Zulässigkeit von der vorhergehenden Kontrolle und Genehmigung durch die Europäische Kommission ab (Art. 108 Abs. 3 EGV). Entsprechend besteht eine **Pflicht zur „Notifizierung"**, dh eine Verpflichtung, die Beihilfe bei der Europäischen Kommission anzumelden und genehmigen zu lassen. 176

b) Anwendung auf die zweiseitigen Finanzierungsformen

aa) Grenzübergreifender Dienstleistungsverkehr

Bei Betrachtung der Voraussetzungen des Art. 107 Abs. 1 AEUV gerät zunächst die Beeinträchtigung des innergemeinschaftlichen Handels in den Blick. Das Beihilfenrecht kommt nur dann zur Anwendung, wenn die Leistung im einzelnen Fall eine **grenzüberschreitende Dimension** aufweist, die Leistungserbringung also in einer Region geschieht, in der zumindest potenziell Anbieter vergleichbarer Leitungen aus anderen Mitgliedstaaten vorhanden sind.[204] 177

bb) Ausnahme bei geringfügigen Beihilfen

Die Beihilfen müssen außerdem von einem gewissen Gewicht sein. Geringfügige Beihilfen – sog. **De-minimis-Beihilfen** – sind vom Beihilfenverbot ausgenommen, solange sie ein Volumen von derzeit[205] 200.000 EUR pro Unternehmen in einem Dreijahreszeitraum nicht überschreiten (Art. 2 [2] Abs. 1 der Verordnung [EG] Nr. 1998/2006).[206] Bei diesen Vorteilen wird davon ausgegangen, dass sie den Handel zwischen den Mitgliedstaaten nicht beeinträchtigen und/oder keine wettbewerbsverfälschende Wirkung haben.[207] 178

Unter dieser **„Spürbarkeitsgrenze"** liegende Beihilfen werden also von Art. 107 Abs. 1 AEUV als nicht erfasst angesehen, wobei neben einer solchen ein Unternehmen gleichzeitig andere Beihilfen nach notifizierten und bewilligten Beihilferegelungen erhalten kann.[208] Geplant ist, für Unternehmen, die Dienstleistungen von allgemeinem wirtschaftlichem Interesse erbringen,[209] den allgemeinen De-minimis-Höchstbetrag auf 500.000 EUR anzuheben.[210] 179

202 *Münder*, in: ders. u.a., Handbuch KJHR, Kap. 5.2 Rn 10 f; *Münder*, in: ders. u.a., FK-SGB VIII, § 74 Rn 39; *Boetticher/Münder*, Kinder- und Jugendhilfe und europäischer Binnenmarkt, S. 57.

203 Zu den Ausnahmen im Folgenden.

204 *Boetticher* ZJJ 2011, 154, 160.

205 Nach Art. 6 der VO (EG) Nr. 1998/2006 gilt die Verordnung bis 31.12.2013.

206 Verordnung (EG) Nr. 1998/2006 der Kommission vom 15.12.2006 über die Anwendung der Artikel 87 und 88 EG-Vertrag auf „De-minimis"-Beihilfen, ABl. EU 2006 L 379/5; *Kreuschitz/Wernicke*, in: Lenz/Borchardt, EU-Verträge, Art. 107 Rn 33; *Boetticher* ZJJ, 154, 160; *Münder*, in: ders. u.a., FK-SGB VIII, § 74 Rn 44.

207 Erwägungsgrund (8) der VO (EG) Nr. 1998/2006.

208 *Kreuschitz/Wernicke*, in: Lenz/Borchardt, EU-Verträge, Art. 107 Rn 33.

209 Ausnahme vom Beihilfenverbot, dazu im Folgenden.

210 Art. 2 des Entwurfs der Verordnung (EU) Nr. .../... der Kommission vom 20.12.2011 über die Anwendung der Art. 107 und 108 AEUV auf De-minimis-Beihilfen an Unternehmen, die Dienstleistungen von allgemeinem wirtschaftlichen Interesse erbringen, K(2011) 9381.

cc) Staatliche Beihilfen

180 Der **Begriff der Beihilfe** ist weiter als derjenige der Subvention, denn er umfasst nicht nur positive Leistungen, sondern auch Maßnahmen, die die Belastungen vermindern, die ein Unternehmen normalerweise zu tragen hat und die somit Subventionen nach Art und Wirkung gleichstehen.[211]

181 Bei den beiden im Rahmen der zweiseitigen Finanzierung nach SGB VIII möglichen Finanzierungsformen ergibt sich für die **Förderung nach § 74 SGB VIII** die Beihilfeneigenschaft schon aus der Definition der Zuwendung. Gem. § 14 HGrG handelt es sich um Ausgaben für Leistungen an Stellen außerhalb der Staatsverwaltung, die gem. § 23 BHO ohne marktmäßige Gegenleistung gezahlt werden.[212] Für den Bereich der Leistungsverträge ist dagegen das Beihilfenrecht grundsätzlich nicht einschlägig, da die gewährten wirtschaftlichen Vorteile das Entgelt für die marktmäßigen Kosten der Dienstleistungserbringung darstellen.

182 Anders könnte dies zu beurteilen sein, wenn das vereinbarte Entgelt deutlich über dem **„Marktpreis"** liegt, so dass dieser außer Verhältnis zum Wert der Leistung und ggf als unentgeltlicher Vorteil anhand der Beihilfevorschriften zu prüfen wäre.[213]

183 Darüber hinaus stellen die Gemeinnützigkeitsprivilegien für gemeinnützige Träger sozialer Dienstleistungen – zB der Verzicht des Staates auf an sich anfallende Steuerzahlungen – dem Grunde nach Beihilfen dar.[214]

dd) Begünstigung bestimmter Wettbewerber

184 Die Beihilfe muss selektiv bestimmte Unternehmen begünstigen. „Unternehmen"[215] ist ein – vom Recht der Mitgliedstaaten unabhängiger – autonomer Begriff des Unionsrechts und umfasst jede wirtschaftlich tätig werdende Einheit, unabhängig von ihrer Rechtsform oder ihrer Finanzierungsart. Eine tatsächliche Gewinnerwirtschaftung ist nicht erforderlich, Voraussetzung ist, dass für die unternehmerische Tätigkeit ein Markt besteht, der durch die Beihilfe beeinträchtigt werden kann.[216] Bei Zugrundelegung dieses – nicht auf die Motive für die jeweilige Tätigkeit abstellenden – **funktionalen Unternehmensbegriffs**[217] ist danach zu fragen, ob die jeweilige Tätigkeit zumindest grundsätzlich auch von einem privat-gewerblichen Träger mit Gewinnerzielungsabsicht ausgeübt werden könnte.[218]

185 „Dass freie [gemeinnützige] Träger eine wirtschaftliche Tätigkeit ausüben, reklamieren sie selbst für sich".[219] Da gem. § 74 Abs. 1 Nr. 1 SGB VIII nur gemeinnützige Träger gefördert werden können, liegt die **selektive Wirkung der Beihilfe** immer dann vor, wenn und soweit privat-gemeinnützige Träger Leistungen gegen ein Entgelt erbringen,[220] mit dem auch ein mit der jeweils angesetzten Zuwendungshöhe bzw dem

---

211 *Kreuschitz/Wernicke*, in: Lenz/Borchardt, EU-Verträge, Art. 107 Rn 5 m. Nachw. zur Rechtsprechung des EuGH.

212 *Boetticher/Münder*, Kinder- und Jugendhilfe und europäischer Binnenmarkt, S. 57 f; *Boetticher* ZJJ 2011, 154, 160.

213 So *Boetticher/Münder*, Kinder- und Jugendhilfe und europäischer Binnenmarkt, S. 73.

214 *Boetticher* ZJJ 2011, 154, 160.

215 Ausführlich zum Unternehmensbegriff *Boetticher/Münder* ZESAR 2004, 15, 17 ff.

216 *Koenig/Paul*, in: Streinz, EUV/AEUV, Art. 107 AEUV Rn 69.

217 *Koenig/Paul*, in: Streinz, EUV/AEUV, Art. 107 AEUV Rn 70; *Boetticher/Münder*, Kinder- und Jugendhilfe und europäischer Binnenmarkt, S. 32 f, 58; *Boetticher* ZJJ 2011 154, 159; jew. m. zahlr. Nachw. zur Rechtsprechung des EuGH.

218 *Boetticher/Münder*, Kinder- und Jugendhilfe und europäischer Binnenmarkt, S. 58 m. w. Nachw.; *Boetticher* ZJJ 2011 154, 159 m. w. Nachw.

219 *Kunkel*, in: ders., LPK-SGB VIII, § 74 Rn 53.

220 *Münder*, in: ders. u.a., FK-SGB VIII, § 74 Rn 40; *Kunkel*, in: LPK-SGB VIII, § 74 Rn 53 m. w. Nachw.

Zuwendungsanteil geförderter privat-gewerblicher Träger wirtschaften könnte.[221] Dies ist in der Regel der Fall.

ee) Wettbewerbsverfälschung

Beihilfen verschaffen einen **unverdienten Kostenvorteil**, der bei im Wettbewerb stehenden Unternehmen ihre Position gegenüber ihren Mitbewerbern stärkt. Daher führen Beihilfen grundsätzlich – im Sinne eines Regel-Ausnahme-Verhältnisses – zu einer Wettbewerbsverfälschung.[222] 186

Ausgehend von diesem Grundsatz gibt es – über die „De-minimis"-Beihilfen hinaus – **Ausnahmen von der Genehmigungspflicht.** Für Unternehmen, die mit Dienstleistungen von allgemeinem wirtschaftlichen Interesse betraut sind, gelten die Wettbewerbsregeln nur, soweit deren Anwendung nicht die Erfüllung der ihnen übertragenen Aufgabe rechtlich oder tatsächlich verhindert (Art. 106 Abs. 2 AEUV). Die Diskussion konzentriert sich auf die Dienstleistungen von allgemeinem wirtschaftlichem Interesse, maßgeblich durch die Rechtsprechung des Europäischen Gerichtshofs geprägt, um sog. Daseinsvorsorge darstellende Dienstleistungen vom Beihilfenverbot auszunehmen.[223] Gesetzessystematisch heißt dies, dass einzelne Elemente des Art. 106 Abs. 2 AEUV daher bereits bei Art. 107 Abs. 1 AEUV zu prüfen sind.[224] 187

Danach sind staatliche Zahlungen an Dienstleister dann keine Beihilfen, wenn sie in transparenter, vorab bestimmbarer Weise nur diejenigen Kosten ausgleichen, die erforderlich sind, damit das Unternehmen die ihm verbindlich übertragene, **im Allgemeininteresse liegende Dienstleistung** erbringen kann, mit deren Erbringung es betraut worden ist.[225] Dienstleistungen von allgemeinem Interesse sind dabei solche Leistungen, auf die die Allgemeinheit angewiesen ist und die daher auch dann angeboten werden müssen, wenn dies unter rein wirtschaftlichen Gesichtspunkten kein Unternehmen tun würde.[226] Um die Höhe des tatsächlich erforderlichen Ausgleichs objektiv bestimmen zu können, ist ein öffentliches Vergabeverfahren mit Ausschreibung durchzuführen oder die Höhe der Ausgleichszahlungen ist aufgrund eines Vergleichs der Kosten zu bestimmen, die ein durchschnittliches, gut geführtes Unternehmen hätte.[227] 188

In Anlehnung an die dargestellte Rechtsprechung hat die Europäische Kommission eine weitere Ausnahme eingeführt. So sind Beihilfen zugunsten von Dienstleistungen von allgemeinem wirtschaftlichem Interesse auch dann von der Anmeldepflicht ausgenommen, wenn – ohne Durchführung von Ausschreibung oder Kostenvergleich – 189

221 *Boetticher/Münder*, Kinder- und Jugendhilfe und europäischer Binnenmarkt, S. 59.

222 *Kreuschitz/Wernicke*, in: Lenz/Borchardt, EU-Verträge, Art. 107 AEUV Rn 26; *Münder*, in: ders. u.a., FK-SGB VIII, § 74 Rn 42; *Boetticher/Münder*, Kinder- und Jugendhilfe und europäischer Binnenmarkt, S. 62 f; jew. m. Nachw. zur Rechtsprechung des EuGH; eine Ausnahme stellen bspw die sog. De-minimis-Beihilfen dar.

223 *Boetticher/Münder* ZESAR 2004, 65, 67 noch unter Nennung der entsprechenden Vorschriften des Vertrags zur Gründung der Europäischen Gemeinschaft (EGV), der durch Artikel 2 des Vertrags von Lissabon mit Wirkung zum 1.12.2009 in Vertrag über die Arbeitsweise der Europäischen Union (AEUV) umbenannt wurde; *Boetticher* ZJJ 2011, 154, 161.

224 *Boetticher/Münder* ZESAR 2004, 65, 67.

225 *Kühling*, in: Streinz, EUV/AEUV, Art. 107 AEUV Rn 41; *Boetticher/Münder*, Kinder- und Jugendhilfe und europäischer Binnenmarkt, S. 63; *Boetticher* ZJJ 2011, 154, 161; *Boetticher/Münder* ZESAR 2004, 65, 67; jew. m. Nachw. zur sog. Altmark-Trans Rspr des EuGH.

226 *Boetticher/Münder*, Kinder- und Jugendhilfe und europäischer Binnenmarkt, S. 63 f; *Boetticher* ZJJ 2011, 154, 161.

227 *Kühling*, in: Streinz, EUV/AEUV, AEUV Art. 107, Rn 41; *Boetticher/Münder* ZESAR 2004, 65, 67; *Boetticher/Münder*, Kinder- und Jugendhilfe und europäischer Binnenmarkt, S. 64; *Boetticher* ZJJ 2011, 154, 161.

die Kriterien Betrauungsakt, transparenter Kostenausgleich, keine Überkompensation erfüllt sind, das Unternehmen in den beiden Jahren vor Übernahme der Gemeinwohlverpflichtung insgesamt weniger als 100 Mio. EUR Umsatz gemacht hat und die jährliche Ausgleichszahlung weniger als 30 Mio. EUR beträgt.[228]

190 Umstritten sei, worin bei den **privat-gemeinnützigen Trägern** der Kinder- und Jugendhilfe die Dienstleistungen von allgemeinem wirtschaftlichem Interesse liegen.[229] So wird dies für die Subventionsfinanzierung nach § 74 SGB VIII bezüglich der ersten drei Kriterien angenommen,[230] dann wiederum unter dem Gesichtspunkt der staatlichen Betrauung bzw des transparenten Mehrkostenausgleichs in Frage gestellt und „diese Form der Finanzierung der Kinder- und Jugendhilfe als unionsrechtlich angreifbar" bezeichnet.[231] Jedenfalls wäre – da „die Entscheidung für einen Zuwendungsempfänger nach § 74 SGB VIII bisher meist nicht im Wege eines öffentlichen Vergabeverfahrens mittels Ausschreibung erfolgt"[232] und wie oben festgestellt nach vergaberechtlichen Vorschriften nicht erfolgen darf – bei Überschreitung der finanziellen Höchstgrenze ein externer objektiver Kostenvergleich durchzuführen.

191 Fraglich ist jedoch, ob die Tätigkeit der gemeinnützigen Träger überhaupt als **„wirtschaftlich" im Sinne des europäischen Beihilfenrechts** angesehen werden kann. Die Art. 107 ff AEUV schützen den Mitgliedstaat vor einem Subventionswettlauf, die im Wettbewerb stehenden Konkurrenten und den Wettbewerb an sich vor wirtschaftlichen Eingriffen der Mitgliedstaaten durch unzulässige Subventionsvergaben.[233]

192 Während es dem Beihilfenrecht also um die Wahrung der positiven Effekte des Wettbewerbs und die politisch wie rechtlich gewollte Integration geht,[234] wurzelt die Tätigkeit der gemeinnützigen Träger im **Solidaritäts- und Subsidiaritätsprinzip.** Auch diese Prinzipien bezwecken, eine staatsfreie Sphäre zu schaffen, bei der der Staat nur nachrangig tätig wird, um die Hilfeleistung gesellschaftlichen Kräften zu überlassen.[235] Zur Verwirklichung dieser Ziele dienen die im SGB VIII angelegten Strukturen, die soweit sie zwischen gemeinnützigen und privat-gewerblichen Trägern differenzieren, „nicht ungerechtfertigte Privilegierung"[236] sind.

193 Als Beispiel sei **§ 78 e Abs. 3 SGB VIII** genannt, der gemeinnützige Träger den sonstigen Leistungserbringern gegenüberstellt. §§ 3, 4 SGB VIII erwähnen privat-gewerbliche Träger nicht. § 4 Abs. 2 SGB VIII besteht nur zugunsten anerkannter Träger der freien Jugendhilfe. Eine Anerkennung privat-gewerblicher Träger scheidet nach § 75 SGB VIII aus.[237] Die Leistungserbringung in der Kinder- und Jugendhilfe unterliegt also einem eigenen, nicht von wettbewerbsrechtlichen Gesichtspunkten her bestimmten System der Behandlung der freien Träger, für die europäischen Wettbewerbsvorschriften besteht daneben kein Raum.

228 *Boetticher/Münder*, Kinder- und Jugendhilfe und europäischer Binnenmarkt, S. 67; *Boetticher* ZJJ 2011, 154, 161.
229 *Boetticher* ZJJ 2011, 154, 161.
230 *Boetticher/Münder*, Kinder- und Jugendhilfe und europäischer Binnenmarkt, S. 65.
231 *Boetticher* ZJJ 2011, 154, 161.
232 *Boetticher/Münder*, Kinder- und Jugendhilfe und europäischer Binnenmarkt, S. 65.
233 *Kreuschitz/Wernicke*, in: Lenz/Borchardt; EU-Verträge, Vorb. Art. 107–109 AEUV Rn 2; *Boetticher/Münder* ZESAR 2004, 15, 16.
234 *Kreuschitz/Wernicke*, in: Lenz/Borchardt; EU-Verträge, Vorb. Art. 107–109 AEUV Rn 2.
235 *Kunkel*, in: ders., LPK-SGB VIII, § 74 Rn 54.
236 *Kunkel*, in: ders., LPK-SGB VIII, § 74 Rn 54.
237 Diese und weitere Beispiele bei *Kunkel*, in: ders., LPK-SGB VIII, § 74 Rn 54.

Da eine **„Dienstleistung von allgemeinem wirtschaftlichen Interesse"** nicht vorliegt, entfällt eine weitere Prüfung der Ausnahme des Art. 106 Abs. 2 AEUV, wonach die Wettbewerbsregeln auch dann nicht gelten, wenn sie die Aufgabenerfüllung rechtlich oder tatsächlich verhindern. 194

ff) Rechtfertigungsmöglichkeiten

Die Ausnahmen des Art. 107 Abs. 2 und 3 AEUV, die – angemeldet („notifiziert") bei und von einer positiven Entscheidung durch die Kommission abhängig – als Rechtfertigungsmöglichkeiten in Betracht kommen, seien ebenso wie die Möglichkeit der Kommission, nach Art. 109 AEUV sog. Gruppenfreistellungsverordnungen zu erlassen,[238] nur erwähnt. Vertreten wird, dass für die Förderung im sozialen Leistungserbringungsrecht Art. 107 Abs. 2 Buchst. a AEUV in Betracht komme[239] bzw Art. 107 Abs. 3 Buchst. d AEUV einschlägig sei, da die Tätigkeit der freien Träger als Teil des kulturellen Erbes angesehen werden könne.[240] 195

Das Beihilfenrecht ist somit bei der zweiseitigen Finanzierung des SGB VIII nicht anwendbar. 196

> Das **europäische Beihilferecht** findet auf die Leistungserbringung in der Kinder- und Jugendhilfe mit zweiseitiger Finanzierung **keine Anwendung.**

II. Möglichkeiten, Chancen und Risiken rechtlicher Veränderungen

1. Anreize und Hindernisse im Rahmen des SGB VIII

a) Steuerungsverantwortung bei der Jugendhilfeplanung

Eine Debatte darüber, bei welchen Angeboten der **direkte Zugang** sinnvoll ist und ermöglicht werden sollte, bei welchen Angeboten die Leistungsgewährung der Entscheidung des Trägers der öffentlichen Jugendhilfe vorbehalten bleiben sollte und ob die niedrigschwelligen Angebote erweitert werden sollten,[241] findet bislang nur sehr begrenzt statt. § 36 a Abs. 2 SGB VIII sieht für ein bestimmtes Leistungssegment, die Erziehungsberatung nach § 28 SGB VIII und vergleichbare Angebote, lediglich eine Soll-Pflicht zu niedrigschwelligem Angebot vor. Die Zulässigkeit, auch bei anderen Leistungen den Leistungsberechtigten den direkten Zugang zu eröffnen, ist davon unbenommen. Sinnhaftigkeit und Grenzen sind bislang kaum bis nicht diskutiert. 197

Wird eine Ausweitung von Angeboten mit direkter Inanspruchnahme angestrebt, hätte dies **Konsequenzen für die Steuerung der Hilfen.** Leistungen mit direkter Inanspruchnahme unterliegen insoweit einer grundlegend anderen Logik als Leistungen, bei denen das Jugendamt über die Leistungsgewährung im Einzelfall entscheidet.[242] 198

Im **jugendhilferechtlichen Dreieck** steuert die Leistungsabteilung des Trägers der öffentlichen Jugendhilfe den Hilfeprozess, indem sie über die Leistungsgewährung entscheidet, den weiteren Hilfeprozess begleitet und die Hilfeplanung bzw Hilfeplanfortschreibung durchführt (§ 36 Abs. 2 S. 2 SGB VIII).[243] Bei direkter Inanspruchnahme 199

238 Hierzu *Boetticher/Münder*, Kinder- und Jugendhilfe und europäischer Binnenmarkt, S. 67 f m. w. Nachw.
239 *Boetticher/Münder*, Kinder- und Jugendhilfe und europäischer Binnenmarkt, S. 68; ausführlich dazu *Boetticher/Münder* ZESAR 2004, 65, 71.
240 So *Kunkel*, in: LPK-SGB VIII, § 74 Rn 56, der jedoch bereits die Anwendbarkeit der Wettbewerbsregeln verneint.
241 Zu Letzterem siehe die Forderung bei *Böllert*, Stellungnahme zur Anhörung der AGJF am 9.12.2013, S. 13.
242 Hierzu auch die Hinweise von *Böllert*, Stellungnahme zur Anhörung der AGJF am 9.12.2013, S. 6.
243 Zur Steuerung des ASD durch Hilfeplanung siehe *Merchel*, in: ders., Handbuch ASD, Kap. 13.

ist das Jugendamt an der konkreten Leistungserbringung nicht beteiligt, zwischen Leistungsberechtigten und Leistungsträger bestehen keine (direkten) Rechtsbeziehungen und in der Regel auch kein Hilfekontakt. Der Hilfeprozess im Einzelfall wird allein zwischen Leistungsberechtigten und Leistungserbringer gesteuert.

200 Während die im Einzelfall gewährten Hilfen somit die Fachkräfte in den Sozialen Diensten verantworten und (mit)steuern, hat der **Allgemeine Soziale Dienst (ASD)** bei fallunspezifischer und fallübergreifender Arbeit sowie bei niedrigschwelligen Angeboten eine grundsätzlich andere Rolle. Idealiter wirkt er als Entwickler und Gestalter der Schnittstellen zwischen den professionellen Akteuren und Institutionen im Sozialraum mit[244] und beteiligt sich an der Netzwerkarbeit.[245]

201 Die **Steuerung der infrastrukturellen Angebote im Sozialraum** erfolgt – aus rechtlicher und tatsächlicher Sicht – über die Jugendhilfeplanung (§ 80 SGB VIII)[246] und Qualitätsentwicklung (§ 79 a iVm § 74 Abs. 1 S. 1 Halbs. 2 Nr. 1 SGB VIII). Die Qualität sowie Bedarfsgerechtigkeit der Angebote wird von den Fachkräften entwickelt und überprüft, die mit der Jugendhilfeplanung nach §§ 79, 80 SGB VIII betraut sind.[247] Auch hierbei ist der ASD idealiter Subjekt der Planung, fungiert „als Sensor für soziale Problemlagen und Impulsgeber für Infrastrukturgestaltung",[248] etwa durch fortwährende Einbindung der Leitungskräfte im ASD in die Jugendhilfeplanung und konzeptionelle Angebotssteuerung.[249]

202 Stehen in einer Kommune keine ausreichenden personellen Ressourcen und Kompetenzen für die Jugendhilfeplanung zur Verfügung, kann dies ein Hindernis für die Entwicklung sozialräumlicher, infrastruktureller Angebote darstellen.[250] Die vielstimmige Forderung nach einer **Neuaktivierung der Jugendhilfeplanung** deutet auf die Notwendigkeit einer solchen (Re-)Vitalisierung hin.[251]

203 Sollte es zu einem Ausbau infrastruktureller Angebote – und damit notwendig vielerorts einer Stärkung der Jugendhilfeplanung kommen – dürfte die **Rolle des ASD** in der Jugendhilfeplanung besondere Aufmerksamkeit verdienen. Um zu gewährleisten, dass die Infrastruktur im Sozialraum auch bei der Leistungsgewährung durch den ASD mitgedacht und mitgenutzt wird, dürfte von entscheidender Bedeutung sein, dass der ASD nicht Objekt der Planung der infrastrukturellen Angebote wird (bzw bleibt). Seine Einbindung und Mitgestaltung im Rahmen der Jugendhilfeplanung ist ein maßgeblicher Faktor für sowohl die Nutzung und Weiterentwicklung sozialräumlicher Angebotsstrukturen mit direkter Inanspruchnahme als auch die Qualität der Einzelfallarbeit im ASD.[252]

---

244 *Schubert*, in: Merchel, Handbuch ASD, Kap. 27, S. 330, 337.

245 *Schubert*, in: Merchel, Handbuch ASD, Kap. 27, S. 330, 338.

246 Zu den Entwicklungs-, Lenkungs- und Steuerungsfunktionen der Jugendhilfeplanung *Titus*, Kommunale Jugendhilfeplanung, S. 34 ff.

247 AGJ, Die Förderung von Infrastrukturleistungen in der Kinder- und Jugendhilfe stärken, 2013, S. 5 f.

248 *Schone*, in: Merchel, Handbuch ASD, Kap. 29, S. 357, 360 f.

249 Zur Forderung nach einer Verknüpfung von Hilfeplanung und Jugendhilfeplanung auch BAG Landesjugendämter, Stellungnahme zur Anhörung der AGJF am 10.12.2013, S. 3.

250 *Gläss/Herrmann*, Strategien der Jugendhilfeplanung, S. 29 ff; AGJ, Die Förderung von Infrastrukturleistungen in der Kinder- und Jugendhilfe stärken, 2013, S. 66; Deutscher Städtetag, Stellungnahme zur Anhörung der AGJF am 23.1.2014, S. 5.

251 Bundesjugendkuratorium, Neuaktivierung der Jugendhilfeplanung, 2012; Deutscher Verein, Qualitätsentwicklung in der Kinder- und Jugendhilfe – Diskussionspapier zum Umgang mit §§ 79, 79 a SGB VIII, 2012, S. 6; AGJ, Die Förderung von Infrastrukturleistungen in der Kinder- und Jugendhilfe stärken, 2013, S. 5 f; BAG Landesjugendämter, Stellungnahme zur Anhörung der AGJF am 10.12.2013, S. 3 f; *Merchel*, Stellungnahme zur Anhörung der AGJF am 9.12.2013, S. 1 ff.

252 *Schone*, in: Merchel, Handbuch ASD, Kap. 29, S. 357, 359 f.

Eine Ausweitung von Angeboten mit der Möglichkeit direkter Inanspruchnahme hätte **Konsequenzen für die Steuerung der Hilfen durch das Jugendamt:**

- Leistungen im jugendhilferechtlichen Dreieck werden von den Fachkräften in den Sozialen Diensten über die Einzelfallentscheidung und Hilfeplanung sowie Begleitung des Hilfeprozesses gesteuert.
- Bei infrastrukturellen Angeboten findet die Steuerung im Jugendamt mangels Einzelfallentscheidung des Jugendamts durch Fachkräfte statt, die für Jugendhilfeplanung und Qualitätsentwicklung zuständig sind.

Grundvoraussetzung für eine Stärkung sozialräumlicher, infrastruktureller Angebote ist also eine gleichzeitige **(Neu-)Aktivierung der Jugendhilfeplanung** im Jugendamt und deren Unterlegung mit ausreichenden personellen Ressourcen und Kompetenzen.

Damit Einzelfallhilfen und Angebote im Sozialraum nicht gegeneinander ausgespielt werden, ist eine **Einbindung des Allgemeinen Sozialen Dienstes** in die Jugendhilfeplanung und Qualitätsentwicklung von zentraler Bedeutung. Er wirkt idealiter bei der Entwicklung und Gestaltung der Schnittstellen zwischen den professionellen Akteuren und Institutionen im Sozialraum mit, beteiligt sich an der Netzwerkarbeit und fungiert als Impulsgeber für die Infrastrukturgestaltung.

b) Differenzierung der Finanzierung nach § 74 und § 77 SGB VIII?

Die Finanzierung von Angeboten, die von den Leistungsberechtigten direkt bei den Leistungserbringern in Anspruch genommen werden, ohne dass es zuvor einer Entscheidung des Trägers der öffentlichen Jugendhilfe über die Gewährung der konkreten Leistung bedarf, differenziert zwischen der Förderung nach § 74 SGB VIII und zweiseitiger Finanzierung über Vereinbarungen nach § 77 SGB VIII. Letztere kommt nach der derzeitigen **Systematik des SGB VIII** in der Regel dann in Betracht, wenn eine Einzelfallfinanzierung und -abrechnung angestrebt ist. 204

Infrastrukturelle, niedrigschwellige Angebote beruhen aber häufig nicht auf Individualleistungen, so dass die Differenzierung der (zweiseitigen) Finanzierung nach § 74 SGB VIII und § 77 SGB VIII nur **begrenzte Schlüssigkeit** aufweist. Durch die Unterscheidung 205

- entsteht für die Praxis eine Unschärfe über die Zulässigkeit der Privilegierung einzelner Träger über die Durchführung von Auswahlverfahren. Diese kann bislang nur über eine entsprechende Anwendung des § 74 Abs. 3 S. 2 SGB VIII gelöst werden.
- nennt das SGB VIII keinerlei qualitative oder inhaltliche Voraussetzungen für die Angebote, die nach § 77 SGB VIII finanziert werden sollen und/oder privilegiert werden dürfen.
- entstehen für niedrigschwellige Angebote im Nebeneinander und Gegenüber von Förderung (§ 74 SGB VIII) und Vereinbarungsfinanzierung (§ 77 SGB VIII) – für eine Vielzahl von Angeboten ohne sachlichen Grund – unterschiedliche Anforderungen, Einschränkungen und Regeln.
- ist immer wieder Rechtsunsicherheit zu beobachten, da die Finanzierung im jugendhilferechtlichen Dreieck ebenfalls über Vereinbarungen nach § 77 SGB VIII abgewickelt wird, dann aber anderen Regeln folgt, ohne dass die Finanzierungsvorschriften des SGB VIII dies kenntlich machen würden.

Für die zweiseitige Finanzierung folgt die Differenzierung nur begrenzt einer systematischen Logik und führt daher zu dysfunktionalen Friktionen. 206

Die derzeitige Differenzierung der zweiseitigen Finanzierung bei der direkten Inanspruchnahme von Leistungen zwischen der Förderung nach § 74 SGB VIII und der Finanzierung über Vereinbarungen nach § 77 SGB VIII folgt nur begrenzt einer systematischen Logik und führt zu **dysfunktionalen Friktionen**:

- Für die niedrigschwelligen Angebote entstehen weitgehend ohne sachlichen Grund **unterschiedliche Anforderungen, Einschränkungen und Regeln.**
- Es entsteht eine **Unschärfe über die Zulässigkeit der Privilegierung** einzelner Träger bei der Einzelfallfinanzierung nach § 77 SGB VIII, die nur über eine analoge Anwendung des § 74 Abs. 3 S. 2 SGB VIII gelöst werden kann.
- In **Abgrenzung zur Finanzierung im jugendhilferechtlichen Dreieck** entsteht erhebliche Rechtsunsicherheit, da § 77 SGB VIII sowohl für die zweiseitige als auch für die dreiseitige Einzelfallfinanzierung über Vereinbarungen gilt, dabei aber, ohne dies kenntlich zu machen, anderen Regeln folgt.

c) Eigenanteil als Erschwernis (§ 74 Abs. 1 S. 1 Halbs. 2 Nr. 4 SGB VIII)

207 Die Förderung nach § 74 SGB VIII macht das Gesetz davon abhängig, dass der Träger der freien Jugendhilfe eine angemessene Eigenleistung erbringt (§ 74 Abs. 1 S. 1, Halbs. 2 Nr. 4, Abs. 3 S. 3 SGB VIII). Das Entstehen infrastruktureller Angebote mit direkter Inanspruchnahme – wenn sie nicht über zweiseitige Einzelfallfinanzierung nach § 77 SGB VIII abgerechnet wird – ist somit im **Vergleich** zum Angebot von Leistungen, die über das jugendhilferechtliche Dreieck vollfinanziert werden, erschwert.[253] Leistungen mit vorheriger Entscheidung des Jugendamts sind daher für etliche Träger der freien Jugendhilfe vorzugswürdig.[254]

208 Der Verzicht auf die Forderung eines Eigenanteils bei der nicht einzelfallbezogenen, zweiseitigen Finanzierung könnte die Schaffung infrastruktureller Angebote daher befördern.[255] Das Gesetz erlaubt einen solchen derzeit nicht. Diskutiert werden könnte auch die **Aufnahme von Kriterien** (zB niedrigschwellige Erbringung von Rechtsanspruchsleistungen, sozialraumorientierte Arbeit), bei deren Vorliegen von der Forderung nach einem Eigenanteil abgesehen werden kann, soll oder muss.

Anders als die Erbringung von Hilfen zur Erziehung aufgrund einer Einzelfallentscheidung des Jugendamts ist für infrastrukturelle Angebote im SGB VIII keine Vollfinanzierung vorgesehen. Das Gesetz macht die Förderungsfinanzierung von einem **Eigenanteil** abhängig, was die Schaffung infrastruktureller Angebote erschwert (§ 74 Abs. 1 S. 1 Halbs. 1 Nr. 4 SGB VIII). Ein **gesetzlich erlaubter Verzicht** auf den Eigenanteil oder eine **gesetzliche Befreiung** für (fach)politisch gewollte Angebote könnte die Schaffung infrastruktureller Angebote befördern.

d) Finanzielle Anreize durch Förderung und Verlässlichkeit

209 Wenn ein Land Fördermittel für Angebote sozialräumlicher Infrastruktur zur Verfügung stellt, sind die Chancen hoch, dass etliche Kommunen entsprechende Angebote vor Ort planen, für welche die Förderung abgerufen werden kann.[256] Eine Förderung durch den Bund verspräche sicherlich ähnliche Effekte, wie zB die Bundesinitiative Frühe Hilfen (§ 3 Abs. 4 KKG) zeigt. Sie wäre allerdings nach der Finanzverfassung des Grundgesetzes auf Modellprojekte beschränkt und müsste damit zeitlich befristet

253 Zu einer Diskussion der Angemessenheit siehe *Wiesner* u.a., Jugendverbände sind zu fördern!, S. 11; *Mrozynski*, Eignung, Vielfalt, Vorrang der freien Träger in der Jugendhilfe, S. 11.
254 AGJ, Die Förderung von Infrastrukturleistungen in der Kinder- und Jugendhilfe stärken, 2013, S. 9.
255 *Böllert*, Stellungnahme zur Anhörung der AGJF am 9.12.2013, S. 6.
256 AGJ, Die Förderung von Infrastrukturleistungen in der Kinder- und Jugendhilfe stärken, 2013, S. 8.

werden.[257] Auch auf örtlicher Ebene lassen sich Träger der freien Jugendhilfe aktivieren, wenn die Kommune entsprechende Mittel für infrastrukturelle Angebote bereitstellt.

Um Träger der freien Jugendhilfe zu motivieren, im Sozialraum Infrastruktur aufzubauen, ist Planungssicherheit ein wichtiger Parameter. Über Projektförderung ist eine solche nicht herzustellen. Bei der Finanzierung infrastruktureller Angebote mit direkter Inanspruchnahme ist daher an mittel- und langfristige Finanzierungszusagen zu denken.[258] Zur Gestaltung einer gesetzlichen Absicherung eines Mindestangebots haben die AGJ[259] generell und der Unabhängige Beauftragte für Fragen des Sexuellen Kindesmissbrauchs[260] in Bezug auf Fachberatungsstellen vorgeschlagen bzw gefordert, die Finanzierung entsprechend den Angeboten der Schwangerschafts(konflikt)beratung (§ 4 Abs. 1 SchKG) oder der Ausstattung der Adoptionsvermittlungsstellen (§ 3 Abs. 2 AdVermiG) zu garantieren. 210

> Wenn Länder, Bund oder Kommunen finanzielle Anreize zum Aufbau sozialer Infrastruktur geben, sind entsprechende landes-, bundesweite oder örtliche Veränderungen der Angebotsgestaltung zu erwarten. Die nötige **Planungssicherheit** der Träger könnte durch mittel- und langfristige Finanzierungszusagen gesichert werden. Dem Bund ist nach der derzeitigen Finanzverfassung eine direkte Finanzierung kommunaler Aufgaben allerdings nur über die Förderung von Modellprojekten möglich.

2. Erweiterung der rechtlichen Grenzen

a) Einführung eines Verfahrens zur Trägerauswahl

aa) Zulässigkeit exklusiver Trägerauswahl (§ 74 Abs. 3 S. 2 SGB VIII)

Die Bevorzugung einzelner Anbieter ist dem Träger der öffentlichen Jugendhilfe im Bereich der Finanzierung von Angeboten mit direkter Inanspruchnahme bereits nach geltender Rechtslage ausdrücklich gestattet (§ 74 Abs. 3 S. 2 SGB VIII [entsprechend]) – wenn er die Pflicht zur Sicherstellung einer Trägervielfalt (§ 3 Abs. 1 SGB VIII) achtet (siehe Rn 48 ff für die Zuwendungsfinanzierung, § 74 SGB VIII, sowie Rn 67 ff für den Abschluss von Vereinbarungen über eine Einzelfallfinanzierung, § 77 SGB VIII). Der „vergaberechtlich grundsätzlich intendierte Exklusivitätsanspruch"[261] der Ausschreibungsgewinner wird bei der Förderung bzw zweiseitigen Finanzierung von Leistungen nach SGB VIII somit bereits im Rahmen der bestehenden rechtlichen Prinzipien verwirklicht. 211

Für die zweiseitige Finanzierung über Vereinbarungen nach § 77 SGB VIII wird dieses Ergebnis – mangels Verweises oder eigener Regelung in § 77 SGB VIII – allerdings nur mittels entsprechender Anwendung des § 74 Abs. 3 S. 2 SGB VIII erreicht. Die Zulässigkeit der Privilegierung unterliegt daher im Falle gerichtlicher Rechtsstreitigkeiten rechtlichen Unsicherheiten. 212

Diese könnten behoben werden, indem das SGB VIII die Auswahl auch bei dieser zweiseitigen Finanzierungsform ausdrücklich für zulässig erklärt. Zur Erhöhung der systematischen Klarheit wäre hierbei insbesondere daran zu denken, eine anderweitige Differenzierung vorzunehmen. Bei den Vereinbarungen könnte gesetzlich zwischen 213

257 *Eschelbach/Reißer/Meysen*, Rechtliche Analyse zur Machbarkeit möglicher Zuständigkeitsverschiebungen im Bereich der beruflichen Eingliederung/Jugendsozialarbeit für junge Menschen, S. 7 ff, 15 ff.
258 AGJ, Die Förderung von Infrastrukturleistungen in der Kinder- und Jugendhilfe stärken, 2013, S. 9.
259 AGJ, Die Förderung von Infrastrukturleistungen in der Kinder- und Jugendhilfe stärken, 2013, S. 9 f.
260 UBSKM, Fachberatung sichern: Bessere Hilfen für von sexueller Gewalt betroffene Mädchen und Jungen, S. 4.
261 *Boetticher/Münder*, Kinder- und Jugendhilfe und europäischer Binnenmarkt, S. 75.

zweiseitiger und Dreiecksfinanzierung unterschieden werden, statt sie wie bisher in der allgemein gehaltenen Vorschrift des § 77 SGB VIII zu vermengen. Insbesondere dürfte es sich allerdings lohnen, über eine Neusortierung der Trennlinien nachzudenken, indem zwischen Entgeltfinanzierung – gleich ob zweiseitig oder im jugendhilferechtlichen Dreieck – einerseits und den Formen der Pauschalfinanzierung (zB Förderung, Vereinbarung) unterschieden wird (hierzu auch Rn 377 ff).

Sollten als Ergebnis der weiteren Diskussionen gesetzliche Änderungen angedacht werden, könnte zur Behebung der Unsicherheiten im Zusammenhang mit einer privilegierenden Trägerauswahl bei der zweiseitigen Fallfinanzierung über § 77 SGB VIII zur **Erhöhung der systematischen Klarheit** sowohl an eine Trennung der Regelungen über zweiseitige und Dreiecksfinanzierung als auch an die Aufnahme einer gesetzlichen Regelung gedacht werden, mit der die Auswahl einzelner Träger wie bei der Zuwendungsfinanzierung (§ 74 Abs. 3 S. 2 SGB VIII) für zulässig erklärt wird.

bb) Einführung eines jugendhilfespezifischen Verfahrens zur Trägerauswahl

214 Das SGB VIII überlässt bislang weitgehend den Trägern der öffentlichen Jugendhilfe, wie sie die **Auswahl in einem Verfahren** treffen, das rechtsstaatlichen Anforderungen genügt. § 74 SGB VIII enthält einige Voraussetzungen bzw Grundsätze für die Förderung sowie Kriterien, die bei der Ermessensausübung zu beachten sind. Ein formelles Verfahren zur Trägerauswahl sieht die Vorschrift nicht vor.

215 Bei der Auswahl einzelner Träger aus konkurrierenden Angeboten genügt der öffentliche Träger dem Anspruch auf eine **rechts- und ermessensfehlerfreie Auswahlentscheidung** durch faire, chancengleiche Behandlung aller Bewerber und fehlerfreie Ermessensausübung. Dies könnte mit der Durchführung eines Auswahlverfahrens erleichtert werden.[262]

216 Denkbar ist etwa die Einführung eines über ein öffentliches Interessenbekundungsverfahren hinausgehenden öffentlichen Verfahrens im SGB VIII. **Interessenbekundungsverfahren** sehen die Haushaltsordnungen (bspw § 7 Abs. BHO) vor. Sie stellen bereits nach geltender Rechtslage für den örtlichen Träger der öffentlichen Jugendhilfe eine Methode dar, den Markt zu erforschen, denn als Ergebnis des Verfahrens ist ersichtlich, wie eine Leistung der Jugendhilfe in fachlicher und wirtschaftlicher Hinsicht durch freie Träger erfüllt werden kann.

217 Ein öffentliches Trägerauswahlverfahren könnte im Sinne eines **„Bewerbungsverfahrens"** geregelt werden. Etwa könnte vorgesehen werden, dass zunächst – in Anlehnung an das Interessenbekundungsverfahren[263] – durch eine (jugendhilfespezifische) Ausschreibung die Vorstellungen des Trägers der öffentlichen Jugendhilfe als Kostenträger ggf auch die zur Verfügung stehenden Mittel für das Vorhaben deutlich gemacht werden. Den potenziellen Leistungserbringern könnte aufgegeben werden, in den Angeboten nicht nur ihre fachliche und wirtschaftliche Leistungsfähigkeit nachzuweisen, sondern es könnten darüber hinaus auch konkrete, gesetzlich (beispielhaft) aufgelistete Förderungsvoraussetzungen für bestimmte Maßnahmen aufgestellt werden.

218 Die **Vorteile** eines jugendhilfespezifischen Auswahlverfahrens könnten u.a. darin liegen, dass Anbieter sich qualifiziert für eine Förderung bzw anderweitige zweiseitige Finanzierung bewerben müssten. **Nachteil** formalisierter Auswahlverfahren ist ihr hoher Verwaltungsaufwand, der sowohl für den Ausschreibenden als auch die Bewerber

262 *Wiesner*, in: ders., SGB VIII, § 74 Rn 45.
263 Zum Interessenbekundungsverfahren *Stähr/Hilke* ZfJ 1999, 155, 163.

mit der Durchführung verbunden ist. Sollte ein Auswahl- bzw Ausschreibungsverfahren eingeführt werden, wäre sinnvollerweise die damit verbundene Zunahme des Personaleinsatzes und Sachaufwands für die Verwaltungstätigkeiten zu reflektieren. Auch ist zu bedenken, inwieweit bei Auswahlverfahren, die Träger der öffentlichen Jugendhilfe initiieren, ausreichend Raum bleibt für die kreative Weiterentwicklung der Angebote durch die Träger der freien Jugendhilfe sowie deren Initiativen beim Entstehen einer bedarfsgerechten und adressatenorientierten Angebotspalette.

Zu klären wäre auch, ob die Durchführung eines solchen Verfahrens **verpflichtend** 219
für jede zweiseitige Finanzierung vorgeschrieben werden sollte oder ob ein solches Verfahren **fakultativ** je nach Entscheidung des Trägers der öffentlichen Jugendhilfe durchgeführt werden kann oder nicht. Es könnten gesetzliche Kriterien aufgestellt werden, wann ein formalisiertes Auswahlverfahren durchgeführt werden kann, soll oder muss – und wann nicht.

Optional oder nicht, die Durchführung eines formalisierten Auswahlverfahrens kann 220
der Rechtsstaatlichkeit und dem Rechtsfrieden dienen, indem die **Auswahlentscheidung transparent** und somit nachvollziehbar überprüfbar wird.

> Das SGB VIII regelt – abgesehen von den in § 74 SGB VIII geregelten Grundsätzen für die Ermessensausübung – bislang kein spezielles Verfahren für eine Trägerauswahl. Die **Anwendung des Vergaberechts** ist unzulässig.
>
> Gesteigerte Rechtssicherheit über eine rechts- und ermessensfehlerfreie Auswahlentscheidung könnte durch Einführung eines über bereits mögliche Interessenbekundungsverfahren hinausgehenden Auswahlverfahrens im Sinne eines **jugendhilfespezifischen Bewerbungsverfahrens** erleichtert werden. Möglich wäre, über eine nachzuweisende fachliche und wirtschaftliche Leistungsfähigkeit hinaus konkrete gesetzlich (beispielhaft) aufgelistete Förderungsvoraussetzungen für bestimmte Maßnahmen aufzustellen. Zu klären wäre der Verpflichtungsgrad, mit dem der Träger der öffentlichen Jugendhilfe ein solches Auswahlverfahren durchführen kann, soll oder muss.
>
> Bei Einführung von Verfahrensvorgaben zur Trägerauswahl, insbesondere wenn daran gedacht werden sollte, (ausgewählte) Regelungen zum Vergaberecht für entsprechend anwendbar zu erklären, wären der hohe **Verwaltungsaufwand** formalisierter Auswahlverfahren und die Gefahr der Einschränkung einer kreativen Weiterentwicklung der Angebote zu reflektieren.

cc) Unmittelbare Anwendung des Vergaberechts

Derzeit sind Träger der öffentlichen Jugendhilfe daran gehindert, Leistungen des 221
SGB VIII nach vergaberechtlichen Vorschriften öffentlich auszuschreiben. **Öffentliche Ausschreibungen sind unzulässig** (ausführlich Rn 136 ff). Weder bei der Förderung durch Bescheid oder über einen Zuwendungsvertrag (§ 74 SGB VIII) noch bei der Finanzierung über zweiseitige Leistungsverträge (§ 77 SGB VIII) liegt die Voraussetzung „öffentlicher Auftrag" iSd § 99 Abs. 1 GWB bzw § 1 VOL/A vor. Wollte der Gesetzgeber im Bereich direkter Inanspruchnahme die Auswahl einzelner Träger der freien Jugendhilfe im Wege der Durchführung eines öffentlichen Ausschreibungsverfahrens ermöglichen oder zur Pflicht erklären, stellt sich die Frage, welcher gesetzliche Änderungsbedarf sich hierbei ergäbe.

Bislang stehen der Anwendbarkeit des Vergaberechts und damit einer wettbewerbs- 222
rechtlichen „Leistungsbeschaffung" mittels Beschaffungsvertrag die grundlegenden Strukturprinzipien des SGB VIII entgegen (ausführlich dazu Rn 151 ff, 160 ff und 271 ff sowie unter Rn 300 ff). Anders als bei der Finanzierung im jugendhilferechtlichen Dreieck ist eine Auswahlentscheidung nach § 74 Abs. 3 S. 2 SGB VIII

(entsprechend) jedoch rechtlich zulässig. Der Gesetzgeber selbst hat im bestehenden Gefüge der Grundprinzipien der Kinder- und Jugendhilfe und im Interesse der Wahrnehmung der Gesamt- und Planungsverantwortung (§§ 79, 80 SGB VIII) die **Möglichkeit zur Bevorzugung einzelner Träger** geschaffen. Durch die Förderung ausgewählter Träger und Angebote oder den Abschluss von Vereinbarungen über eine Einzelfallfinanzierung erfolgt insbesondere keine Einschränkung des Wunsch- und Wahlrechts (§ 5 SGB VIII, siehe Rn 77 ff).

223 Sollen vergaberechtliche Vorschriften anwendbar werden, bedürfte es daher keiner vorherigen Aufgabe der Grundprinzipien des SGB VIII, sondern könnte, wenn dies politisch gewollt wäre, im Rahmen des bestehenden Systems eine entsprechende Anwendung angeordnet werden.

> Anders als im jugendhilferechtlichen Dreieck besteht bei Angeboten mit direkter Inanspruchnahme bereits die Möglichkeit zur Bevorzugung einzelner Träger (§ 74 Abs. 3 S. 2 SGB VIII). Auch wenn ohne ausdrückliche **Anordnung der Anwendbarkeit des Vergaberechts** bislang die grundlegenden Strukturprinzipien des Jugendhilferechts entgegenstehen, könnten sie gesetzlich für unmittelbar anwendbar erklärt werden.

dd) Anordnung der entsprechenden Anwendbarkeit des Vergaberechts

224 Denkbar ist die **ausdrückliche Anordnung im SGB VIII**, dass die Regeln des Vergaberechts zur Durchführung von Ausschreibungsverfahren entsprechend anwendbar sein sollen. Dabei könnte verwiesen werden auf die VOL/A und – unabhängig von einem Schwellenwert oder mit einem jugendhilfeeigenen Schwellenwert – deren Vorschriften in Abschnitt 1 oder 2 über die öffentliche Ausschreibung.

225 In den Abschnitten 1 oder 2 der VOL/A wird in einem offenen Verfahren, das durch strenge Form- und Fristvorschriften gekennzeichnet ist, eine unbeschränkte Anzahl von Bietern durch öffentliche Bekanntmachung zur Abgabe von Angeboten aufgefordert. Es erfolgt also **keine vorherige Einengung des Bewerberkreises**, so dass alle Interessenten die Möglichkeit haben, ein Angebot einzureichen. So erhielten die Träger der freien Jugendhilfe alle mehr oder weniger gleichermaßen die Chance, sich zu bewerben und als Bewerber in die Auswahlentscheidung einbezogen zu werden.

226 Rechtstechnisch ist ein zweiter Weg gangbar, wonach das **GWB um eine Vorschrift ergänzt** würde, die den europäischen Vergaberechtsvorschriften auch im Bereich sozialer Dienstleistungen Geltung verschafft.

227 Schließlich könnte in den entsprechenden **nationalen vergaberechtlichen Vorschriften** (§ 55 BHO sowie die gleichlautenden Landeshaushaltsordnungen) die entsprechende Anwendung auf soziale Dienstleistungen erklärt werden.

228 Sollte die entsprechende Anwendung der Regeln eines der genannten Vergabeverfahren angedacht werden, wäre weiter zu klären, welchem der Vorzug gegeben werden soll. Hierbei dürfte besonderes Augenmerk auf die Rechtsschutzmöglichkeiten und den Verwaltungsaufwand gelegt werden.

229 **Nachteil** einer entsprechenden Anwendbarkeit wären erwartbare Auslegungsfragen, welche Vorschriften wegen Widerspruchs zu den Regelungen und Grundprinzipien des SGB VIII trotz Verweises nicht oder nur modifiziert angewendet werden können, denn die Verweisung würde diese nicht überlagern und verdrängen. Um Auslegungsfragen zu reduzieren, könnten einzelne Vorschriften beim Verweis ausdrücklich ausgeschlossen werden oder die „entsprechende" Anwendung könnte zu einer einge-

schränkten bzw modifizierten Geltung führen. Die Handhabbarkeit der Vorgaben zum Ausschreibungsverfahren wäre damit allerdings verkompliziert.

Zu klären wäre auch bei einer entsprechenden Anwendung, ob die Durchführung ei- 230
nes Vergabeverfahrens **verpflichtend oder optional** vorgegeben werden soll. Da bei entsprechender Anwendung der Vorrang des Gemeinschaftsrechts nicht gälte, könnte die Anwendung vergaberechtlicher Vorschriften in allen Varianten optional angeordnet werden. Wenn die Durchführung nicht in jedem Fall erforderlich sein sollte, wäre daran zu denken, Kriterien für die Durchführung oder Nichtdurchführung aufzustellen (zB kommunal festgesetzter Schwellenwert, bestimmte Maßnahmen bzw bestimmte Maßnahmen nicht).

Im SGB VIII oder im GWB bzw in anderen nationalen vergaberechtlichen Vorschriften könnte die **entsprechende Anwendung vergaberechtlicher Regeln** auf soziale Dienstleistungen der Kinder- und Jugendhilfe angeordnet werden. Auch hierbei wäre der **Verpflichtungsgrad** der Anwendung zu klären. Nachteil einer entsprechenden Anwendung wären zu erwartende Auslegungsfragen, welche Vorschriften wegen eines Widerspruchs zu den Regelungen und Grundprinzipien des SGB VIII nicht oder nur modifiziert anzuwenden wären.

b) Ergänzung der Auswahlkriterien

Stehen mehr Anbieter bereit als Maßnahmen finanziert werden sollen, ist über die 231
Auswahl aus den konkurrierenden Angeboten nach pflichtgemäßem Ermessen zu entscheiden (§ 74 Abs. 3 S. 2, Abs. 4 SGBVIII). Die Auswahlentscheidung geht der **Ermessensentscheidung** über die Art und Höhe der Förderung eines freien Trägers voraus (§ 74 Abs. 3 S. 1 SGB VIII).[264] Maßgeblich für beide Entscheidungen ist eine auf der Bedarfsplanung aufbauende Angebotsplanung (§ 80 Abs. 1 SGB VIII) und daraus entwickelte sog. **Förderkonzeption.** Für diese steht dem Träger der öffentlichen Jugendhilfe eine gerichtlich nur eingeschränkt nachprüfbare Einschätzungsprärogative zu (**Planungsfreiheit**).[265]

Inhaltliche (materiell-)rechtliche Vorgaben für die Auswahlentscheidung finden sich 232
zunächst in § 74 Abs. 1 SGB VIII, der eine Förderung von verschiedenen allgemeinen Voraussetzungen abhängig macht. Besondere **Förderungsgrundsätze** werden über den Verweis auf die Prinzipien der Kinder- und Jugendhilfe in § 9 SGB VIII (elterliches Erziehungsprimat, alters-, milieu-, migrations- und geschlechtsspezifische Sensibilität und Gleichberechtigung) eingeführt (§ 74 Abs. 2 SGB VIII).[266] Wenn nach dem Vergleich der konkurrierenden Angebote noch immer mehr Bewerber als Fördermöglichkeiten verbleiben, ist entscheidend, welche Angebote stärker an den Interessen der Betroffenen orientiert sind und deren Einflussnahme auf die Ausgestaltung der Maßnahme gewährleisten.[267]

Um gleichermaßen Qualität und Kostentransparenz herzustellen und vernetzte Ansät- 233
ze zu ermöglichen, wird – ohne die bestehenden rechtlichen Prinzipien in Frage zu stellen – die Möglichkeit diskutiert, **weitere Auswahlkriterien ins SGB VIII** aufzunehmen. Angeregt wird bspw die Aufnahme einer Privilegierung von Angeboten mit direkter Inanspruchnahme, die einen Sozialraumbezug nachweisen können, indem ein

264 *Wiesner*, in: ders., SGB VIII, § 74 Rn 43.
265 Unter Hinweis auf die Rspr des BVerwG *Wiesner*, in: ders., SGB VIII, § 74 Rn 41 a, 43; *Münder*, in: ders. u.a., FK-SGB VIII, § 74 Rn 24.
266 *Münder*, in: ders. u.a., FK-SGB VIII, § 74 Rn 9 ff, Rn 17 ff.
267 *Wiesner*, in: ders., SGB VIII, § 74 Rn 44.

Kriterium aufgenommen wird, das vergleichbar mit § 27 Abs. 2 S. 2 Halbs. 2 SGB VIII den Einbezug des sozialen Umfelds der Leistungsberechtigten fordert.[268]

234 Sollte dieser Vorschlag weiter verfolgt werden, könnte daran gedacht werden, im Verfahren Auskunft über die Verankerung eines Trägers im Sozialraum und seine Fähigkeiten zur Netzwerkarbeit zu verlangen und sie als Voraussetzung für die Förderung zu erklären. Für eine auf Dauer angelegte Förderung könnte ein Qualitätsnachweis gefordert werden, der den **Nachweis des Sozialraumbezugs** umfasst.

235 Während § 74 SGB VIII noch Grundvoraussetzungen für die Förderungsfähigkeit eines Trägers der freien Jugendhilfe normiert, enthält § 77 SGB VIII bislang keine inhaltlichen Vorgaben für die Trägerauswahl beim Abschluss von Vereinbarungen zur zweiseitigen Finanzierung. Aufgrund der Wahlfreiheit (und teilweise Zufälligkeit), ob Leistungen mit direkter Inanspruchnahme nach § 74 SGB VIII oder § 77 SGB VIII finanziert werden, sollten die Kriterien (und das Verfahren) für die Auswahl sinnvollerweise angeglichen bzw **auf alle Formen zweiseitiger Finanzierung** erstreckt werden (Rn 211 ff).

In § 74 SGB VIII finden sich einige inhaltliche Auswahlkriterien, etwa über den Verweis auf die Prinzipien der Kinder- und Jugendhilfe in § 9 SGB VIII (elterliches Erziehungsprimat, alters-, milieu-, migrations- und geschlechtsspezifische Sensibilität und Gleichberechtigung). Diskutiert wird die **Aufnahme weiterer Auswahlkriterien** in das SGB VIII, mit denen die Herstellung von Qualität und Kostentransparenz und/oder eine Privilegierung von Angeboten mit nachgewiesenem Sozialraumbezug befördert werden.

268 AGJ, Die Förderung von Infrastrukturleistungen in der Kinder- und Jugendhilfe stärken, 2013, S. 9; *Schipmann* (Senatsverwaltung Berlin), Prüfoptionen und rechtliche Weiterentwicklungserfordernisse, Vermerk vom 30.2.2013.

C. Jugendhilferechtliches Dreieck: Einzelfallentscheidung des Jugendamts

I. Finanzierungsformen, Angebotsgestaltung und Grenzen der Zulässigkeit nach aktueller Rechtslage

1. Angebotsformen: Beispiele (3 bis 5)

Beispiel 3: Vereinbarungen nur mit ausgewählten Trägern. Der Träger der öffentlichen Jugendhilfe schreibt für einen Sozialraum die Vergabe von Vereinbarungen zur Erbringung von ambulanten Hilfen zur Erziehung aus. Hierfür sollen vier ausgewählte Träger der freien Jugendhilfe eine Ausschließlichkeitszusage erhalten; nur sie sollen Hilfen zur Erziehung in diesem Sozialraum erbringen dürfen. Für die Laufzeit von drei Jahren sollen die Träger der öffentlichen Jugendhilfe mit keinem anderen Träger eine Vereinbarung nach § 77 SGB VIII abschließen dürfen.[269] 236

Beispiel 4: trägerbezogenes Sozialraumbudget[270] mit zugesichertem Leistungsanteil und feste Zusage der Fallzuweisung. Der Träger der öffentlichen Jugendhilfe schließt nach Durchführung eines im Amtlichen Anzeiger bekannt gegeben Interessenbekundungsverfahrens für einen Sozialraum mit fünf Trägern der freien Jugendhilfe Vereinbarungen nach § 77 und § 78 b SGB VIII regionale Versorgungs- und Kooperationsverträge ab. Darin verpflichten sich die ausgewählten Träger, die erforderliche Infrastruktur zur Erbringung von Leistungen der Jugendhilfe nach §§ 29 bis 32 und 35 SGB VIII zu erbringen. Im Gegenzug verpflichtet sich der Träger der öffentlichen Jugendhilfe zur Zahlung eines jährlichen Gesamtbudgets (trägerbezogenes Sozialraumbudget). Insgesamt sollen 90 % der ambulanten und teilstationären Hilfen zur Erziehung im Sozialraum von den ausgewählten Trägern der freien Jugendhilfe abgedeckt werden. Bei besonderen Fallgestaltungen, die nach den Schätzungen des Trägers der öffentlichen Jugendhilfe 10 % ausmachen werden, können auch andere Träger der freien Jugendhilfe entsprechende Leistungen erbringen. Im Falle einer das Budget übersteigenden Nachfrage an Hilfen wird eine Überlastquote von 10 % vereinbart.[271] 237

Beispiel 5: trägerbezogenes Sozialraumbudget[272] für einzelnen Wohnblock. Der Träger der öffentlichen Jugendhilfe schließt mit einem ausgewählten Träger der freien Jugendhilfe Vereinbarungen nach § 77 und § 78 b SGB VIII über die Erbringung ambulanter einzelfallbezogener Hilfen zur Erziehung (§ 27 Abs. 2, §§ 29, 30, 31 SGB VIII) und den Betrieb einer Tagesgruppe nach § 32 SGB VIII in einem Wohnblock mit drei Hochhäusern in einem sozialen Brennpunkt. Dem Träger der freien Jugendhilfe wird für die Dauer von drei Jahren zugesichert, im Wohnblock 80 % der im jeweiligen Kalenderjahr anfallenden Hilfen aus dem betreffenden Leistungsspektrum erbringen zu dürfen. Zusätzlich erhält er einen jährlichen Sockelbetrag als Zuwendungsfinanzierung für die infrastrukturelle Verankerung.[273] 238

2. Grundsatz: Finanzierung über das jugendhilferechtliche Dreieck

Wird die Leistung aufgrund einer Einzelfallentscheidung des Trägers der öffentlichen Jugendhilfe erbracht oder ist eine solche Entscheidung vor Inanspruchnahme der Leistung erforderlich, so ist Grundlage der Finanzierung das jugendhilferechtliche Dreieck. Somit gelten grundsätzlich die **Regeln der dreiseitigen Entgeltfinanzierung.** 239

---

269 Im Eilverfahren für rechtswidrig erklärt im Verfahren VG Münster 18.8.2004, 9 L 970/04 = JAmt 2005, 44.

270 Diskutiert in der Anhörung der AGJF, Fachgespräch mit Vertreter/inne/n der Wissenschaft, am 9.12.2013; *Hinte*, Stellungnahme zur Anhörung der Anhörung der AGJF am 9.12.2013, S. 2 ff; kritisch *Wabnitz*, Stellungnahme zur Anhörung der Anhörung der AGJF am 9.12.2013, S. 5.

271 Im Eilverfahren für rechtswidrig erklärt im Verfahren OVG Hamburg 10.11.2004, 4 Bs 388/04 = JAmt 2004, 592 = ZfJ 2005, 118 m. Bespr. *Münder* S. 89; VG Hamburg 5.8.2004, 13 E 2873/04 = JAmt 2004, 595.

272 Diskutiert in der Anhörung der AGJF, Fachgespräch mit Vertreter/inne/n der Wissenschaft, am 9.12.2013; *Hinte*, Stellungnahme zur Anhörung der AGJF am 9.12.2013, S. 2 ff; kritisch *Wabnitz*, Stellungnahme zur Anhörung der Anhörung der AGJF am 9.12.2013, S. 5.

273 Die Zusicherung an zwei Träger der freien Jugendhilfe, jeweils ca. 40 % an Hilfen zur Erziehung, Eingliederungshilfe und Hilfe für junge Volljährige in zwei großen Sozialräumen übertragen zu bekommen, wurde als rechtswidrig angesehen im Verfahren VG Berlin 19.10.2004, 18 A 404.04 = JAmt 2005, 196.

Wird die Leistung aufgrund einer Einzelfallentscheidung des Trägers der öffentlichen Jugendhilfe erbracht, so ist Grundlage der Finanzierung das jugendhilferechtliche Dreieck. Somit gelten die **Regeln der dreiseitigen Entgeltfinanzierung.**

3. Unzulässige Privilegierung ausgewählter Träger

a) Verletzung der Berufsausübungsfreiheit (Art. 12 Abs. 1 GG)

240 Im Bereich rechtsanspruchsgesicherter Leistungen, die im jugendhilferechtlichen Dreiecksverhältnis abgewickelt werden, stellt sich die **Frage nach der Zulässigkeit einer Privilegierung ausgewählter Träger** der freien Jugendhilfe. In der Praxis bereits zu beobachten waren bzw sind privilegierende Konzepte, bei denen

- ausschließlich mit ausgewählten Trägern Vereinbarungen nach § 77 SGB VIII abgeschlossen werden (Beispiel 3, Rn 236),[274]
- Kooperationsvereinbarungen mit der Zusicherung einer pauschalen Finanzierung unabhängig von der tatsächlichen Inanspruchnahme (Beispiel 4, Rn 237),[275]
- Kooperationsvereinbarungen über eine Zuweisung (einer Mindestanzahl) neuer Fälle an die ausgewählten Träger[276] abgeschlossen werden (Beispiel 4, Rn 238),
- die ausgewählten Träger selbst über die Leistungsgewährung (mit)entscheiden.[277]

aa) Privilegierung und Eingriff in die Berufsausübungsfreiheit

241 Bei einer solchen Privilegierung liegt ein Eingriff in die Berufsausübungsfreiheit (Art. 12 Abs. 1 GG) jedenfalls dann vor, wenn sich der Träger der öffentlichen Jugendhilfe weigert, mit anderen als von ihm ausgewählten Trägern **Vereinbarungen nach § 77 bzw § 78 b SGB VIII** abzuschließen. Mit solchen Vereinbarungen werden die Träger der freien Jugendhilfe auf dem Markt als Leistungsanbieter zugelassen.[278] Ohne eine entsprechende Vereinbarung können Träger bei der Entscheidung, welcher Träger die Leistung erbringen soll, nicht – oder nur ausnahmsweise (vgl § 5 Abs. 2 S. 2, § 36 Abs. 1 S. 5 SGB VIII) – ausgewählt werden.[279] Die Verweigerung einer Vereinbarung ist daher rechtswidrig (so auch das Modell in Beispiel 3, Rn 236), der Abschluss bzw die ermessensfehlerfreie Entscheidung über den Abschluss kann mit Rechtsmitteln erstritten werden.[280]

242 Werden mit allen Trägern der freien Jugendhilfe, die eine solche begehren, Vereinbarungen abgeschlossen, spielt sich die Frage der unzulässigen Privilegierung auf der **Ebene der Leistungsgewährung** ab. Exklusive oder privilegierte Berücksichtigung ausgewählter Träger der freien Jugendhilfe kann unzulässig sein.

243 Zwar hat kein Träger einen Anspruch darauf, Erfolg im Wettbewerb mit anderen zu haben.[281] Ein Eingriff in die Berufsausübungsfreiheit liegt aber dann vor, wenn Maßnahmen des Trägers der öffentlichen Jugendhilfe **objektiv eine berufsregelnde Tendenz** haben. Solche Maßnahmen verändern die Rahmenbedingungen der Berufsaus-

274 VG Münster 18.8.2004, 9 L 970/04 = JAmt 2005, 44.
275 VG Osnabrück 13.11.2009, 4 B 13/09 = Sozialrecht aktuell 2010, 26; VG Hamburg 5.8.2004, 13 E 2873/04 = JAmt 2004, 595; VG Lüneburg 20.12.2005, 4 B 50/05.
276 VG Hamburg 5.8.2004, 13 E 2873/04 = JAmt 2004, 595; VG Berlin 19.10.2004, 18 A 404.04 = JAmt 2005, 196; VG Lüneburg 20.12.2005, 4 B 50/05.
277 VG Osnabrück 13.11.2009, 4 B 13/09 = Sozialrecht aktuell 2010, 26; zu den Sachverhaltsgestaltungen im Einzelnen: *Nickel* NDV 2013, 303, 304.
278 *Münder*, in: ders. u.a., FK-SGB VIII, § 77 Rn 15.
279 VG Berlin 19.10.2004, 18 A 404.04.
280 *Kern*, in: Schellhorn u.a., SGB VIII, § 77 Rn 15.
281 VG Hamburg 5.8.2004, 13 E 2873/04; VG Osnabrück 13.11.2009, 4 B 13/09.

übung.[282] Auch wenn alle Träger der freien Jugendhilfe weiter ihre Leistungen anbieten können, ist dann von einem Eingriff auszugehen, wenn infolge der gesicherten Finanzierung einzelner ein **nicht unerheblicher Rückgang der Marktchancen** der anderen zu erwarten ist.[283] Die Marktchancen bestehen letztlich darin, dass das Gesetz Rechtsansprüche der Leistungsberechtigten vorhält, die beim Vorliegen der Leistungsvoraussetzungen erfüllt werden müssen, wofür es Leistungserbringer braucht.[284]

Keinen Eingriff in die Berufsausübungsfreiheit stellt somit dar, wenn für die jeweilige 244
Leistungserbringung im Einzelfall einzelne Anbieter den Leistungsberechtigten häufiger vorgeschlagen werden, etwa weil sie über entsprechende Kenntnisse im Sozialraum sowie Kontakte innerhalb des Sozialraums verfügen oder weil das Angebot aufgrund seines Konzepts eine wirksamere Hilfe verspricht.[285] Die Entscheidung über die jeweilige Leistungsgewährung ist im jeweiligen Einzelfall am fehlerfreien Gebrauch des Ermessens bzw der Ausfüllung des Beurteilungsspielraums beim Vorschlag des betreffenden Angebots zu messen.[286]

Ein **Eingriff** kann nach der Rechtsprechung aber dann vorliegen, wenn ausgewählte 245
Träger für die Erbringung von Leistungen im Bereich des jugendhilferechtlichen Dreiecks losgelöst von der Einzelfallfinanzierung (auch) pauschalfinanziert werden[287] oder wenn eine Vorauswahl ausgewählter Träger stattfindet, nach der einzelfallfinanzierte Leistungen nur von diesen Trägern erbracht werden sollen (Beispiel 4, Rn 237).[288] Nicht erforderlich ist, dass die Beeinträchtigung der Berufsausübungsfreiheit durch privilegierende Finanzierungs- bzw Vermittlungszusagen ausdrücklich bezweckt ist. Es genügt, wenn das hoheitliche Handeln aufgrund seiner tatsächlichen Auswirkungen die Berufsfreiheit mittelbar beeinträchtigt und insoweit eine deutlich erkennbare berufsregelnde Tendenz oder eine vorhersehbare und in Kauf genommene schwerwiegende Beeinträchtigung der beruflichen Betätigungsfreiheit zur Folge hat.[289]

> Bei Konzepten, die ausgewählte Träger der freien Jugendhilfe privilegieren, liegt ein Eingriff in die Berufsausübungsfreiheit der nicht berücksichtigten Träger immer dann vor, wenn die Maßnahmen objektiv berufsregelnde Tendenz haben. Dies ist jedenfalls bei **exklusivem Vereinbarungsabschluss mit nur ausgewählten Trägern** der Fall, liegt aber auch im Fall einer **Pauschalfinanzierung** oder **vorweggenommenen Fallzuweisung** an ausgewählte Träger vor.

bb) Eingriffsintensität: Anteil der Marktchancen

Die privilegierende Maßnahme muss hinreichend relevant sein, also einen gewissen 246
Umfang haben, um einen Eingriff in die Berufsausübungsfreiheit darzustellen.[290] Von einem **nicht unerheblichen Rückgang der Marktchancen** kann bei einer gewissen Intensität der Maßnahmen ausgegangen werden, aus denen sich die objektiv berufsre-

---

282 *Kämmerer*, in: von Münch/Kunig, GG, Art. 12 Rn 46.
283 VG Osnabrück 13.11.2009, 4 B 13/09; VG Lüneburg 20.12.2005, 4 B 50/05.
284 VG Hamburg 5.8.2004, 13 E 2873/04.
285 *Stähr*, in: Budde u.a., Sozialraumorientierung, S. 55; vgl dazu auch *Nickel* NDV 2013, 341, 342.
286 Vertiefend *Tammen/Trenczek*, in: Münder u.a., FK-SGB VIII, § 27 Rn 55 ff; *Schmid-Obkirchner*, in: Wiesner, SGB VIII, § 27 Rn 55; *Fischer*, in: Schellhorn u.a., SGB VIII, § 27 Rn 52.
287 VG Hamburg 5.8.2004, 13 E 2873/04; OVG Hamburg 10.11.2004, 4 Bs 388/04 = JAmt 2004, 592 = ZfJ 2005, 118 m. Bespr. *Münder*, S. 89.
288 VG Berlin 19.10.2004, 18 A 404.04.
289 BVerfG 12.10.1977, 1 BvR 216/75; 17.8.2004, 1 BvR 378/00; BVerwG 13.5.2004, 3 C 45.03; OVG Niedersachsen 11.7.2012, 4 LA 54/11; VG Osnabrück 13.11.2009, 4 B 13/09; VG Berlin 19.10.2004, 18 A 404.04.
290 *Stähr*, in: Budde u.a., Sozialraumorientierung, S. 51, 60.

gelnde Tendenz ergibt. Nach der Rechtsprechung ist davon bei der Bevorzugung einzelner Träger der freien Jugendhilfe auch dann auszugehen, wenn die zur Verfügung stehenden finanziellen Mittel aus dem Gesamtbudget nicht zu 100 %, sondern lediglich zu einem bestimmten Prozentsatz an die ausgewählten Träger der freien Jugendhilfe verteilt werden und dadurch die nicht ausgewählten Träger der freien Jugendhilfe eine massive und spürbare Reduzierung von Fällen erleiden oder deutliche Nachteile bei der Nachfrage ihrer sozialen Dienstleistungen erwarten können (siehe Rn 67 ff).

247 Nach der Rechtsprechung liegt somit jedenfalls dann ein hinreichend intensiver Eingriff vor, wenn ein **bestimmter Prozentsatz** bestimmter Jugendhilfeleistungen mit einer Kooperationsvereinbarung einem Träger der freien Jugendhilfe „zugewiesen" ist. Etwa wenn 90 % von bestimmten Hilfen in einem räumlich abgrenzbaren Bereich durch einen oder mehrere ausgewählte Träger abgedeckt werden und hierfür eine pauschale Jahresvergütung gezahlt wird, ist die erforderliche Intensität des Eingriffs in jedem Fall erreicht (so in Beispiel 4, Rn 237).[291] Aber auch wenn den ausgewählten Trägern bei Einzelfallfinanzierung ein bestimmter Prozentsatz von Fällen, etwa 80 %, zugesichert wird, ist nach der Rechtsprechung der Eingriff hinreichend intensiv.[292]

248 Eine Privilegierung, welche die Schwelle zum Eingriff in die Berufsfreiheit (Art. 12 Abs. 1 GG) überschreitet, liegt nach der Rechtsprechung sogar dann vor, wenn keine festen, sondern lediglich **virtuelle trägerbezogene (Sozialraum-)Budgets** gebildet werden, die nur von ausgewählten Trägern abgerufen werden können und bei denen die ausgewählten Träger Einflussmöglichkeiten bei der Entscheidung über die Hilfegewährung haben.[293] In dieser Konstellation wird der Eingriff als unzulässig intensiv bewertet, wenn den ausgewählten Trägern keine festen Prozentsätze an den Jugendhilfemaßnahmen zugesichert werden und die Verträge nicht ausdrücklich die Gewährung der Leistung beim ausgewählten Träger vorsehen.[294] Die Rechtsprechung betont, es sei dennoch, auch aufgrund des Versuchs, ein virtuelles trägerbezogenes (Sozialraum-)Budget auszuschöpfen, unwahrscheinlich, dass der Träger der öffentlichen Jugendhilfe für die Leistungserbringung andere freie Träger als die „Sozialraumträger" vorschlägt. Faktisch werde auch dann die Hilfeerbringung zu einem erheblichen, wenn auch nicht festgeschriebenen Prozentsatz durch die ausgewählten Träger erbracht.[295]

249 In der Literatur bezweifeln mitunter Repräsentanten von Großstadtjugendämtern, ob in all diesen Konstellationen tatsächlich ein hinreichend intensiver Eingriff vorliegt.[296] Handele es sich um einen Träger der öffentlichen Jugendhilfe mit mehreren Sozialräumen, so müsse bei der **Prüfung der Eingriffsintensität** auch berücksichtigt werden, ob in anderen Sozialräumen eine Betätigung möglich sei. Begründet wird dies auch damit, dass Träger auch unabhängig vom Vorliegen von Kooperationsverträgen in der Praxis nicht damit rechnen könnten, jederzeit und überall ihre Leistungen tatsächlich auch erbringen zu können. Daher sei im Fall bestehender und zumut-

291 VG Hamburg 5.8.2004, 13 E 2873/04.
292 VG Berlin 19.10.2004, 18 A 404.04.
293 VG Osnabrück 13.11.2009, 4 B 13/09.
294 VG Osnabrück 13.11.2009, 4 B 13/09.
295 VG Osnabrück 13.11.2009, 4 B 13/09.
296 *Stähr*, in: Budde u.a., Sozialraumorientierung, S. 51, 60; *Lucks* (Senatsverwaltung Hamburg), Zur rechtlichen Beurteilung der aktuellen Steuerungsansätze der BASFI im Bereich der Hilfen zur Erziehung nach §§ 27 ff SGB VIII, Vermerk vom 11.1.2012, S. 3 f.

barer Ausweichmöglichkeiten die Schwelle eines Eingriffs in die Berufsausübungsfreiheit noch nicht gegeben.[297]

Im Hinblick auf die klare, im Wesentlichen übereinstimmende Wertung der Gerichte ist bei der Frage nach der Zulässigkeit jeglicher privilegierender Konzepte in besonderem Maß Vorsicht geboten. Zu beachten ist auch, dass im **großstädtischen Bereich** ein Eingriff von der Rechtsprechung zumindest dann angenommen wird, wenn perspektivisch nicht nur ein betroffener Sozialraum für entsprechende Kooperationsvereinbarungen vorgesehen, sondern eine Ausweitung auf andere Bezirke nicht ausgeschlossen ist.[298] Ob tatsächlich **genügend Ausweichmöglichkeiten** bestehen, bedarf jedenfalls einer besonders sorgfältigen Prüfung. Zu prüfen ist die Frage der Eingriffsintensität allerdings dann, wenn eine Privilegierung ausschließlich in sehr kleinen Sozialräumen stattfindet (dazu siehe Rn 261 ff). 250

Sofern wahrscheinlich ist, dass der Träger der öffentlichen Jugendhilfe die ausgewählten Träger für die Leistungserbringung im Einzelfall vorschlägt, sind privilegierende Maßnahmen auch dann hinreichend relevant, wenn lediglich ein **bestimmter Prozentsatz der Jugendhilfeleistungen** betroffen ist oder wenn lediglich **virtuelle Budgets** gebildet werden. Ausnahmen sind allenfalls dann denkbar, wenn für die Betätigung der in einem kleinen Sozialraum nicht ausgewählten Träger genügend Ausweichmöglichkeiten auf andere Sozialräume verbleiben, was jeweils im konkreten Einzelfall zu prüfen ist.

cc) Eingriffsintensität: Dauer der Privilegierung

Um einen Eingriff in die Berufsausübungsfreiheit darzustellen, muss eine Maßnahme neben einem gewissen Umfang auch eine **gewisse Dauer** haben. Nach der Rechtsprechung genügt dazu auch ein Kooperationsvertrag mit einer Dauer von drei Jahren[299] und sogar nur sechs Monaten, zumindest, wenn der Vertrag eine Fortsetzungsklausel enthält und die Fortsetzung wahrscheinlich ist.[300] Hier muss wiederum auf die Umstände des Einzelfalls abgestellt werden. Berücksichtigung finden kann, dass sich auch ein befristeter Kooperationsvertrag mit ausgewählten Trägern auf die Marktchancen kleinerer Träger mit ausschließlich regional ausgerichtetem Angebot erheblich auswirken kann.[301] Zu berücksichtigen ist zudem das Interesse des Trägers der öffentlichen Jugendhilfe an möglichst langfristiger Zusammenarbeit mit seinen Kooperationspartnern. Dies dürfte in der Regel dazu führen, dass die einmal nicht berücksichtigten Träger auch in der Zukunft nicht als Kooperationspartner ausgewählt werden. 251

dd) Zwischenergebnis

Im Ergebnis ist festzuhalten, dass alle Konzepte als Eingriff in die Berufsausübungsfreiheit zu werten sind und von der Rechtsprechung als rechtswidrig erklärt werden, bei denen **ausgewählte Träger pauschal finanziert** werden bzw bei denen **virtuelle abrufbare trägerbezogene (Sozialraum-)Budgets** für ausgewählte Anbieter gebildet werden, bei denen also eine pauschale vorweggenommene Fallzuweisung stattfindet oder ein fixes Kontingent an Hilfen fest zugesichert wird (beides trifft zu in Beispiel 4, Rn 237). Grenzen können sich bei fehlender Eingriffsintensität aufgrund vorhandener Ausweichmöglichkeiten ergeben. Nicht ausgeschlossen ist damit, dass sich aufgrund fehlender Eingriffsintensität Ausnahmen bei Vereinbarungen für nur sehr kleine und 252

297 *Stähr*, in: Budde u.a., Sozialraumorientierung, S. 51, 60.
298 OVG Berlin 4.4.2005, 6 S 415.04.
299 VG Berlin 19.10.2004, 18 A 404.04.
300 OVG Hamburg 10.11.2004, 4 Bs 388/04 = JAmt 2004, 592 = ZfJ 2005, 118 m. Bespr. *Münder*, S. 89.
301 *Münder* ZfJ 2005, 89, 97.

räumlich abgegrenzte Bezirke ergeben, was gesondert geprüft wird (zum Eingriff bei Privilegierung ausgewählter Träger in abgegrenzten, sehr kleinen Bezirken siehe Rn 261 ff).

b) Fehlende Rechtfertigung des Eingriffs

253 Liegt ein Eingriff in die Berufsausübungsfreiheit vor, so kann dieser **aufgrund eines Gesetzes gerechtfertigt** sein (Art. 12 Abs. 1 S. 2 GG). Ein solches Gesetz oder eine auf Grundlage eines Gesetzes geschaffene Rechtsgrundlage muss Umfang und Grenzen des Eingriffs deutlich erkennen lassen.[302]

254 Die Regelungen zur Entgeltfinanzierung im jugendhilferechtlichen Dreieck rechtfertigen gerade keine Auswahl der Leistungserbringer, sondern erfordern, dass mit allen geeigneten Trägern Leistungs- und Entgeltverträge abgeschlossen werden. Aus §§ 77, 78 a ff SGB VIII ergibt sich jedenfalls keine Möglichkeit, andere Träger der freien Jugendhilfe in ihren Grundrechten zu beschränken.[303] Vielmehr lässt sich aus diesen Vorschriften im Fall der generellen Eignung eines Trägers gerade ein **Rechtsanspruch auf einen Vereinbarungsabschluss** bzw auf ermessensfehlerfreie Entscheidung über den Vereinbarungsabschluss ableiten (siehe Rn 54 ff). Die §§ 77, 78 a ff SGB VIII sprechen damit gegen die Zulässigkeit einer exklusiven und/oder vorrangigen Leistungserbringung durch einige Träger der freien Jugendhilfe und stellen gerade keine entsprechende Ermächtigung dar.

255 Auch **§ 74 Abs. 3 SGB VIII** taugt nicht als Rechtfertigungsgrundlage für einen Eingriff durch Trägerprivilegierung im jugendhilferechtlichen Dreieck. Die Befugnis für den Träger der öffentlichen Jugendhilfe, über Art und Höhe der Förderung im Rahmen der verfügbaren Haushaltsmittel nach pflichtgemäßem Ermessen zu entscheiden, ist nur auf die Förderungs-, nicht aber auf die Entgeltfinanzierung anwendbar.

256 Eine Ermächtigung könnte sich aus **§ 27 Abs. 2 S. 2 SGB VIII** ableiten lassen, wonach sich Art um Umfang der Hilfe nach dem erzieherischen Bedarf im Einzelfall richten. Auch wenn die Träger der öffentlichen Jugendhilfe nach der Regelung aufgefordert sind, bei der Leistungsgewährung das engere soziale Umfeld des Kindes oder Jugendlichen einzubeziehen, berechtigt die Vorschrift nicht zu Eingriffen in den Wettbewerb. Sie regelt lediglich Fragen der Ausgestaltung der Hilfe und der Leistungserbringung im Einzelfall selbst.[304] Wenn in einem Großteil der Einzelfälle tatsächlich der sozialräumlich arbeitende Träger zur Leistungserbringung am besten geeignet ist, so ist darüber auch im Einzelfall zu entscheiden und eine Kooperationsvereinbarung über eine vorweggenommene Fallzuweisung nicht notwendig.[305]

257 Für die Hilfen zur Erziehung ergibt sich eine Rechtfertigung für ein Finanzierungskonzept, nach dem der Träger der öffentlichen Jugendhilfe Neufälle an bestimmte vorab ausgewählte Träger vermittelt, auch nicht aus **§ 36 SGB VIII**. Zwar sind bei der Aufstellung des Hilfeplans auch die Leistungserbringer zu beteiligen (§ 36 Abs. 2 S. 3 SGB VIII), aber die Auswahl, welcher Träger geeignet ist, kann nicht vor das Hilfeplanverfahren gezogen werden.[306] Durch die Privilegierung einzelner geeigneter Träger durch Finanzierungskonzepte oder Konzepte mit vorweggenommener Zuwei-

302 OVG Hamburg 10.11.2004, 4 Bs 388/04 = JAmt 2004, 592 = ZfJ 2005, 118 m. Bespr. *Münder*, S. 89.
303 OVG Niedersachsen 11.7.2012, 4 LA 54/11; VG Hamburg 5.8.2004, 13 E 2873/04; VG Berlin 19.10.2004, 18 A 404.04.
304 OVG Hamburg 10.11.2004, 4 Bs 388/04.
305 Vgl *Nickel* NDV 2013, 341, 342.
306 VG Berlin 19.10.2004, 18 A 404.04; VG Lüneburg 20.12.2005, 4 B 50/05.

sung von Fällen wird die Hilfeplanung auf einer abstrakt-generellen Ebene beeinflusst. § 36 SGB VIII strukturiert dagegen nur das Verfahren im Einzelfall, so dass sich daraus keine Ermächtigungsgrundlage für den Grundrechtseingriff entnehmen lässt.

Auch aus der **Planungs- und Gesamtverantwortung** (§ 79 Abs. 1, § 80 Abs. 1 Nr. 1 258
bis 3 SGB VIII) ergibt sich keine Rechtfertigung für den Eingriff, da diesen Vorschriften keine Ermächtigung zu Grundrechtseingriffen zu entnehmen ist.[307] Selbst wenn ein Träger der öffentlichen Jugendhilfe neben trägerbezogenen (Sozialraum-)Budgets für ausgewählte Anbieter weiterhin mit allen Trägern der freien Jugendhilfe zusammenarbeiten will, ist dadurch nicht deren weitgehender Ausschluss vom Markt gerechtfertigt.[308] Erfordern die Aufgaben und Pflichten der Jugendhilfeplanung, dass zur Sicherstellung eines bedarfsgerechten Angebots auch eine gewisse Privilegierung notwendig ist, etwa zum Aufbau von Infrastrukturangeboten im Sozialraum, so ist dies über eine Zuwendungsfinanzierung sicherzustellen (zur Frage der Zulässigkeit einer Mischfinanzierung bei sozialraumbezogener Arbeit siehe Rn 317 ff). Eine vorweggenommene Zuweisung von einer bestimmten Anzahl an Fällen, die später im jugendhilferechtlichen Dreieck gewährt werden, an einen vorab ausgewählten Träger lässt sich aus den Aufgaben der Jugendhilfeplanung jedenfalls nicht rechtfertigen.

Eine Rechtfertigung ergibt sich auch nicht aus generellen Erwägungen, insbesondere 259
nicht aus dem Bemühen, die insgesamt anfallenden Kosten für die Hilfen zur Erziehung zu begrenzen bzw aus dem **Kostendruck** und daraus resultierend aus dem Bestreben weniger finanzielle Mittel für Leistungen nach dem SGB VIII aufzuwenden.[309] Wenn die Leistungen im jugendhilferechtlichen Dreieck in jedem Fall, durch welchen Träger auch immer, zu erfüllen sind, ist – unabhängig von der fehlenden Ermächtigungsgrundlage – zur Begründung einer rechtlich tragfähigen Rechtfertigung nicht ersichtlich, wie die Privilegierung einzelner Träger Kosten reduzieren soll, ohne die Rechtsansprüche zu beschneiden. Eine solche Begrenzung kann nur mit den rechtlich vorgesehenen Mitteln verfolgt werden, etwa im Rahmen qualifizierter fachlicher Steuerung im Rahmen des Hilfeprozesses.

Eine Berufung auf das verfassungsrechtlich geschützte **kommunale Selbstverwal-** 260
tungsrecht (Art. 28 Abs. 2 S. 2 GG) scheidet aus, da dieses nur nach Maßgabe der Gesetze gilt. Die Selbstverwaltungsgarantie stellt Kommunen nicht neben oder über das Gesetz, sondern selbstverständlich bleiben die Träger der öffentlichen Jugendhilfe bei der Erfüllung von Aufgaben an Recht und Gesetz gebunden (Art. 20 Abs. 3 GG). Das Gesetz gibt den Kommunen keine Ermächtigung für den Eingriff in die Grundrechte der Träger der freien Jugendhilfe.[310]

> Im SGB VIII findet sich **keine hinreichende Rechtfertigungsgrundlage für Eingriffe in die Berufsausübungsfreiheit** durch Trägerprivilegierung. Auch die Planungs- und Gesamtverantwortung des Trägers der öffentlichen Jugendhilfe rechtfertigt keine vorweggenommene Zuweisung von Fällen im jugendhilferechtlichen Dreieck an ausgewählte Leistungserbringer.

307 OVG Hamburg 10.11.2004, 4 Bs 388/04 = JAmt 2004, 592 = ZfJ 2005, 118 m. Bespr. *Münder,* S. 89; VG Lüneburg 20.12.2005, 4 B 50/05.
308 VG Hamburg 5.8.2004, 13 E 2873/04.
309 VG Hamburg 5.8.2004, 13 E 2873/04; VG Berlin 19.10.2004, 18 A 404.04.
310 VG Osnabrück 13.11.2009, 4 B 13/09; VG Lüneburg 20.12.2005, 4 B 50/05.

4. Zulässige Privilegierung ausgewählter Träger in sehr kleinen, räumlich abgegrenzten Sozialräumen?

a) Schwellen der Intensität und Dauer des Eingriffs

261 Mit Blick auf die dargestellten Grundsätze zum Eingriff in die Berufsausübungsfreiheit durch die Privilegierung ausgewählter Träger ist zu überlegen, ob eine trägerbezogene (Sozialraum-)Budgetierung auch dann unzulässig ist, wenn sie nur für einen sehr kleinen, räumlich abgegrenzten Bereich erfolgt. Denkbar ist etwa die Förderung eines freien Trägers im Bereich eines Hochhausblocks, einer Häusersiedlung oder einer Straße, in der sich ein sozialer Brennpunkt befindet (Beispiel 5, Rn 238).

262 Für einen unzulässigen Eingriff in die Berufsfreiheit setzt die Rechtsprechung eine gewisse Intensität und Dauer voraus (hierzu Rn 246 ff)[311] und nimmt dies, wie gesehen, bspw an, wenn 90 % von bestimmten Hilfen in einem räumlich abgrenzbaren Bereich durch einen oder mehrere ausgewählte Träger abgedeckt werden[312] (Beispiel 4, Rn 237) oder wenn 80 % der Fälle in einem städtischen Bezirk an ausgewählte Träger der freien Jugendhilfe verteilt werden, so dass die nicht ausgewählten Träger auf den Wettbewerb um die verbleibenden Fälle beschränkt sind (siehe Rn 246 ff).[313] Ein schwerer Eingriff aufgrund einer **Existenzgefährdung** der nicht ausgewählten Träger liegt jedenfalls dann vor, wenn die geplante Vorgehensweise auch in anderen Sozialräumen angewandt wird und aus diesem Grund auch keine Ausweichmöglichkeit auf andere Sozialräume besteht.

263 Wenn die Vereinbarung nur für einen tatsächlich abgeschlossenen kleinen räumlichen Umfang abgeschlossen wird und die anderen Träger hinreichende Ausweichmöglichkeiten haben,[314] wäre demnach eine Privilegierung zulässig, weil die mögliche Beeinträchtigung der Marktchancen nicht die Schwelle eines Eingriff in die Berufsfreiheit darstellt. Bei der Bewertung ist dabei immer auf alle Umstände im Bereich des jeweiligen Zuständigkeitsbereichs des Trägers der öffentlichen Jugendhilfe abzustellen. Voraussetzung ist in jedem Fall, dass es sich tatsächlich nur um einen oder wenige räumlich abgeschlossene Bereiche handelt und dass keine Ausweitung auf einen Großteil oder größeren Sozialraum des räumlichen Zuständigkeitsbereichs des Trägers der öffentlichen Jugendhilfe geplant ist.

264 Nicht von einem Eingriff auszugehen ist nur, wenn tatsächlich genügend Ausweichmöglichkeiten bestehen. Solche werden allerdings dann nicht anzunehmen sein, wenn zB in dem betreffenden Hochhausblock, der Häusersiedlung oder dem Straßenzug eine solche Verdichtung von Bedarfslagen besteht, dass ein großer Anteil der Jugendhilfeleistungen innerhalb des Zuständigkeitsbereichs des Trägers der öffentlichen Jugendhilfe dort zu erbringen sind. Ist dies nicht der Fall und gibt es in dem räumlichen Bereich des Trägers der öffentlichen Jugendhilfe genügend weitere Möglichkeiten, Leistungen anzubieten, so ist, würde man die Argumentation der Rechtsprechung zum Eingriff in die Berufsfreiheit konsequent fortschreiben, die Schwelle für einen Eingriff in die Berufsausübungsfreiheit nicht überschritten.

Wird eine privilegierende Vereinbarung nur für einen **abgegrenzten, kleineren räumlichen Bereich** geschlossen (zB Hochhausblock, Häusersiedlung, Straßenzug), kann es

311 *Stähr*, in: Budde u.a., Sozialraumorientierung, S. 51, 60; *Lucks* (Senatsverwaltung Hamburg), Zur rechtlichen Beurteilung der aktuellen Steuerungsansätze der BASFI im Bereich der Hilfen zur Erziehung, Vermerk vom 11.1.2012, S. 3.

312 VG Hamburg 5.8.2004, 13 E 2873/04.

313 VG Berlin 19.10.2004, 18 A 404.04.

314 *Stähr*, in: Budde u.a., Sozialraumorientierung, S. 51, 60.

sein, dass **keine Überschreitung der Schwelle eines Eingriffs** in die Berufsausübungsfreiheit vorliegt. Im Einzelfall müssen genügend Ausweichmöglichkeiten zur Betätigung der nicht berücksichtigten Träger verbleiben.

b) Beachtung des Strukturprinzips des Trägervielfalt und Wahrung des Wunsch- und Wahlrechts

Die Vielfalt von Trägern unterschiedlicher Wertorientierungen und die Vielfalt von Inhalten, Methoden und Arbeitsformen ist **zentrales Strukturprinzip und Wesensmerkmal der Jugendhilfe** (§ 3 Abs. 1 SGB VIII). Die Vorschrift verpflichtet den Träger der öffentlichen Jugendhilfe dazu, entsprechende Rahmenbedingungen zu schaffen und zu erhalten.[315] Im Rahmen seiner Gesamtverantwortung ist er dazu verpflichtet, eine plurale Angebotsstruktur zu schaffen und aufrecht zu erhalten (§ 79 Abs. 2 S. 1 SGB VIII). Bei der Jugendhilfeplanung soll ein möglichst vielfältiges und aufeinander abgestimmtes Angebot von Jugendhilfeleistungen gewährleistet werden (§ 80 Abs. 2 Nr. 2 SGB VIII). Ermöglicht werden soll ein weltanschaulich diversifiziertes Angebot.[316] Auf der Seite der Leistungsberechtigten haben diese dann das Recht, zwischen Einrichtungen und Diensten verschiedener Träger zu wählen und Wünsche hinsichtlich der Gestaltung der Hilfe zu äußern (§ 5 Abs. 1 SGB VIII). Durch eine Privilegierung ausgewählter Träger der freien Jugendhilfe können diese Grundsätze verletzt werden.[317] Voraussetzung für die Gewährung des Wunsch- und Wahlrechts ist zunächst die vom Träger der öffentlichen Jugendhilfe zu gewährleistende Trägerpluralität.[318] 265

Bei der Leistungserbringung im Rahmen des jugendhilferechtlichen Dreiecks wird das Wunsch- und Wahlrecht zunächst dadurch gewährleistet, dass grundsätzlich mit allen geeigneten Trägern **Vereinbarungen nach § 77 bzw §§ 78 a ff SGB VIII** abgeschlossen werden müssen. Wird geeigneten Trägern ein Vereinbarungsabschluss verweigert, so liegt darin direkt bzw indirekt auch eine Verletzung des Strukturprinzips der **Trägervielfalt** und des Wunsch- und Wahlrechts. 266

Aber auch wenn in einem Sozialraum ein Träger über entsprechende Finanzierungsmechanismen privilegiert Leistungen anbietet, bleibt den **Leistungsberechtigten** unbenommen, im Rahmen ihres Wunsch- und Wahlrechts nach § 5 SGB VIII einen anderen Träger für die Leistungserbringung auszuwählen. Kooperationsvereinbarungen mit ausgewählten Trägern der freien Jugendhilfe, die anderen Trägern die Möglichkeit nähmen, ihre Leistungen anzubieten, würden das Wunsch- und Wahlrecht beschneiden.[319] Den Leistungsberechtigen kann nicht die Möglichkeit genommen werden, im Rahmen der Hilfeplanung von allen geeigneten Trägern einen auswählen zu können. 267

Wird in der Praxis der Leistungsgewährung im jugendhilferechtlichen Dreieck nur ein bestimmter ausgewählter Träger vorgeschlagen, mit dem der Träger der öffentlichen Jugendhilfe einen Kooperationsvertrag abgeschlossen hat, so wird das Wunsch- und Wahlrecht nicht gewährt.[320] Insbesondere ein Kooperationsvertrag, der bereits eine feste Zuweisung von Fällen an einen oder mehrere ausgewählte Träger beinhaltet, stellt eine **Verletzung des Wunsch- und Wahlrechts** sowie des Strukturprinzips der 268

315 *Wiesner*, in: ders., SGB VIII, § 3 Rn 9.
316 *Kunkel*, in: ders, LPK-SGB VIII, § 79 Rn 15.
317 *Wiesner*, in: ders., SGB VIII, § 3 Rn 9.
318 VG Berlin 19.10.2004, 18 A 404.04.
319 VG Münster 18.8.2004, 9 L 970/04; *Hinrichs* Forum Erziehungswissenschaften 2013, 116, 118 f.
320 *Münder* ZfJ 2005, 89, 94; *Münder* JAmt 2011, 69, 70.

Trägervielfalt dar.[321] Der Träger der öffentlichen Jugendhilfe ist verpflichtet, die Leistungsberechtigten auf ihr Wunsch- und Wahlrecht hinzuweisen (§ 5 Abs. 1 S. 2 SGB VIII). Dies beinhaltet eine aktive Aufklärungspflicht. Informationen über andere geeignete Träger dürfen nicht zurückgehalten werden.[322]

269 Stellt sich in einem Einzelfall die Leistungserbringung durch einen im Sozialraum arbeitenden Träger als einzig geeignete oder notwendige Leistung dar, so ist zu beachten, dass sich das Wunsch- und Wahlrecht nur auf fachlich geeignete Hilfen bezieht.[323] Um der Verpflichtung zur Schaffung eines pluralen, den verschiedenen Grundrichtungen der Erziehung entsprechenden Angebots gerecht zu werden, eine Ausübung des Wunsch- und Wahlrechts zu ermöglichen, dürfte erforderlich sein, auch für eine **gewisse Pluralität an sozialräumlich arbeitenden Anbietern** Sorge zu tragen.

270 Auch die Anwohner/innen eines **kleinen, räumlich abgrenzbaren Gebiets** wie zB einem Hochhausblock, einer Häusersiedlung oder eines Straßenzugs müssen die Möglichkeit haben, einen anderen Leistungsanbieter in Anspruch zu nehmen, und darüber entsprechend aufgeklärt werden.

> Die Leistungsberechtigten können aufgrund des **Wunsch- und Wahlrechts (§ 5 SGB VIII)** auch andere geeignete Träger auswählen als diejenigen, mit denen der Träger der öffentlichen Jugendhilfe privilegierende Kooperationsverträge abgeschlossen hat. Das Wunsch- und Wahlrecht beinhaltet eine **aktive Aufklärungspflicht** über alle geeigneten Träger.

Schaubild 5: Unzulässige Trägerprivilegierung im jugendhilferechtlichen Dreieck

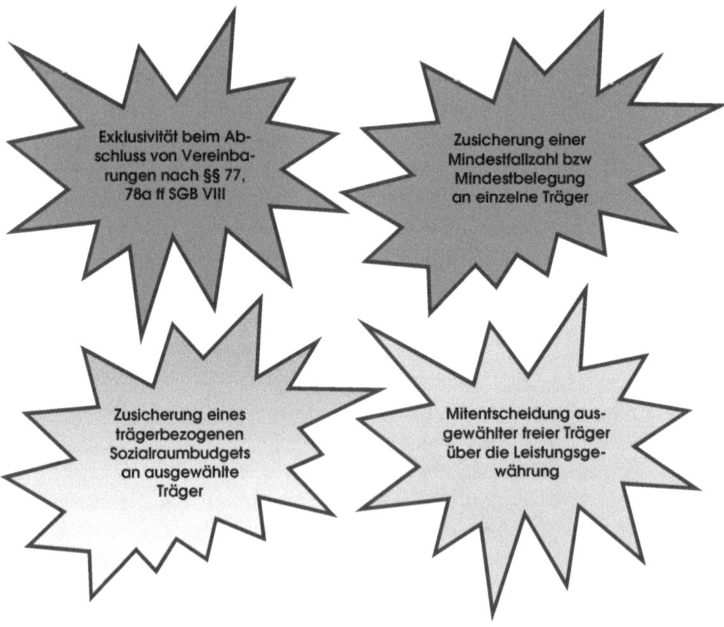

321 OVG Hamburg 10.11.2004, 4 Bs 388/04 = JAmt 2004, 592 = ZfJ 2005, 118 m. Bespr. *Münder*, S. 89; VG Berlin 19.10.2004, 18 A 404.04; *Gerlach/Hinrichs* ZKJ 2010. 344, 350.
322 *Wiesner*, in: ders., SGB VIII, § 5 Rn 11 a; *Münder* ZfJ 2005, 89, 96.
323 *Münder*, in: ders. u.a., FK-SGB VIII, § 5 Rn 8.

5. Rechtfertigung durch öffentliche Ausschreibung?

Angebotsformen mit trägerbezogenem Budget betreffen das jugendhilferechtliche Dreieck in grundsätzlicher Weise. Die Fragen der Finanzierung reichen damit über die Sozialraumorientierung hinaus. Angesprochen sind nicht nur die Frage der Abwicklung der Finanzierung, sondern auch die wettbewerbsrechtlichen Fragen zu den **Möglichkeiten der Finanzierung im Wege der Vergabe von Aufträgen** durch die Träger der öffentlichen Jugendhilfe.[324] Mit der Einführung wettbewerblicher Strukturen in §§ 78 a ff SGB VIII[325] hat der deutsche Gesetzgeber zugleich Schnittstellen zu den Binnenmarkt- und den Wettbewerbsvorschriften der EU eröffnet.[326] Würden Vereinbarungen nach §§ 77, 78 a ff SGB VIII den wettbewerbsrechtlichen Vorschriften über die Vergabe öffentlicher Aufträge nach §§ 97 ff GWB unterliegen, wäre eine Ausschreibung verpflichtend. Wären solche Vereinbarungen in einer Weise gestaltbar, dass sie diesen nur im Einzelfall unterlägen, wäre eine Ausschreibung zwar nicht Pflicht, aber dennoch möglich. 271

a) Darstellung des Meinungsstands

Die Verwaltungsgerichte hatten sich wiederholt mit der Zulässigkeit eines Vergabeverfahrens für Leistungen im jugendhilferechtlichen Dreieck zu befassen.[327] Aber nicht nur im Bereich der Kinder- und Jugendhilfe, auch im **sozialhilferechtlichen Dreieck** kamen Kommunen auf den Gedanken, Leistungen öffentlich auszuschreiben, was gerichtlich überprüft wurde.[328] Die Frage der Finanzierung im Wege der Vergabe von Aufträgen ist wegen der ähnlichen gesetzlichen Regelung (§§ 75 ff SGB XII, zuvor §§ 93 ff BSHG) vergleichbar.[329] 272

Rechtsprechung und Literatur kommen nahezu einhellig, wenn auch mit unterschiedlichen Begründungen, zu dem Ergebnis, dass öffentliche Ausschreibungen im jugend- bzw sozialhilferechtlichen Dreieck **generell unzulässig** sind. Allerdings ist, wie bei der zweiseitigen Finanzierung (siehe Rn 136 ff), auch hier umstritten, ob die zentrale Voraussetzung der Anwendung des GWB – Vorliegen eines öffentlichen Auftrages nach § 99 Abs. 1 GWB – erfüllt ist.[330] 273

Dies wird teilweise bereits deshalb verneint, weil kein für die Vergaberegeln der §§ 97 ff GWB typischer **Beschaffungsvertrag** vorläge. Das Vergaberecht bezwecke die Förderung des Wettbewerbs auf öffentlichen Beschaffungsmärkten, wenn dort ein öffentlicher Auftraggeber wie ein Privater als Nachfrager auftrete. Auch wenn die Träger der öffentlichen Jugendhilfe die Gebote der Wirtschaftlichkeit und Sparsamkeit zu beachten hätten, seien bei der Gewährung von Jugendhilfeleistungen auch Faktoren wie die Trägervielfalt, die unterschiedlichen Wertorientierungen, die Vielfalt von Inhalten, Methoden und Arbeitsformen und damit einhergehend das Wunsch- und Wahlrecht des/der Hilfeempfängers/-in sowie die Leistungsfähigkeit der Träger der 274

324 *Münder* JAmt 2005, 161.
325 *Wiesner*, in. ders., SGB VIII, § 5 Rn 29 a.
326 *Boetticher* ZJJ 2011, 154, 156.
327 Vergabekammer bei der Bezirksreg. Münster 2.7.2004, VK 13/04; VG Münster 18.8.2004, 9 L 970/04 = JAmt 2005, 44; OVG NW 18.3.2005, 12 B 1931/04 = ZfJ 2005, 484.
328 OLG Düsseldorf 8.9.2004, VII Verg 35/04 = RsDE Nr. 58, 87; VG Münster 22.6.2004, 5 L 756/04 = RsDE Nr. 57, 75; OVG NW 27.9.2004, 12 B 1390/04 = NVwZ 2005, 834; VG Münster 8.9.2004, 5 L 1263/04; Vergabekammer bei der Bezirksreg. Münster 25.5.2004, VK 10/04.
329 *Münder* JAmt 2005, 161.
330 *Stähr*, in: Hauck/Noftz, SGB VIII, Stand: 1/2011, § 78 b Rn 52.

freien Jugendhilfe zu berücksichtigen, die nicht von den Grundsätzen des freien Markts und des freien Wettbewerbs bestimmt werden.[331]

275 Zusätzlich[332] und/oder zentral wird auch hier – wie bei den Leistungsverträgen nach § 77 SGB VIII außerhalb des jugendhilferechtlichen Dreiecks (siehe Rn 160 ff) – darauf abgestellt, dass es an dem für einen „entgeltlichen Vertrag" gem. § 99 GWB erforderlichen **synallagmatischen Verhältnis** fehle. Im Rahmen der Erbringung individueller Leistungen im Dreiecksverhältnis läge zwischen dem öffentlichen Träger als Leistungsträger und der Einrichtung als Leistungserbringer kein gegenseitiger Vertrag vor, bei dem Leistung und Gegenleistung in einem unmittelbaren Austauschverhältnis stehen.[333] Ein Leistungsaustausch erfolge zwischen dem/der Leistungsberechtigten und dem Leistungserbringer: „Auftraggeber" seien die Leistungsberechtigten und nicht der öffentliche Jugendhilfeträger.[334]

276 Wenn von einem weitgefassten Entgeltbegriff ausgegangen werde, wonach es bereits genüge, dass dem Leistungserbringer die Möglichkeit eines geldwerten Vorteils eingeräumt werde,[335] sei dies unzutreffend. Für das Erfordernis eines unmittelbaren zweiseitigen Vertragsverhältnisses spreche der vergaberechtliche Grundgedanke, dass der öffentliche Auftrag die Exklusion von Konkurrenten bewirkt und das Entgelt bei Vertragsschluss dem Bieter definitiv zuzuordnen ist. Auch die **Kostenzusage** sei kein öffentlicher Auftrag im Sinne des GWB, da die Verpflichtung zur Kostenübernahme nicht gegenüber dem Anbieter, sondern gegenüber dem/der Leistungsberechtigten bestehe und daher kein Verhältnis der Gegenseitigkeit vorläge.[336]

277 Eine andere Auffassung wiederum geht davon aus, dass Leistungsvereinbarungen jedenfalls bzw allenfalls den **Charakter einer Dienstleistungskonzession** haben, die als Vereinbarung, bei der die Gegenleistung nicht in Geld, sondern in dem Recht besteht, die eigene Leistung zu nutzen oder entgeltlich zu verwerten (Art. 1 Abs. 4 der Richtlinie 2004/18/EG), nach Art. 17 der Richtlinie 2004/18/EG nicht dem Vergaberecht unterfällt.[337] Denn der Anbieter trage allein das unternehmerische Risiko. Er könne nicht damit rechnen, seine Leistungen abgenommen zu bekommen. Der Abschluss von Vereinbarungen habe die Funktion einer Zulassung zum Markt als Voraussetzung, um überhaupt in den Wettbewerb eintreten zu können.

278 Schließlich wird auch für das jugendhilferechtliche Dreieck (siehe Rn 168 ff zur zutreffenden Gegenansicht) darauf hingewiesen, dass über den Einwand der **Spezialität des gesetzlichen Leistungserbringungsrechts** gegenüber dem eigentlichen Vergaberecht zu entscheiden sei, so dass sich – selbst bei Annahme eines öffentlichen Auftrags iSd § 99 Abs. 1 GWB, für den grundsätzlich die Vorschriften der §§ 97 ff GWB gelten – die Unzulässigkeit eines Vergabefahrens aus gesetzlichen Bestimmungen au-

331 VG Münster 18.8.2004, 9 L 970/04 = JAmt 2005, 44, 46.

332 VG Münster 18.8.2004, 9 L 970/04 = JAmt 2005, 44, 46; VG Münster 22.6.2004, 5 L 756/04 = RsDE Nr. 57, 75 (juris Rn 40 ff).

333 *Boetticher* ZJJ 2011, 154, 158.

334 *Wiesner*, in: ders., SGB VIII, § 77 Rn 13; *Münder*, in: ders. u.a., FK-SGB VIII, § 77 Rn 11; *Stähr*, in: Budde/Früchtel u.a., Sozialraumorientierung, S. 51, 63.

335 So OLG Düsseldorf 22.9.2004, VII-Verg 44/04 = RsDE Nr. 59, 81 (juris Rn 9); ebenso *Banafsche* ZKJ 2010, 227, 228 f.

336 *Stähr*, in: Hauck/Noftz, SGB VIII, Stand: 1/11, § 78 b Rn 52; *Hinrichs*, standpunkt : sozial Sonderheft 2012, 5, 28.

337 OVG NW 18.3.2005, 12 B 1931/04 = ZfJ 2005, 484; *Stähr*, in: Hauck/Noftz, SGB VIII, Stand: 1/2011, § 78 b Rn 52; *Hinrichs*, standpunkt : sozial Sonderheft 2012, 5, 28; *Banafsche* ZKJ 2010, 227, 230 f.

ßerhalb des Vergaberechts wie dem zugrunde liegenden Prinzip der Angebots- und Trägervielfalt ergeben könne.[338]

Auch nach **hier vertretener Auffassung** können die Vorschriften über das öffentliche 279
Vergabewesen bei der dreiseitigen Finanzierung im jugendhilferechtlichen Dreieck unter keinen Umständen Anwendung finden.[339] Leistungs-/Entgeltvereinbarungen und Kostenzusage im Sinne der öffentlich-rechtlichen Verträge nach §§ 77, 78 a ff SGB VIII stellen keinen „öffentlichen Auftrag" iSd § 99 Abs. 1 GWB dar.

b) Widerspruch zu Grundprinzipien des SGB VIII

Die Annahme eines „öffentlichen Auftrags" scheidet bei einer von Sinn und Zweck 280
des § 99 Abs. 1 GWB ausgehenden Auslegung aus. Die bereits im Zusammenhang mit den zweiseitigen Leistungsverträgen bei der Gewährung von Jugendhilfeleistungen geschilderten Faktoren – Subsidiaritätsgrundsatz, Autonomie der freien Jugendhilfe, Trägervielfalt, Wunsch- und Wahlrecht (siehe Rn 151 ff) – sprechen im Leistungserbringungsrecht des SGB VIII generell gegen die Zulässigkeit eines wettbewerbsrechtlichen Verfahrens. Wenn insoweit die „schwindende Bedeutung"[340] der Regelungen zu den **Strukturprinzipien des SGB VIII** herausgestellt oder die Frage nach ihrem zukünftigen Bestand angesichts des „zunehmend dichter und verbindlicher werdenden europäischen Wettbewerbsrechts"[341] gestellt wird, ist diese Überlegung solange irrelevant, als die Rechtsnormen Bestand haben.[342]

c) Keine vergaberechtlich relevante Verknüpfung der Leistungen bei der dreiseitigen Entgeltfinanzierung

Darüber hinaus fehlt es schließlich an dem für einen Beschaffungsvertrag gem. § 99 281
GWB erforderlichen, **Leistung und Gegenleistung** verknüpfenden Verhältnis. Die Betrachtung der gesetzlichen Systematik der Leistungsabwicklung im Dreiecksverhältnis – die durch die Regelungen der §§ 78 a ff SGB VIII im Bereich der stationären Hilfen eine gesetzliche Bestätigung erfahren hat – und der dadurch entstehenden Rechtsbeziehungen schließt die Annahme eines entgeltlichen Vertrags zwischen Einrichtungs- und Jugendhilfeträger aus.

Gegenüber dem unvollständigen Dreieck vervollständigt sich das jugendhilferechtli- 282
che **Dreiecksverhältnis** dadurch, dass sich die sozialleistungsrechtliche Beziehung zwischen den Leistungsberechtigten und dem Träger der öffentlichen Jugendhilfe durch eine Einzelfallentscheidung gegenüber dem/der Hilfeempfänger/in konkretisiert. Hierdurch verdeutlicht sich dann auch die sich bereits im unvollständigen, „hinkenden" Dreieck darstellende Verknüpfung der Leistungen in anderer Weise als im Verhältnis der Träger der Jugendhilfe zueinander.

Die eine Seite des Dreiecks bildet der **sozialleistungsrechtliche Anspruch** des/der Leis- 283
tungsberechtigten gegen den Träger der öffentlichen Jugendhilfe. Die zweite Seite des Dreiecks des privatrechtlichen Schuldverhältnisses zwischen dem/der Leistungsberechtigten und dem Träger der freien Jugendhilfe[343] begründet die Ansprüche der

338 OLG Düsseldorf 8.9.2004, VII Verg 35/04 = RsDE Nr. 58, 87 (juris Rn 35); OVG NW 27.9.2004, 12 B 1390/04 = NVwZ 2005, 834 (juris Rn 14).

339 Im Ergebnis ebenso *Kern*, in: Schellhorn u.a., SGB VIII, § 77 Rn 27; *Boetticher/Münder*, Kinder- und Jugendhilfe und europäischer Binnenmarkt, S. 88 mit abweichender Begründung.

340 *Wiesner*, in: ders., SGB VIII, § 4 Rn 29 a zu § 4 Abs. 2 SGB VIII.

341 *Kern*, in: Schellhorn u.a., SGB VIII, § 4 Rn 16 zu § 4 Abs. 2 SGB VIII.

342 *Mrozynski*, SGB VIII, § 4 Rn 6 zu § 4 Abs. 2 SGB VIII.

343 VG Münster 18.8.2004, 9 L 970/04 = JAmt 2005, 44, 46.

Leistungsberechtigten auf die mit den Leistungserbringern vereinbarten Hilfeleistungen sowie der Träger von Einrichtungen und Diensten gegenüber den Adressat/inn/en auf ein **Entgelt.** Die Übernahme des Entgelts durch den Träger der öffentlichen Jugendhilfe betrifft (auch) das Rechtsverhältnis zwischen Leistungsberechtigten und Leistungsträger, in dem die Entscheidung über die Gewährung der Leistung gegenüber dem/der Bürger/in eine Aktivierung der Pflicht zur Vergütung aus den Leistungs- und Entgeltverträgen aktiviert, die zwischen Trägern der öffentlichen und freien Jugendhilfe geschlossen wurden[344] und einen Anspruch des Leistungserbringers auf Entgeltübernahme gegen den Leistungsträger begründen.[345]

284 Betrachtet man nun die Leistungsvereinbarung nach §§ 77, 78 b Abs. 2 SGB VIII, so fehlt es im Hinblick auf die Vergütung an der **Verknüpfung mit der Leistung,** da durch die Vereinbarungen noch keine Zahlungsverpflichtung entsteht.[346] Gegenstand der Vereinbarungen ist nicht die Beschaffung von Dienstleistungen gegen Entgelt, die den Leistungsberechtigten später vom Träger der öffentlichen Jugendhilfe zugewiesen werden, sondern die Festlegung von Bedingungen für die Leistungsabwicklung im sozialrechtlichen Dreiecksverhältnis und die Höhe der Vergütung, wenn die Leistungsberechtigten sich später im Rahmen des Wunsch- und Wahlrechts für einen Leistungserbringer entscheiden. Die Vergütung der Leistungserbringer ist regelmäßig nicht Inhalt des Bewilligungsbescheids an den/die Hilfeempfänger/in.

285 Der **Abschluss von entsprechenden Rahmenvereinbarungen** dient damit zum einen dem öffentlichen Interesse an einer wirksamen Erfüllung sozialstaatlicher Aufgaben und erleichtert zum anderen die Abrechnung zwischen den Einrichtungsträgern und dem Träger der öffentlichen Jugendhilfe.[347] In Wahrnehmung seiner Gesamtverantwortung (§ 79 SGB VIII) „ermöglicht der öffentliche Jugendhilfeträger die Leistung zwischen Leistungsberechtigten und Leistungsanbieter, indem er das Entgelt übernimmt und zugleich sicherstellt, dass die Leistung qualitativ den Anforderungen des SGB VIII entspricht".[348] Erst wenn der/die leistungsberechtigte Bürger/in tatsächlich Leistungen in Anspruch nimmt, hat der Leistungserbringer aus dem in dieser Rechtsbeziehung entstehenden privatrechtlichen Schuldverhältnis einen Anspruch auf das vereinbarte Entgelt gegen die/den Leistungsberechtigte/n.

286 Auch die Kostenzusage (im **Bewilligungsbescheid des Jugendamts**) ist kein öffentlicher Auftrag im Sinne des GWB, da die Verpflichtung zur Kostenübernahme nicht gegenüber dem Anbieter, sondern gegenüber dem/der Leistungsberechtigten besteht und daher mit der Leistung nicht vertraglich verknüpft ist. Wird dennoch im Einzelfall zwischen dem Träger der öffentlichen und dem Träger der freien Jugendhilfe eine unmittelbare Leistungspflicht mit einem unmittelbaren Zahlungsanspruch vereinbart, wäre zu fragen, ob tatsächlich eine Änderung des Rechtscharakters dieser Zahlung als Leistung der Kinder- und Jugendhilfe eintritt.

287 Ausschließlich der/die Leistungsberechtigte hat Anspruch auf die Leistung. Diese/r ist wiederum originärer Schuldner gegenüber dem Träger der Einrichtung bzw des Dienstes. Es dürfte sich daher weiterhin der Sache nach um eine Kostenübernahme

344 VG Münster 18.8.2004, 9 L 970/04 = JAmt 2005, 44, 46; *Münder*, in: ders. u.a., Handbuch KJHR, Kap. 5.1 Rn 17.
345 *Münder*, in: ders. u.a., Handbuch KJHR, Kap. 5.1 Rn 23.
346 *Stähr*, in: Hauck/Noftz, SGB VIII, Stand: 1/2011, § 78 b Rn 52.
347 VG Münster 18.8.2004, 9 L 970/04 = JAmt 2005, 44, 46 f.
348 *Stähr*, in: Hauck/Noftz, SGB VIII, Stand: 1/2011, § 78 b Rn 52.

und damit eine **akzessorische Zahlungspflicht** handeln.[349] Es ist zu bezweifeln, dass eine solche Umdeutung des jugendhilferechtlichen Dreiecks im System des SGB VIII ohne Gesetzesänderung überhaupt zulässig wäre.

Letztlich kann dies dahinstehen, denn ungeachtet dessen, ist eine Zahlung des Jugendhilfeträgers **nicht die wirtschaftliche Gegenleistung** für eine (Dienst-)Leistung an den/die Hilfeempfänger/in, sondern dient der Erfüllung des Anspruchs des/der Leistungsberechtigten gegenüber dem Jugendhilfeträger.[350] Diese Zahlung erfolgt auf einer „zweiten Stufe", dann, wenn der Leitungserbringer die Leistung an den/die Hilfeempfänger/in erbringt. Schließlich steht auch diese Leistungserbringung in **keinem Austauschverhältnis** zu einer Leistung des Trägers der öffentlichen Jugendhilfe, weil sie nicht diesem gegenüber erbracht wird, sondern im Zuge der Erfüllung des Anspruchs des/der Leistungsberechtigten aus eigenem privatrechtlichem Schuldverhältnis gegen den Leistungserbringer geschieht. 288

Die Privilegierung ausgewählter Träger kann auch nicht über eine öffentliche Ausschreibung gerechtfertigt werden. Das **Vergaberecht** ist im Rahmen der Leistungserbringung im jugendhilferechtlichen Dreieck mit entsprechender Finanzierung nicht anwendbar. Auch hier fehlt es an einem öffentlichen Auftrag iSd § 99 GWB. Die Durchführung eines Vergabeverfahrens widerspräche Grundprinzipien des SGB VIII.

6. Anwendbarkeit des Beihilfenrechts

Im jugendhilferechtlichen Dreiecksverhältnis wäre von einer Beihilfe dann auszugehen, wenn das im Rahmen der Entgeltvereinbarung festzulegende Entgelt so deutlich über den Entgelten von Vereinbarungen mit Trägern mit vergleichbaren Leistungen liegt, dass der übersteigende Teil als **Beihilfe** anzusehen wäre. Eine solche Fallgestaltung stünde jedoch schon im Widerspruch sowohl zur jugendhilferechtlichen Vorgabe leistungsgerechter Entgelte nach § 78 c Abs. 2 S. 1 SGB VIII als auch dem Verbot der unverhältnismäßigen Mehrkosten in § 5 Abs. 2 SGB VIII.[351] 289

Bei Einhaltung der jugendhilferechtlichen Vorschriften ist eine Kollision mit dem Beihilfenrecht somit nur denkbar aufgrund der **Gemeinnützigkeitsprivilegien** (zB Steuervergünstigungen, Spendenprivileg), die frei-gemeinnützige Träger sozialer Dienstleistungen erhalten, privat-gewerbliche Träger aber nicht.[352] Aus den im Rahmen der zweiseitigen Finanzierung dargestellten (siehe Rn 173 ff) systematischen Gründen scheidet jedoch eine Anwendung der Beihilfevorschriften insgesamt im Leistungserbringungsrecht des SGB VIII und damit auch im Dreiecksverhältnis aus. 290

Die Anwendung des europäischen **Beihilferechts** scheidet auch bei der Finanzierung im jugendhilferechtlichen Dreiecksverhältnis aus.

II. Möglichkeiten, Chancen und Risiken rechtlicher Veränderungen

1. Anreize und Hindernisse im Rahmen des SGB VIII

Gegenstand der Auseinandersetzungen waren bei der **Privilegierung ausgewählter Träger von Leistungen**, die im jugendhilferechtlichen Dreieck erbracht werden sollen, 291

349 VG Münster 22.6.2004, 5 L 756/04 = RsDE Nr. 57, 75 (juris Rn 46, 48 f) so entschieden zu § 93 Abs. 2 BSHG.

350 VG Münster 22.6.2004, 5 L 756/04 = RsDE Nr. 57, 75 (juris Rn 50).

351 *Boetticher/Münder*, Kinder- und Jugendhilfe und europäischer Binnenmarkt, S. 89 f.

352 *Boetticher/Münder*, Kinder- und Jugendhilfe und europäischer Binnenmarkt, S. 90; *Boetticher* ZJJ 2011, 154, 160.

bislang größere sozialräumliche Einheiten.[353] Zu finden sind bspw Versuche der Etablierung eines trägerbezogenes (Sozialraum-)Budgets mit zugesichertem Leistungsanteil mittels pauschaler Zuwendungsfinanzierung und/oder über eine festgelegte Fallzuweisung mit Einzelfallabrechnung (beide Konstellationen vereint in Beispiel 4, Rn 237). Die Varianten sind nach derzeitiger Rechtslage unzulässig und folglich hat die Rechtsprechung solchen Konstruktionen wiederholt und einhellig Grenzen aufgezeigt. Diese könnten, wenn politisch gewollt, allenfalls mit gesetzlichen Änderungen erweitert werden.

292 Noch nicht diskutiert im Kontext der Rechtsfragen zur Finanzierung von Leistungen nach SGB VIII ist, ob eine **Privilegierung von Trägern in kleinen Sozialräumen** (zB Hochhausblock, Häusersiedlung oder Straße, siehe Beispiel 3, Rn 236) zulässig ist. Rechtsprechung und Literatur gibt es hierzu, soweit ersichtlich, keine. Auch das SGB VIII verhält sich zu der Frage nicht. Die Grenzen der Zulässigkeit sind zwar in dieser Expertise beleuchtet (siehe Rn 261 ff), können allerdings noch nicht als ausgelotet gelten.

> Die **Unzulässigkeit einer Trägerprivilegierung** im Bereich der Leistungsgewährung durch Einzelfallentscheidung des Jugendamts (jugendhilferechtliches Dreiecksverhältnis) kann als durch Rechtsprechung und Literatur gesichert gelten. Ungeklärt sind allerdings die **Grenzen der Unzulässigkeit** einer Trägerprivilegierung in sehr kleinen, räumlich abgegrenzten Sozialräumen (zB Hochhausblock, Häusersiedlung, Straßenblock).

2. Erweiterung der rechtlichen Grenzen

a) Ermöglichung eines trägerbezogenen (Sozialraum-)Budgets

aa) Ermöglichung einer Pauschalfinanzierung über Budgets und Folgen für Grundprinzipien des SGB VIII

293 Nach geltender **Finanzierungssystematik des SGB VIII** ist eine Pauschalfinanzierung über trägerbezogene (Sozialraum-)Budgets im Bereich von Leistungen, die mit vorheriger Einzelfallentscheidung des Jugendamts erbracht werden, nicht möglich. Zulässig ist nur eine dreiseitige Entgeltübernahme im Rahmen des jugendhilferechtlichen Dreiecks.

294 Ein **Bundesmodellprojekt** zu mehr Flexibilität, Integration und Sozialraumbezug in den erzieherischen Hilfen[354] hat um die Jahrtausendwende eine Sockelfinanzierung als zumindest anteilige Pauschalfinanzierung für sinnvoll erachtet, um auch im Bereich der Leistungserbringung mit vorheriger Einzelfallentscheidung des Jugendamts eine gute sozialraumbezogene Leistungserbringung gewährleisten zu können.[355] Fallunspezifische und fallübergreifende sozialräumliche Arbeit als Grundlage jeder (späteren) Einzelfallleistung soll durch entsprechende Finanzierungsinstrumente sichergestellt werden.[356] Nach derzeitiger Rechtslage ist dies zwar nicht über eine Pauschalfinanzierung, aber – zumindest teilweise – über eine Integration in die Abrechnungseinheiten Fachleistungsstunde und Tagessatz möglich (siehe Rn 31 ff und zu den

353 Vgl etwa die Beispiele aus Tübingen, Celle, Frankfurt (Oder), Neunkirchen oder Stuttgart in *Koch/Lenz*, Integrierte Hilfen und sozialräumliche Finanzierung, S. 51 ff, 67 ff, 79 ff, 87 ff, 97 ff oder die Schilderung der Modelle in der Stadt Rosenheim bei *Pichlmeier/Rose*, Sozialraumorientierte Jugendhilfe in der Praxis, 2010, oder zu den Stadtteilen Nordviertel, Kray, Altendorf und Katernberg in Essen bei *Kalter/Schrapper*, Was leistet Sozialraumorientierung?, S. 85 ff, 115 ff, 137 ff, 173 ff.

354 *Koch*, Mehr Flexibilität, Integration und Sozialraumbezug in den erzieherischen Hilfen, 2002; *Koch/Lenz*, Integrierte Hilfen und sozialräumliche Finanzierungsformen, 2000.

355 *Koch/Lenz*, Integrierte Hilfen und sozialräumliche Finanzierungsformen, S. 118 ff.

356 *Koch* ZfJ 2000, 201,203.

Grenzen Rn 355 ff). Kritik erfahren haben aber Formen der Pauschalfinanzierung, die über eine vollständige bzw überwiegende Budgetfinanzierung erreicht werden sollten, weil diese die Vollfinanzierung für Rechtsanspruchsleistungen beschneiden und bei einer Nichtachtung der Trägervielfalt bei der Auswahl einzelner Träger die Durchsetzung des Wunsch- und Wahlrechts verschlechtern können.[357]

Die **Ermöglichung trägerbezogener (Sozialraum-)Budgets** könnte rechtlich über eine Abkehr vom jugendhilferechtlichen Dreieck erzielt werden. Die Leistungsverhältnisse im SGB VIII müssten in einer Weise umgestaltet werden, dass der Träger der öffentlichen Jugendhilfe bei den Trägern der freien Jugendhilfe die Leistungen einkauft und dann mit diesen „beschafften" Leistungen selbst die Ansprüche der Leistungsberechtigten erfüllt. Dies würde eine vollständige Neujustierung der im SGB VIII angelegten Leistungsbeziehungen erfordern. Die verfassungsrechtliche Zulässigkeit einer solchen Umgestaltung scheint dabei keineswegs sicher. Insbesondere wäre zu prüfen, ob sie mit dem im Elternrecht (Art. 6 Abs. 2 GG) angelegten Individualisierungsinteresse vereinbar ist. 295

Durch ein solches **System der Beschaffung von sozialen Dienstleistungen** und Zuweisung von Leistungen an die Leistungsberechtigten durch den Sozialleistungsträger würde das europäische Wettbewerbsrecht unmittelbar anwendbar und damit die Regelungen zum Vergabeverfahren. Die Eingriffe in die Berufsfreiheit (Art. 12 Abs. 1 GG) könnten über die Durchführung des Vergabeverfahrens gerechtfertigt werden (siehe Rn 308 ff). 296

Es wird diskutiert, bei Leistungen im jugendhilferechtlichen Dreieck eine Privilegierung ausgewählter Träger, etwa durch eine Sockelfinanzierung oder anteilige Pauschalfinanzierung, gesetzlich zu ermöglichen. Dies könnte rechtlich nur über eine **Abkehr vom jugendhilferechtlichen Dreieck** umgesetzt werden. Dazu wäre eine Umgestaltung der Leistungsverhältnisse und Grundprinzipien im SGB VIII dergestalt notwendig, dass die Träger der öffentlichen Jugendhilfe die Leistungen bei den Trägern der freien Jugendhilfe einkaufen und sodann mit diesen Leistungen die Ansprüche der Bürger/innen durch Zuweisung selbst erfüllen.

Bei einer solchen Umgestaltung hin zu einem **Beschaffungswesen** wäre das **europäische Vergaberecht** unmittelbar anwendbar. Eingriffe in die Berufsausübungsfreiheit würden über die Durchführung des Vergabeverfahrens gerechtfertigt.

Insbesondere im Hinblick auf das im Elternrecht angelegte Individualisierungsinteresse ist die **verfassungsrechtliche Zulässigkeit** der gesetzlichen Gestaltung eines Beschaffungswesens mit Leistungszuweisung im SGB VIII allerdings fraglich.

bb) Sozialraumbezug als Kriterium für den Abschluss von Vereinbarungen

Nach geltendem Recht sind grundsätzlich mit allen geeigneten Trägern Vereinbarungen abzuschließen. Für die Leistungen aus dem Katalog des § 78 a SGB VIII ergibt sich dies aus § 78 b Abs. 2 S. 1 SGB VIII, nach dem die Vereinbarungen mit den Trägern abzuschließen sind, die unter Berücksichtigung der Grundsätze der Leistungsfähigkeit, Wirtschaftlichkeit und Sparsamkeit zur Erbringung der Leistung geeignet sind. Aber auch im Bereich der Entgeltvereinbarungen nach § 77 SGB VIII im jugendhilferechtlichen Dreieck ist in Literatur und Rechtsprechung anerkannt, dass Vereinbarungen grundsätzlich mit allen geeigneten Trägern abzuschließen sind (siehe 297

357 *Wiesner* ZfJ 2004, 241, 248; *ders.*, in: SPI, Sozialraumorientierung auf dem Prüfstand, S. 175, 178; *Münder*, in: SPI, Sozialraumorientierung auf dem Prüfstand, S. 6, 30 ff; *Koch*, in: Koch/Lenz, Integrierte Hilfen und sozialräumliche Finanzierungsformen, S. 5, 20 ff.

Rn 54 ff). Daraus ergibt sich ein **Anspruch aller geeigneten Träger auf Vereinbarungsabschluss** bzw ermessensfehlerfreie Entscheidung über den Abschluss.

298 Zur Stärkung des Sozialraumbezugs erzieherischer Hilfen wird vorgeschlagen, entsprechende **Kriterien als Voraussetzung für den Abschluss** von Vereinbarungen nach §§ 77, 78 b Abs. 2 SGB VIII in das Gesetz aufzunehmen.[358] Danach wären die Vereinbarungen bspw nur oder bevorzugt mit Trägern abzuschließen, die unter Berücksichtigung der Grundsätze der Leistungsfähigkeit, Wirtschaftlichkeit und Sparsamkeit und der **Orientierung am sozialen Umfeld** zur Erbringung der Leistung geeignet sind. Dies würde dazu führen, dass der Träger der öffentlichen Jugendhilfe von vornherein nur oder erleichtert mit den Trägern der freien Jugendhilfe zusammenarbeiten kann, die sozialraumbezogen arbeiten und dies nachweisen können. Erfüllt ein Träger die Voraussetzung, bliebe es beim Anspruch auf Abschluss einer Vereinbarung.

299 Allerdings wäre bei Aufnahme einer solchen Anforderung zu prüfen, inwieweit für einzelne Leistungen bzw Leistungsarten **Ausnahmen** zu machen sind, da Sozialraumorientierung nicht für alle erzieherischen Hilfen, Eingliederungshilfen und Hilfen für junge Volljährige Qualitätskriterium ist. Die gesetzliche Bevorzugung einzelner bedürfte einer gesetzlichen Grundlage, die entsprechende Eingriffe in die Berufsausübung der nicht bevorzugten Träger rechtfertigt.

> Derzeit haben alle geeigneten Träger Anspruch auf den Abschluss von Vereinbarungen bzw auf ermessensfehlerfreie Entscheidung über den Vereinbarungsabschluss. Diskutiert werden könnte, Eignungskriterien für den Abschluss von Entgeltvereinbarungen nach § 77 bzw §§ 78 a ff SGB VIII aufzunehmen, etwa die **Einbeziehung des sozialen Umfelds** in die Hilfe. Zu bedenken wäre dabei allerdings, dass Sozialraumbezug nicht für alle Hilfen Qualitätskriterium ist und daher sinnvollerweise entsprechende Differenzierungen zu gestalten wären.

cc) Ermöglichung der Auswahl nur einzelner Träger und ihre Risiken

300 (1) Sollte angestrebt werden, zwar mit allen Trägern Vereinbarungen nach § 77 bzw § 78 b SGB VIII abzuschließen, jedoch einen oder wenige ausgewählte Träger mit einer zugesicherten Zahl an Fällen versorgen zu können (Beispiel 4, Rn 237); so bedürfte es zumindest einer entsprechenden gesetzlichen Ergänzung, nach welcher der Träger der öffentlichen Jugendhilfe einem Träger oder mehreren Trägern eine **feste Fallzuweisung** zusichern darf. Soll eine solche berufsregelnde Steuerung zur Verfolgung verfassungslegitimer Zwecke zulässig sein, müsste sie verfassungslegitime Ziele verfolgen, die in Abwägung mit der Berufsfreiheit überwiegen. Ein solcher Eingriff in das Grundrecht der Berufsfreiheit ist etwa denkbar, wenn sie erforderlich sind, um die Qualität infrastruktureller bzw sozialraumorientierter Arbeit zu sichern. Die verfassungsrechtliche Zulässigkeit vorausgesetzt, müsste das Gesetz dem Träger der öffentlichen Jugendhilfe feste Voraussetzungen vorgeben, unter denen Fallzusagen nur zulässig sind. Verbunden werden müsste eine solche Regelung dann zusätzlich mit einer Festlegung zur Auswahl dieser Träger nach pflichtgemäßem Ermessen (Auswahl- bzw Vergabeverfahren).

301 Eine solche Regelung hätte **Auswirkungen auch auf das Wunsch- und Wahlrecht** (§ 5 SGB VIII). Es könnte gewahrt werden, wenn bei der Belegungs- bzw Vermittlungszusage die Trägerpluralität beachtet würde, also mehrere Träger in die Zusage einbezogen sind. Wenn der Träger der öffentlichen Jugendhilfe nur einzelnen entsprechende

---

358 *Schipmann* (Senatsverwaltungs Berlin), Prüfoptionen und rechtliche Weiterentwicklungserfordernisse, Vermerk vom 30.2.2013.

Privilegierung zukommen lässt, müsste er die Leistungsberechtigten trotz Vereinbarung über eine feste Fallzuweisung an einen Träger dennoch auch über alle anderen geeigneten Träger informieren und ihnen die Wahl lassen, welches Angebot sie tatsächlich in Anspruch nehmen. Wenn die Leistungsberechtigten den/die privilegierten Träger nicht mit der vereinbarten Fallzahl bzw Auslastung wählen, würde die Inanspruchnahmepraxis in Widerspruch zum Inhalt der Vereinbarung geraten. Die Vereinbarung könnte nicht erfüllt werden.

Es ist fraglich, ob der Träger der öffentlichen Jugendhilfe bei solchen Sachzwängen 302 bei der Beratung vor der Inanspruchnahme der Hilfe (§ 36 Abs. 1 SGB VIII) und der Hilfeplanung (§ 36 Abs. 2 S. 2 SGB VIII) den Leistungsberechtigten tatsächlich das Wunsch- und Wahlrecht gewährleistet. Die Entscheidung, welcher Träger die Hilfe erbringt, würde nicht erst im Rahmen der Hilfeplanung unter Beteiligung der Leistungsberechtigten und unter Zusammenwirkung mehrerer Fachkräfte fallen, sondern wäre für eine Mehrzahl von Fällen über die Vereinbarungen nach §§ 77, 78 b SGB VIII determiniert.[359] Im Interesse einer **Stärkung der Beteiligung der Leistungsberechtigten** und – nicht nur – zur Reduzierung der Risiken, die sich aus einer Privilegierung einzelner Träger durch feste Fallzusagen für die Rechte der Leistungsberechtigten ergeben, wäre daher an eine ausdrückliche Aufnahme der Pflicht, über die verschiedenen geeigneten Angebote zu informieren, in das SGB VIII zu denken.

Zu bedenken ist auch, dass eine entsprechende Regelung eine **Einschränkung des** 303 **Strukturprinzips der Trägervielfalt** (§ 3 Abs. 1 SGB VIII) darstellen kann, wonach die Schaffung und Aufrechterhaltung einer pluralen Angebotsstruktur gefordert ist.

(2) Sollte angestrebt werden, **nur ausgewählte Träger zur Leistungserbringung zuzu-** 304 **lassen** (Beispiele 3, Rn 236, und 4, Rn 237), müssten sowohl § 78 b als auch § 77 SGB VIII ersetzt werden durch eine Norm, nach der der Träger der öffentlichen Jugendhilfe nach pflichtgemäßem Ermessen über den Abschluss von Vereinbarungen entscheidet, wenn nur eine bestimmte oder nur wenige Maßnahmen notwendig bzw sinnvoll erscheinen, etwa wenn die Auslastung einer Tagesgruppe erforderlich ist, damit die Gruppe überhaupt Bestand haben kann. Auch eine solche gesetzliche Änderung würde die Verhältnisse im jugendhilferechtlichen Dreieck grundlegend verändern, würde rechtliche Folgeänderungen notwendig machen und hätte für die Kinder- und Jugendhilfe erhebliche Konsequenzen.

Insbesondere wären auch hier die **Auswirkungen auf das Wunsch- und Wahlrecht** zu 305 beachten. Es müssten also, wenn es sich nicht um spezielle Angebote mit zu erwartender geringer Inanspruchnahme handelt, regelmäßig mehrere Träger ausgewählt und mit ihnen Vereinbarungen nach § 77 bzw 78 b SGB VIII abgeschlossen werden. Die Leistungsberechtigten müssten zudem über alle in Frage kommenden Leistungserbringer informiert werden. Das Wunsch- und Wahlrecht dürfte in diesem Fall insbesondere nicht von vornherein durch Verweis auf den Mehrkostenvorbehalt ausgehebelt werden. Im Rahmen der Prüfung des Mehrkostenvorbehalts müssten deshalb die Gesamtkosten berücksichtigt werden, also auch die Beträge, die ggf als Finanzierung der Infrastruktur der Einrichtung oder des Dienstes an die ausgewählten Träger gezahlt werden.

(3) Beide hier erläuterten Varianten einer Änderung in § 77 bzw § 78 b SGB VIII wä- 306 ren mit einem erheblichen Eingriff in die Berufsausübungsfreiheit (Art. 12 Abs. 1 GG)

359 Nach derzeitiger Rechtslage für rechtswidrig erklärt VG Berlin 19.10.2004, 18 A 404.04.

der Träger verbunden, die nicht entsprechend privilegiert werden. Es bedürfte einer entsprechenden **gesetzlichen Rechtfertigungsgrundlage für den Grundrechtseingriff und eines Auswahlverfahrens**, das die nötige Transparenz über die Auswahlentscheidung ermöglicht (hierzu sogleich Rn 308 ff). Eine faire, chancengleiche Behandlung aller Bewerber würde nur unter der Maßgabe eines gesetzlich gelenkten Auswahlverfahrens, in dem einzelne Träger aus konkurrierenden Angeboten privilegiert werden, erreicht.[360]

307 Die Regelung zur Legitimierung des Eingriffs in die Berufsfreiheit müsste zudem einen **verfassungslegitimen Zweck** verfolgen. Als solcher könnte die Entwicklung und Sicherstellung der Qualität angeführt werden, da Sozialraumbezug wesentlicher Faktor für den Erfolg und die Wirksamkeit der Hilfe sein kann und ein solcher bei bestimmten Angebotsformen effektiv nur über eine Bündelung der finanziellen Ressourcen gewährleistet werden kann. Der sparsame und wirtschaftliche Umgang mit öffentlichen Mitteln dürfte als legitimierendes Ziel allerdings nur bedingt greifen, denn bislang ist nicht ersichtlich, inwieweit – ohne Beschneidung von Rechtsansprüchen auf Sozialleistungen – die Privilegierung einzelner Träger per se eine Kostenreduktion erwarten lässt.

Diskutiert werden könnte auch eine gesetzliche Ergänzung, nach der die Träger der öffentlichen Jugendhilfe ausgewählten Trägern eine **feste Fallzuweisung** zusichern dürfen. Notwendig wäre die Festsetzung konkreter Voraussetzungen zur Zulässigkeit. Mit dieser müssten verfassungslegitime Zwecke wie Verbesserungen bei der Qualitätssicherung infrastruktureller bzw sozialraumbezogener Arbeit nicht nur behauptet werden, sondern in realistischer Weise auch erreichbar sein. Zur **Wahrung der Trägerpluralität und des Wunsch- und Wahlrechts** wäre eine Einbeziehung mehrerer Träger in die Kooperationsvereinbarung erforderlich. Notwendig erschiene auch die verlässliche Information der Leistungsberechtigten über alle anderen geeigneten Anbieter mit freier Wahlmöglichkeit. Diese stünde allerdings im Widerspruch zur Kooperationsvereinbarung über feste Fallzuweisungen und deren Umsetzung in die Praxis wäre daher auch bei einem ausdrücklichen gesetzlichen Einfordern zu bezweifeln.

Diskutiert werden könnte alternativ, den Rechtsanspruch auf Abschluss einer Vereinbarung nach §§ 77, 78 b SGB VIII dahin gehend einzuschränken, dass der Träger der öffentlichen Jugendhilfe über den **Vereinbarungsabschluss nach pflichtgemäßem Ermessen** entscheidet. Erforderlich zur Wahrung der Trägerpluralität als Voraussetzung für das Wunsch- und Wahlrecht wäre auch hierbei die grundsätzliche Berücksichtigung zumindest mehrerer Träger. Insgesamt erscheint unklar, ob mit einer solchen Beschneidung des Anspruchs auf Abschluss von Entgeltvereinbarungen verfassungslegitime Ziele verfolgt und realistischer Weise erreicht werden könnten, die das Interesse der nicht berücksichtigten Träger an der Berufsausübung überwiegen.

Sowohl für feste Fallzuweisungen als auch für eine Auswahl beim Vereinbarungsabschluss wäre eine gesetzliche **Rechtfertigungsgrundlage** für den damit verbundenen Grundrechtseingriff erforderlich. Diese könnte nur in Zusammenhang mit der Einführung eines hinreichend **transparenten Auswahlverfahrens** geschaffen werden.

b) Einführung eines Verfahrens zur Trägerauswahl

aa) Jugendhilfespezifisches Verfahren zur Trägerauswahl

308 Nach derzeitiger Rechtslage besteht im Bereich von Leistungen im jugendhilferechtlichen Dreiecksverhältnis nicht die Möglichkeit zur Durchführung eines **Interessenbe-**

360 In diese Richtung zur Ermessensausübung bei der Förderung nach § 74 auch *Wiesner*, in: ders., SGB VIII, § 74 Rn 45.

kundungsverfahrens oder gar **Auswahlverfahrens.**[361] Der Anspruch auf Übernahme des Entgelts ergibt sich aus der Inanspruchnahme durch die Leistungsberechtigten und die Entscheidung des Trägers der öffentlichen Jugendhilfe hierüber. Dem kann nicht durch Vereinbarung zwischen Leistungsträger und Leistungserbringer vorgegriffen werden.

Sollte der Gesetzgeber Modifikationen dieser Logik des jugendhilferechtlichen Dreiecks durch Privilegierung ausgewählter Träger in den beschriebenen – bislang rechtswidrigen und damit unzulässigen (ausführlich dazu unter Rn 240 ff und 261 ff) – Konstellationen ausdrücklich erlauben wollen, wird der damit verbundene erhebliche Eingriff in die Berufsfreiheit (Art. 12 Abs. 1 GG) der nicht ausgewählten Träger nur über eine Verpflichtung zur Durchführung eines transparenten Auswahl- bzw Vergabeverfahrens zu rechtfertigen sein.[362] Gedacht werden könnte zunächst an ein **formelles Verfahren zur Trägerauswahl,** das über ein öffentliches Interessenbekundungsverfahren hinausgeht und das Verfahren zur Entscheidung einschließt. Ein solches Auswahl- bzw Vergabeverfahren könnte als jugendhilfespezifisches Verfahren im SGB VIII oder durch einen Verweis auf Vorschriften über Verfahren zur öffentlichen Ausschreibung (hierzu eingehend Rn 211 ff) geregelt werden. 309

bb) Unmittelbare Anwendung des Vergaberechts

Nach geltendem Recht ist die **unmittelbare Anwendung des Vergaberechts** nicht möglich, da die grundlegenden Strukturprinzipien des SGB VIII der Annahme einer wettbewerbsrechtlichen „Leistungsbeschaffung" mittels Beschaffungsvertrag entgegenstehen (ausführlich dazu Rn 151 ff, 160 ff, 280, 281 ff; siehe auch Rn 221 ff). 310

Sollte daran gedacht werden, die Anwendbarkeit des Vergaberechts über die **Konstruktion einer „beschafften Leistung"** im Sinne des Wettbewerbsrechts[363] herzustellen, müsste im Bereich von Leistungen, die aufgrund einer Einzelfallentscheidung des Trägers der öffentlichen Jugendhilfe gewährt werden, eine Abkehr vom System des jugendhilferechtlichen Dreiecksverhältnisses erfolgen. Erforderlich wäre eine Hinwendung zu Beschaffung von Leistungen durch den Träger der öffentlichen Jugendhilfe mit anschließender Zuweisung von Leistungen an die Leistungsberechtigten. Der sozialleistungsrechtliche Anspruch des/der Leistungsberechtigten gegen den Träger der öffentlichen Jugendhilfe müsste von diesem selbst und nicht wie bisher im privatrechtlichen Schuldverhältnis zwischen dem/der Leistungsberechtigten und dem Träger der freien Jugendhilfe erfüllt werden. Die zwischen öffentlichen und freien Trägern vereinbarte Entgeltübernahme müsste in eine von der Einzelfallentscheidung losgelöste Zahlungspflicht bereits beim Einkauf der Leistungen umgestaltet werden. 311

Bei einer solchen Umgestaltung hin zu einem Beschaffungswesen lägen öffentliche Aufträge iSd § 99 GWB vor (ausführlich zum „öffentlichen Auftrag" iSd § 99 Abs. 1 GWB siehe Rn 136 ff) und wäre das **Vergaberecht unmittelbar anwendbar.** 312

Aufgegeben würden mit einer solchen **Umgestaltung des SGB VIII** die Grundprinzipien, nach denen das System der Leistungserbringung vorwiegend von den Leistungsbe- 313

361 *Stähr/Hilke* ZfJ 1999, 155, 163.

362 So die Forderung der Diakonie, Stellungnahme zur Anhörung der AGJF am 10.12.2013, S. 4.

363 So die Annahme bereits nach geltender Rechtslage für den Bereich der Zuwendungsfinanzierung (§ 74 SGB VIII) von *Hinrichs*, standpunkt: sozial Sonderheft 2012, 5, 29 f und *Rixen* ZJJ 2011, 163, 167 sowie für die zweiseitigen Leistungsverträge (§ 77 SGB VIII) von *Münder*, in: ders. u.a., FK-SGB VIII, § 77 Rn 12; *Wiesner*, in: ders., SGB VIII, § 77 Rn 13; *Boetticher* ZJJ 2001, 154, 158; *Rixen* ZJJ 2011, 163, 167; *Hinrichs*, standpunkt : sozial Sonderheft 2012, 5, 30 f; Vergabekammer bei der Bezirksregierung Münster 2.7.2004, VK 13/04; Vergabekammer Stuttgart 11.1.2006, 1 VK 73/0.

rechtigten bestimmt wird, die aus einem pluralen Angebot (§ 3 Abs. 1 SGB VIII) auswählen (§ 5 SGB VIII) und denen gegenüber die Leistung von autonomen freien Trägern (§ 4 SGB VIII) erbracht wird. Die Leistungsberechtigten würden aus einem „Pool" der vom Jugendamt eingekauften Leistungen bedient. Die Leistungsbeziehungen zwischen Leistungsberechtigten und Leistungserbringern würden nicht mehr zwischen diesen beidseitig ausgesucht, sondern vom Leistungsträger vorgegeben.

314 Auch der **Grundsatz der partnerschaftlichen Zusammenarbeit** zwischen Trägern der öffentlichen und freien Jugendhilfe (§ 4 Abs. 1 S. 1 SGB VIII) sowie deren Selbstständigkeit (§ 4 Abs. 1 S. 2 SGB VIII) müsste eingeschränkt werden. Die Träger der öffentlichen Jugendhilfe würden sich die Leistungen einkaufen. Die Träger der freien Jugendhilfe, deren Leistungen bereits gekauft wurden, müssten die vom Träger der öffentlichen Jugendhilfe zugewiesenen Adressat/inn/en akzeptieren und würden letztlich doch zu „weisungsgebunden Befehlsempfängern".[364]

315 Gestaltete man das SGB VIII durch Einführung eines vergaberechtlich relevanten Beschaffungswesens um, wäre wegen des **Vorrangs des Gemeinschaftsrechts** (hierzu Rn 168 ff) oberhalb des Schwellenwerts die Durchführung eines transparenten Vergabeverfahrens (§ 97 Abs. 1 GWB) verpflichtend, unterhalb des Schwellenwertes müsste nach den gleichlautenden nationalrechtlichen Vorschriften des § 30 HGrG und § 55 Abs. 1 BHO (bzw den entsprechenden Regelungen in den Landeshaushaltsordnungen) dem Abschluss von Verträgen über Lieferungen und Leistungen eine öffentliche Ausschreibung vorausgehen, sofern nicht die Natur des Geschäfts oder besondere Umstände eine Ausnahme rechtfertigen.

316 Bei einer Ausschreibung von Leistungen der Kinder- und Jugendhilfe nach Vergaberecht würde sich dann allerdings die Frage des Umgangs mit **überregionalen Angeboten** stellen. Angebote, etwa in Einrichtungen der Heimerziehung, die überregional in Anspruch genommen werden, können nicht lokal ausgeschrieben und vergeben werden. Es müsste ein überörtlicher, ggf über Landesgrenzen hinweg zuständiger Träger bestimmt und mit Kompetenzen ausgestattet werden, die vergebenen Leistungen den einzelnen örtlichen Trägern der öffentlichen Jugendhilfe anschließend zuzuweisen. Nur auf diesem Weg ließe sich die Abnahme der bereits eingekauften Leistungen sicherstellen. Formal gesehen könnte und müsste eine landesweite oder länderübergreifende zentrale Stelle in der Vergabebekanntmachung (§ 15 EG VOL/A bzw § 12 Abs. 2 S. 2 Buchst. d VOL/A) den Ort der Leistungserbringung vorgeben. In der Konsequenz müssten in gewissem Umfang zentralistische Strukturen eingeführt werden, womit eine Einschränkung der kommunalen Selbstverwaltung als Strukturprinzip des Leistungsrechts der Kinder- und Jugendhilfe[365] verbunden wäre.

> Um im Bereich der Leistungsgewährung durch Einzelfallentscheidung des Jugendamts die Anwendbarkeit des Vergaberechts zu ermöglichen, müssten die Leistungsbeziehungen im SGB VIII umgestaltet werden hin zu einer **Konstruktion der Leistungsbeschaffung** durch den Träger der öffentlichen Jugendhilfe. Dies hätte eine Abkehr vom System des jugendhilferechtlichen Dreiecksverhältnisses und einigen Grundprinzipen des SGB VIII zur Folge. Die Leistungsbeziehungen würden nicht mehr überwiegend von den Leistungsberechtigten mitgestaltet, sondern vom Leistungsträger maßgeblich vorgegeben. Einzuschränken wären zudem der Grundsatz der partnerschaftlichen Zusammenarbeit

364 So in Abgrenzung zum bisherigen System *Kern*, in: Schellhorn u.a. SGB VIII, § 4 Rn 5; dazu, dass § 4 SGB VIII dies gerade nicht vorsieht im Übrigen Rn 151 ff.
365 *Wiesner*, in: ders. u.a., SGB VIII, Vor §§ 11 ff Rn 25.

zwischen Trägern der öffentlichen und der freien Jugendhilfe (§ 4 Abs. 1 S. 1 SGB VIII) sowie der Selbstständigkeit der freien Jugendhilfe (§ 4 Abs. 1 S. 2 SGB VIII).

Da **überregionale Leistungen**, etwa in Einrichtungen der Heimerziehung, nicht lokal vergeben werden können, müsste bei einer allgemeinen Ausschreibungspflicht ein überörtlicher, ggf über Landesgrenzen hinweg zuständiger öffentlicher Träger bestimmt werden. Mit dem Zuschlag bei der Ausschreibung wäre die Abnahme zugesichert. Um wirtschaftlich handeln zu können, müsste sichergestellt werden, dass die bereits eingekauften Leistungen durch örtliche Träger der öffentlichen Jugendhilfe in der Folge auch tatsächlich gewährt werden. Der überörtlich agierende Träger müsste daher bspw mit Kompetenzen ausgestattet werden, den Ort der Leistungserbringung für die vergebenen Leistungen vorzugeben und einzelnen Kommunen die Heimplätze zuzuweisen, womit Einschränkungen der kommunalen Selbstverwaltung und negative Auswirkungen auf die Passgenauigkeit der Hilfen einhergingen.

D. Mischformen: Leistungserbringung teils mit und teils ohne Einzelfallentscheidung des Jugendamts

I. Finanzierungsformen, Angebotsgestaltung und Grenzen der Zulässigkeit nach aktueller Rechtslage

1. Angebotsformen: Beispiele (6, 7, 1A, 1B)

317 **Beispiel 6: Familienzentrum.** In einem Beratungs- und Hilfezentrum wird in einem Stadtteil eine breite Palette an Angeboten unter einem Dach vereint. Neben dem direkten, niedrigschwelligen Zugang zum „Familienzentrum" werden auch Leistungen angeboten, die das Jugendamt teilweise oder stets auf Grundlage einer Hilfeplanung gewährt. Ausgangspunkt sind die klassischen Beratungsangebote von Erziehungsberatungsstellen (§§ 16, 17, 18 Abs. 3, 28 SGB VIII). Angeboten werden aber auch individuelle Betreuung für ältere Kinder und Jugendliche (§§ 30, 35 SGB VIII) sowie Hilfen in der Familie (§ 31 SGB VIII). Außerdem erhalten die anderen Einrichtungen und Dienste im Sozialraum Fachberatung. Die Finanzierung erfolgt als Gesamtbudget, kombiniert aus einer Förderung nach § 74 SGB VIII und pauschalierten Entgelten nach § 77 SGB VIII.[366]

318 **Beispiel 7: Stundenkontingent für Angebote eines Sozialraumträgers.** In zwei Regionen erbringt je ein Träger der freien Jugendhilfe sozialräumliche Angebote der ambulanten Hilfen zur Erziehung. Wenn keine gewichtigen Anhaltspunkte für eine Kindeswohlgefährdung vorliegen, können den Personensorgeberechtigten nach einer intensiven Klärungsphase vom Sozialen Dienst für maximal ein Jahr zwischen 60 und 120 Stunden Beratung und Unterstützung gewährt werden. In den ersten Wochen erarbeitet der Träger der freien Jugendhilfe mit den Leistungsberechtigten ein Hilfekonzept, das die Ziele präzisiert und Umsetzungsschritte plant. Dieses wird zwischen dem Leistungsberechtigten, dem Träger der freien und dem Träger der öffentlichen Jugendhilfe vereinbart. Mit welchen konkreten Angeboten die Leistung fortlaufend im Hilfeprozess erbracht wird, gestalten die Leistungsberechtigten zusammen mit dem freien Träger flexibel. Der Soziale Dienst wird monatlich schriftlich über die Zielerreichung informiert. Bei positivem Verlauf findet kein direkter Kontakt des Leistungsberechtigten zum Jugendamt mehr statt. Das Entgelt für die Fachleistungsstunden steht zu 30 % für fallübergreifende und fallunspezifische Tätigkeiten zur Verfügung, die zB in Form des Einbezugs des sozialen Umfelds in Kleingruppenangebote vor Ort sowie in Kooperation mit den beteiligten Regeleinrichtungen oder in Form von Elterngruppen, Beratungsgesprächen oder Fortbildungen für Akteure im Sozialraum (Schule, Tageseinrichtungen, Polizei etc.) eingesetzt werden. Die zusätzlichen Mittel dienen auch zur Nachbetreuung nach Beendigung der Hilfe. Nichtleistungsberechtigte werden möglichst in allen Phasen als soziale Ressource in die Hilfe einbezogen, ihnen steht niedrigschwellig ein erheblicher Anteil der fallübergreifenden und fallunspezifischen Leistungen zur Nutzung offen. Die Steuerung erfolgt durch die Stabstelle Qualitätsentwicklung des Jugendamts und die Leitungspersonen des Sozialen Dienstes in enger Zusammenarbeit mit den Regionalteams und den Leistungserbringern. Ein monatliches Berichtswesen mit Nachweispflicht und Fachcontrolling stellt sicher, dass die erbrachten Leistungen dem Zweck der Erbringung von Hilfe zur Erziehung dienen.[367]

319 **Beispiel 1A: Elterncafé im System Frühe Hilfen (mit Jugendamtsfällen).**[368] Mit einigen Familien, die das Elterncafé (Beispiel 1, Rn 40) besuchen, arbeitet auch das Jugendamt und plant mit diesen die Hilfen. Im Rahmen dessen werden insbesondere die entwicklungspsychologische Beratung im Elterncafé, die aufsuchenden Hilfen des Trägers und die kurzzeitige Unterbringung in der Gästewohnung als Leistungen der Hilfen zur Erziehung nach §§ 28, 31 bzw 34 SGB VIII gewährt.

320 **Beispiel 2A: Abenteuerspielplatz plus (mit Jugendamtsfällen)**[369] Einige Familien, die den Abenteuerspielplatz (Beispiel 2, Rn 41) frequentieren, sind auch in Kontakt mit dem Jugendamt. Die

366 bke Informationen für Erziehungsberatungsstellen 3/96, S. 3; diese und andere Formen von Familienzentren etwa diskutiert in der Anhörung der AGJF, Anhörung der Verbände am 10.12.2013.

367 Zu einer Vorform dieser Angebotskonstruktion *Hoehn/Lindner/Röder* NDV 2004, 216.

368 Als Angebotsform mit ausschließlich direktem Zugang siehe oben Rn 40.

369 Als Angebotsform mit ausschließlich direktem Zugang siehe oben Rn 41.

niedrigschwelligen Angebote im Zusammenhang mit dem Abenteuerspielplatz werden daher teilweise auch vom Jugendamt als Leistungen der Hilfen zur Erziehung gewährt (insb. sozialpädagogische Familienhilfe, § 31 SGB VIII, Erziehungsbeistand und Betreuungshelfer, § 30 SGB VIII; Kurzzeit-Unterbringung nach § 34 SGB VIII).

2. Mischformen der Leistungserbringung als Realität

In Fällen, in denen der Träger der öffentlichen Jugendhilfe über die Leistungsgewährung im Einzelfall durch Verwaltungsakt entscheidet, ist die Entgeltübernahme auf der Basis des jugendhilferechtlichen Dreiecksverhältnisses die gebotene Finanzierungsform (ausführlich unter Rn 19 ff).[370] Nur für den Bereich der **Tageseinrichtungen** machen einige Länder Ausnahmen; § 74 a SGB VIII gestattet hier eine Ausgestaltung der Finanzierung durch landesrechtliche Regelungen. Neben den Leistungen im Dreiecksverhältnis ergibt sich ein breites Spektrum, in dem die direkte Inanspruchnahme von Leistungen ermöglicht wird. Für diese erfolgt eine zweiseitige Finanzierung. 321

Zu klären ist, ob eine sowohl drei- als auch zweiseitige Finanzierung durch die parallele bzw kombinierte Gewährung von Zuwendungen und Entgeltübernahme zulässig ist. Sie haben in der Kinder- und Jugendhilfe jedenfalls Tradition.[371] Für die Kombination bzw Verschränkung zweiseitiger und Dreiecksfinanzierung soll im Folgenden der **Begriff „Mischformen"** verwendet werden. 322

- Eine Mischform findet sich zum einen dann, wenn bei Leistungen, die ausschließlich im jugendhilferechtlichen Dreieck gewährt werden, ein Teil der Gesamtkosten durch **pauschalierte Zuwendungen**, andere Teile über **Entgeltübernahme** im konkreten Einzelfall finanziert werden (so etwa die duale Finanzierung in Beispiel 5, Rn 238).[372]
- Zum anderen ist eine Mischform bei einer **gemischten Leistungserbringung** denkbar, also wenn ein Träger sowohl Leistungen mit vorheriger Einzelfallentscheidung erbringt als auch Leistungen, die unmittelbar in Anspruch genommen werden. Träger der freien Jugendhilfe bieten mitunter ein Bündel von Leistungen an, die teils mit und teils ohne vorherige Einzelfallentscheidung des Trägers der öffentlichen Jugendhilfe erbracht werden. Bspw werden in einem Kinder- und Familienhilfezentrum unterschiedliche unterstützende, beratende und begleitende Leistungen angeboten. Die Angebote werden teilweise als Hilfen zur Erziehung nach vorheriger Gewährung durch das Jugendamt erbracht sowie teilweise als niedrigschwellige ambulante (oder teilstationäre Hilfen), etwa nach § 16 SGB VIII (Beispiel 6, Rn 317). Mit einem solchen infrastrukturell verankerten, kombinierten Angebotsbündel können neben den erweiterten Zugangsmöglichkeiten insbesondere Trägerwechsel, die regelmäßig mit Abbrüchen verbunden sind, vermieden und zusätzliche Möglichkeiten eröffnet werden, Übergänge zwischen Hilfeformen zu gestalten (siehe auch Beispiele 1A, Rn 319, und 2A, Rn 320).[373]

Erbringen Träger der freien Jugendhilfe unterschiedliche Leistungen, von denen der Träger der öffentlichen Jugendhilfe bei einigen zuvor über die Gewährung entschei- 323

370 Vgl *Münder*, in: ders. u.a., FK-SGB VIII, VorKap. 5 Rn 16 für die Finanzierung von Rechtsanspruchsleistungen.

371 *Münder*, in: SPI, Sozialraumorientierung auf dem Prüfstand, S. 6, 65 f.

372 *Münder*, in: ders. u.a., FK-SGB VIII, VorKap. 5 Rn 15; *Münder*, in: ders. u.a., Handbuch KJHR, Kap. 5.2 Rn 16 f; hierzu näher Rn 326 ff.

373 *Tammen/Trenczek*, in: Münder u.a., FK-SGB VIII, Vor §§ 27–41 Rn 17 f.

det und von denen einige unmittelbar in Anspruch genommen und pauschal über Zuwendungen finanziert werden sollen, so könnte eine **Aufsplittung der Finanzierung in Zuwendungs- und Entgeltfinanzierung** die Konsequenz sein.[374] Die Leistungen, die einer Einzelfallentscheidung bedürfen, unterfallen der dreiseitigen Entgeltfinanzierung, während die unmittelbar in Anspruch genommenen Leistungen entweder zweiseitig über § 77 SGB VIII einzelfallfinanziert oder pauschal über Zuwendungen nach § 74 SGB VIII finanziert werden (hierzu Rn 346 ff).

324 In der Praxis finden sich auch andere gemischten Formen der Finanzierung. Bspw räumen Erziehungsberatungsstellen für einen ganz überwiegenden Teil der Leistungen einen direkten Zugang zu den Beratungs- und Unterstützungsleistungen ein. Einige Leistungen werden aber auch aufgrund einer vorherigen Entscheidung des Jugendamts erbracht. Um die **überwiegende Niedrigschwelligkeit** zu sichern, empfiehlt die Bundeskonferenz für Erziehungsberatung nicht nur eine Pauschalfinanzierung, sondern vor allem auch eine Mischform für die Finanzierung der verschiedenen Beratungs- und Unterstützungsleistungen in Erziehungsberatungsstellen und führt dies in einer Mustervereinbarung aus.[375]

325 Andere kombinierte Angebotsformen, bei denen dem überwiegenden Anteil der Leistungserbringung eine Entscheidung des Jugendamts vorausgeht, rechnen die Kosten für die „fallunabhängigen Leistungen im Sozialraum" in das Entgelt für die einzelfallfinanzierten Leistungen mit hinein und verwenden hierfür die **Abrechnungseinheiten Fachleistungsstunde**[376] **oder Tagessatz** (Beispiel 7, Rn 318; hierzu unten Rn 355 ff).

> In der Praxis finden sich zahlreiche – teilweise gesetzlich nicht zulässige – Mischformen der Finanzierung. Gemeint sind dabei Angebote, bei denen Leistungen teils nach Entscheidung des Jugendamts und teils mit direkter Inanspruchnahme erbracht und in der Konsequenz einheitlich oder kombiniert **zweiseitig und im jugendhilferechtlichen Dreieck** finanziert werden.

374 Eine solche strikt getrennte Finanzierung fordernd *Münder*, in: SPI, Sozialraumorientierung auf dem Prüfstand, S. 6, 56 ff.

375 bke, Rechtsgrundlagen der Beratung, S. 206 ff; hierzu D.I.5.

376 AFET, AFET-Modell der Fachleistungsstunden für die ambulanten Erziehungshilfen, S. 12 f; hierzu Rn 355 ff.

Schaubild 6: Varianten von Mischformen der Finanzierung

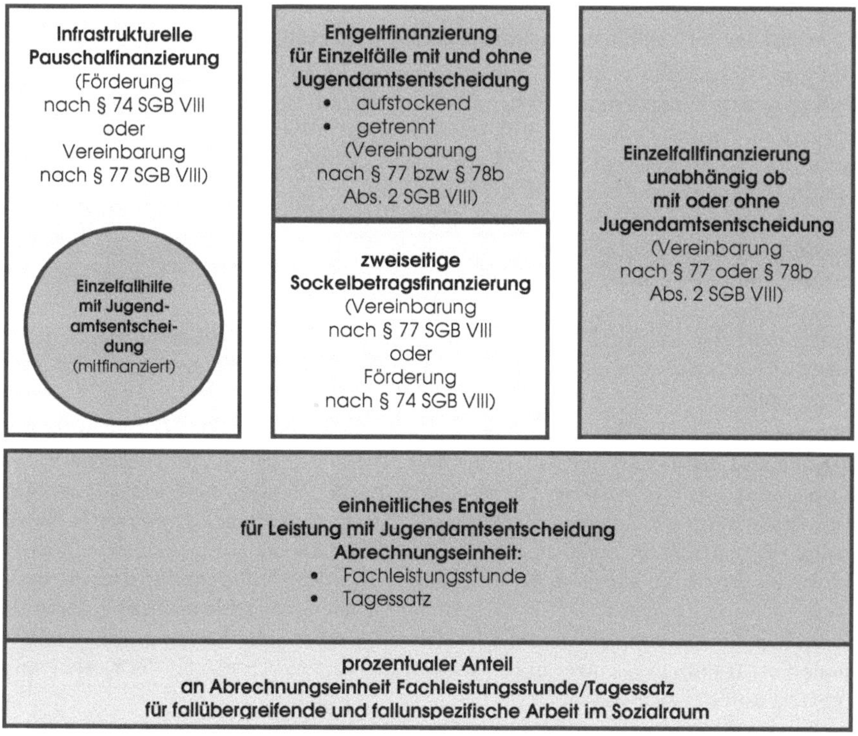

Infrastrukturelle Pauschalfinanzierung
(Förderung nach § 74 SGB VIII oder Vereinbarung nach § 77 SGB VIII)

Einzelfallhilfe mit Jugendamtsentscheidung
(mitfinanziert)

Entgeltfinanzierung für Einzelfälle mit und ohne Jugendamtsentscheidung
- aufstockend
- getrennt

(Vereinbarung nach § 77 bzw § 78b Abs. 2 SGB VIII)

zweiseitige Sockelbetragsfinanzierung
(Vereinbarung nach § 77 SGB VIII oder Förderung nach § 74 SGB VIII)

Einzelfallfinanzierung unabhängig ob mit oder ohne Jugendamtsentscheidung
(Vereinbarung nach § 77 oder § 78b Abs. 2 SGB VIII)

einheitliches Entgelt für Leistung mit Jugendamtsentscheidung Abrechnungseinheit:
- Fachleistungsstunde
- Tagessatz

prozentualer Anteil an Abrechnungseinheit Fachleistungsstunde/Tagessatz für fallübergreifende und fallunspezifische Arbeit im Sozialraum

3. Grundsatz: Unzulässigkeit von Mischformen bei der Finanzierung von Leistungen im Dreieck

326 Erbringt ein Träger ausschließlich Leistungen mit vorheriger Einzelfallentscheidung des Jugendamts, so erhält er für die im jugendhilferechtlichen Dreieck erbrachte Leistung ein **Leistungsentgelt.** Die Kosten für die Leistung werden über das Entgelt vollständig gedeckt. Allerdings können sich auch im Bereich der Leistungserbringung im jugendhilferechtlichen Dreieck Kosten ergeben, die – unabhängig vom Entgelt für die konkret erbrachte Leistung – teilweise gesonderte Finanzierung erfahren. Hierzu zählen insbesondere **Investitionskosten** für Bauvorhaben einer Einrichtung. Im Einzelfall können auch bspw Kosten für spezifische Qualifizierungsmaßnahmen jenseits der im Entgelt berechneten Beträge anfallen (zB zur Aufarbeitung eines sexuellen Missbrauchs mit Erarbeitung eines Schutzkonzepts[377] oder zur Teamsupervision nach einem Unglücksfall).

327 Sollen solche finanziellen Zuwendungen neben den Entgelten gewährt werden, stellt sich die Frage, ob die jeweiligen **Finanzierungsanteile** für das Entgelt und für die zweiseitig finanzierten Zusatzkosten je einzeln und nebeneinander gerechnet werden

377 Dokumentation eines solchen Aufarbeitungs- und Erarbeitungsprozesses in *Kroll*, Sichere Orte für Kinder, 2003.

dürfen bzw inwieweit sie in ihrer Gesamtheit und zusammen in den Blick zu nehmen sind.[378]

a) Schutz der umfänglichen Subjektfinanzierung im jugendhilferechtlichen Dreieck

328 Die vom Gesetzgeber im SGB VIII vorgenommene **Differenzierung** zwischen einer **objektbezogenen Finanzierung** und der auf dem jugendhilferechtlichen Dreiecksverhältnis beruhenden **subjektbezogenen Finanzierung** durch Entgeltübernahme ist nicht nur Ausdruck für unterschiedliche Anforderungen an das Wechselspiel zwischen Leistungserbringung und -finanzierung,[379] sondern hat Auswirkungen auch auf die Leistungserbringung in der Kinder- und Jugendhilfe.[380] Über die Zuwendungen und zweiseitigen Verträge werden das Angebot, die Einrichtung, der Dienst als solche finanziert und die Leistungen kommen den eigentlich begünstigten Adressat/inn/en somit vermittelt durch diese Einrichtungen und Dienste (Objekte) zugute. Im jugendhilferechtlichen Dreieck sind die Entscheidungen über die Leistungsgewährung an Personen direkt gerichtet (Subjekte) und lösen die betreffenden Ansprüche auf Entgeltfinanzierung aus.

329 Die dreiseitige (subjektbezogene) Finanzierung hat hierbei den Vorteil, dass sie sehr zielgenau an den Bedarf und die daraus folgende Berechtigung der jeweiligen Individuen ansetzt. Für eine zweiseitige (objektbezogene) Finanzierung spricht dagegen, dass regelmäßig die (Zugangs-)Berechtigung der Adressat/inn/en vom Träger der öffentlichen Jugendhilfe nicht eigens geprüft wird und somit insbesondere niedrigschwellige Angebote auf diese Weise finanziert werden.[381] Als **monistische Finanzierung** erfasst die strikte zwei- bzw dreiseitige Finanzierung darüber hinaus präziser die konkreten Kosten und das konkrete Entgelt für die konkrete Leistung, während eine **duale Finanzierung** es schwer und bisweilen fast unmöglich macht, die Kosten einer Leistung konkret zu erfassen.[382]

330 Das SGB VIII folgt dem Prinzip der Entgeltfinanzierung im jugendhilferechtlichen Dreiecksverhältnis und dem Vorrang der §§ 78 a ff, 77 SGB VIII, wenn die Leistungserbringung in einem solchen stattfindet. Das SGB VIII sieht die Entgeltfinanzierung als monistische Finanzierung vor. Dh, sämtliche bei der Leistungserbringung entstehende Kosten fließen in das Leistungsentgelt ein, um eine **Vollfinanzierung der Leistungen im Dreieck** zu sichern. Eine duale Mischform der Finanzierung über Zuwendungen nach § 74 SGB VIII oder einen zweiseitigen Leistungsvertrag nach § 77 SGB VIII einerseits und Entgelten andererseits ist damit nicht vereinbar. Der Gesetzgeber geht vom Grundsatz her von einem Verbot der dualen Finanzierung aus.[383]

378 Siehe hierzu auch eingehend *Münder*, in: SPI, Sozialraumorientierung auf dem Prüfstand, S. 6, 56 ff.

379 *Münder*, in: ders. u.a., Handbuch KJHR, Kap. 5.2 Rn 22; *Münder*, in: ders. u.a., FK-SGB VIII, VorKap. 5 Rn 20.

380 *Münder*, in: ders. u.a., Handbuch KJHR, Kap. 5.2 Rn 21 f; *Münder*, in: ders. u.a., FK-SGB VIII, VorKap. 5 Rn 19 f.

381 *Münder*, in: ders. u.a., Handbuch KJHR, Kap. 5.2 Rn 22; *Münder*, in: ders. u.a., FK-SGB VIII, VorKap. 5 Rn 20.

382 *Münder*, in: ders. u.a., Handbuch KJHR, Kap. 5.2 Rn 21.

383 *Kern*, in: Schellhorn u.a., SGB VIII, § 78 c Rn 10, § 77 Rn 9; *Neumann* SDS-RV 43 (1998), 7, 17 noch zu § 10 Abs. 3 S. 2 BSHG; *Münder*, in: ders. u.a., FK-SGB VIII, § 78 c Rn 17, VorKap. 5 Rn 19, 17 allgemein zur Vermischung von Finanzierungssystemen; wie auch *Münder*, in: ders. u.a., Handbuch KJHR, Kap. 5.2 Rn 20 f; für den Bereich der §§ 78 a ff SGB VIII auch *Stähr/Hilke* ZfJ 1999, 155, 156, 158, die es aber bei der Vertragsfinanzierung nach § 77 SGB VIII wegen des durch die Vorschrift gewährten Spielraums für denkbar halten, „dass Elemente des Zuwendungsrechts […] oder Elemente des Leistungsvertragsrechts im Rahmen des Zuwendungsrechts miteinander kombiniert werden"; grds. auch *Wiesner*, in: ders., SGB VIII, § 78 c Rn 15.

Gründe hierfür sind u.a., dass der Anspruch des/der Leistungsberechtigten auf vollständige Finanzierung der Leistung, die ihm gewährt wurde, durch eine anteilige Zuwendungsfinanzierung der Leistung im jugendhilferechtlichen Dreieck beschnitten würde. Die Entgelte müssen nach § 78 c Abs. 2 S. 1 SGB VIII **leistungsgerecht** sein, dh die Einrichtung muss damit die vereinbarten Leistungen auch finanzieren können.[384] Die Eigenleistung des Trägers der freien Jugendhilfe als Voraussetzung für die Förderung (§ 74 Abs. 1 S. 1 Nr. 4 SGB VIII) kann somit im Bereich der Entgeltfinanzierung nicht verlangt werden. 331

Außerdem würde eine Finanzierung mittels Zuwendungen trotz Einzelfallentscheidung den privat-gemeinnützigen Trägern einen **sachlich nicht gerechtfertigten Wettbewerbsvorteil** gegenüber den privat-gewerblichen Trägern verschaffen. Der anteiligen Zuwendungsfinanzierung von Leistungen im jugendhilferechtlichen Dreiecksverhältnis käme somit eine erhebliche Lenkungsintensität und Privilegierungswirkung zu, denn die privat-gewerblichen Träger können im Rahmen des SGB VIII nicht in gleicher Weise wie privat-gemeinnützige Zuwendungen erhalten, da das Gesetz hierfür Gemeinnützigkeit fordert (§ 74 Abs. 1 S. 1 Nr. 3 SGB VIII).[385] 332

Eine **Anrechnung von Zuwendungen** und damit anteilige Förderungs- und/oder Pauschalfinanzierung von Leistungen, die im jugendhilferechtlichen Dreieck mit Einzelfallentscheidung des Jugendamts gewährt werden, widerspricht der Systematik des SGB VIII. Solche Leistungen dürfen ausschließlich im Wege der dreiseitigen Entgeltübernahme finanziert werden.

b) Ausnahme Tageseinrichtungen (§ 74 a SGB VIII)

Das generelle Verbot einer Finanzierung in Mischformen im Bereich der Leistungserbringung mit vorheriger Einzelfallentscheidung des Jugendamts findet eine Brechung für den Bereich der Förderung in Tageseinrichtungen. So hat der Bundesgesetzgeber mit Einführung des § 74 a S. 1 SGB VIII die Finanzierung von Tageseinrichtungen für Kinder zur **Regelung durch Landesrecht** freigegeben. Die Vorschrift eröffnet den Ländern alle Möglichkeiten der Förderung, auch einer Finanzierung in Mischformen.[386] 333

Mit den Erfordernissen des Bereichs der **Finanzierung von Tageseinrichtungen**, in dem die direkte Inanspruchnahme neben der Inanspruchnahme nach Einzelfallentscheidung des Jugendamts erfolgt, erschienen die in § 74 SGB VIII geregelten Voraussetzungen der Subventionsfinanzierung nicht vereinbar und deshalb als Grundlage für die Förderung von Trägern von Tageseinrichtungen nicht geeignet. Denn vom Grundsatz her erfolgt die Finanzierung von Tageseinrichtungen in erster Linie durch Zuwendungsfinanzierung vergleichbar § 74 SGB VIII. Teilweise entscheidet aber auch das Jugendamt über die Gewährung eines Platzes im Wege eines Verwaltungsakts. In diesem Fall entsteht auch im Bereich der Tagesbetreuung ein jugendhilferechtliches Dreiecksverhältnis. Nach SGB VIII wäre der Platz in der Tageseinrichtung im Wege der Entgeltfinanzierung zu vergüten, das Landesrecht hält aber auch in diesem Fall in der Regel an der kombinierten Landes- und kommunalen Zuwendungsfinanzierung fest. 334

384 *Münder*, in: ders. u.a., FK-SGB VIII, § 78 c Rn 13.
385 *Münder*, in: ders. u.a., FK-SGB VIII, § 78 c Rn 17; so auch *Neumann* SDS-RV 43 (1998), 7, 17 noch zu § 10 Abs. 3 S. 2 BSHG.
386 *Wiesner*, in: ders., SGB VIII, § 74 a Rn 3 f; *Münder*, in: ders. u.a., FK-SGB VIII, VorKap. 5 Rn 16, § 74 a Rn 4.

335 Landesrecht erlaubt daher überwiegend die Vermischung bis hin zur – parallelen – **Subjekt-Objekt-Finanzierung.**[387] Die Entgeltübernahmefinanzierung findet sich nur vereinzelt, beschränkt und ansatzweise.[388]

336 Ermöglicht werden diese Finanzierungsmischformen allerdings nur durch Landesrecht, das aufgrund der **Öffnungsklausel des § 74 a SGB VIII** erlassen wurde – ein weiterer Hinweis darauf, dass jenseits der Finanzierung von Tageseinrichtungen eine duale Finanzierung im Bereich des jugendhilferechtlichen Dreiecksverhältnisses nach SGB VIII nicht zulässig ist.

c) Anrechnung von Förderungen aus öffentlichen Mitteln

aa) Anrechnung von Investitionskosten als Bestandteil der entgeltfinanzierten Leistung (§ 78 c Abs. 2 S. 4 SGB VIII)

337 Für Entgeltvereinbarungen im Rahmen der stationären und teilstationären Leistungen des § 78 a Abs. 1 SGB VIII ist ausdrücklich festgelegt, dass Förderungen aus öffentlichen Mitteln auf die zu vereinbarenden Entgelte anzurechnen sind (**§ 78 c Abs. 2 S. 4 SGB VIII**). Es stellt sich daher die Frage, ob sich aus der Regelung auch generell eine Zulässigkeit der gemischten Finanzierung ergibt.

338 Aus § 78 c Abs. 2 S. 4 SGB VIII lässt sich zwar ableiten, dass eine Förderungsfinanzierung trotz Leistungserbringung mit Einzelfallentscheidung und damit eine Praxis der Finanzierung in Mischformen zulässig sein kann.[389] Aber mit dem in § 78 c Abs. 2 S. 4 SGB VIII geregelten **Verbot einer (heimlichen) dualen Finanzierung** soll verhindert werden, dass Kostenbestandteile, die bereits über Zuwendungen subventioniert sind, im Rahmen der Entgeltvereinbarungen erneut berücksichtigt werden und es in Form der gemischten Finanzierung – v.a. über Subventionen nach § 74 SGB VIII – zu einer Über- oder Unterausstattung der Einrichtung kommt.[390]

339 Eine Förderung nach § 74 SGB VIII neben der Entrichtung des vereinbarten Leistungsentgelts könnte die wirtschaftliche Entwicklung einer Einrichtung entscheidend beeinflussen. Durch die **Vermeidung von Doppelfinanzierungen** dient die Regelung des § 78 c Abs. 2 SGB VIII daher auch dazu, Wettbewerbsverzerrungen vorzubeugen und die Neutralität des Trägers der öffentlichen Jugendhilfe zu sichern.[391]

340 Satz 4 des § 78 c Abs. 2 SGB VIII bezieht sich auf den Bereich der Investitionen.[392] Dies ergibt sich zum einen aus dem direkten Anschluss an Satz 3 der Vorschrift, in dem Vergütungen für **Investitionen** geregelt sind.[393] Zum anderen wollte der Gesetzgeber mit der Regelung in § 78 c Abs. 2 S. 3 SGB VIII der – bis dahin – existierenden Praxis von Zuwendungen für den Bau bzw Erwerb von Immobilien entgegentreten,

387 *Wiesner*, in: ders., SGB VIII, § 74 a Rn 4.

388 *Münder*, in: ders. u.a., FK-SGB VIII, § 74 a Rn 9 mit den Beispielen Mecklenburg-Vorpommern – das die §§ 78 a ff SGB VIII für anwendbar erklärt – und Hamburg.

389 *Münder*, in: ders. u.a., FK-SGB VIII, VorKap. 5 Rn 16; *Münder*, in: ders. u.a., Handbuch KJHR, Kap. 5.2 Rn 17; *Mrozynski*, SGB VIII, § 78 c Rn 11.

390 *Wiesner*, in: ders., SGB VIII, § 78 c Rn 15 m. w. Nachw.; *Kern*, in: Schellhorn u.a., SGB VIII, § 78 c Rn 10; *Gottlieb*, in: Kunkel, LPK-SGB VIII, § 78 c Rn 14.

391 *Wiesner*, in: ders., SGB VIII, § 78 c Rn 15; *Stähr*, in: Hauck/Noftz, SGB VIII, Stand: 1/2011, § 78 c Rn 25; *Mrozynski*, SGB VIII, § 78 c Rn 11.

392 *Kern*, in: Schellhorn u.a., SGB VIII, § 78 c Rn 9 f.

393 AA *Stähr*, in: Hauck/Noftz, SGB VIII, Stand: 1/2011, § 78 c Rn 25; aA auch *Mrozynski*, SGB VIII, § 78 c Rn 11 nach dem „Satz 4 besser als Abs. 3 in das Gesetz aufgenommen worden wäre" und für die Anrechenbarkeit in § 78 a Rn 9 darauf abstellt, ob die Fördermittel „einen mit den Leistungen der Kinder- und Jugendhilfe identischen Zweck haben".

bei der unklar blieb, inwieweit sie (insgeheim) in die Subjektfinanzierung bei der Berechnung der Entgelte einfloss.[394]

Bei Investitionskosten handelt es sich um Bestandteile der entgeltfinanzierten Leistungen, die aber häufig gesonderte Finanzierung erfahren. § 78 c Abs. 2 S. 4 SGB VIII stellt klar, dass hierbei **keine „indirekte Heruntersubventionierung“** stattfinden darf, indem die Entgelte im jugendhilferechtlichen Dreieck nicht mehr vollfinanziert sind, weil Zuwendungen für andere Zwecke mit einberechnet werden. Die vollständige Finanzierung von Leistungen im jugendhilferechtlichen Dreieck wird geschützt. 341

Die Finanzierung in Mischformen ist daher nur dann zulässig, wenn die **Entgelte unabhängig von den Zuwendungen kalkuliert** werden.[395] Die kombinierte Finanzierung hat in einem getrennt zuzuordnenden, nicht miteinander verschränkten Nebeneinander zu erfolgen, bei dem deutlich wird, welche Kosten zum einen für die Investitionen berechnet und wie zum anderen die Kosten für das Entgelt angesetzt sind. Andernfalls wäre der externe Kostenvergleich nach § 78 b Abs. 2 SGB VIII nicht durchführbar und eine Beeinträchtigung des Wunsch- und Wahlrechts denkbar, weil es bei der Frage des Mehrkostenvergleichs nach § 5 Abs. 2 SGB VIII zu verzerrten Ergebnissen käme. 342

Da das SGB VIII zur Auslegung des Begriffs der Investitionen nach § 78 c Abs. 2 S. 3 SGB VIII selbst keine Definition enthält, kann die Definition des § 82 Abs. 3 S. 1 iVm Abs. 2 Nr. 1 SGB XI für den Bereich der Pflegeheime als Orientierung herangezogen werden.[396] Danach sind **„betriebsnotwendige Investitionsaufwendungen“** Maßnahmen, die dazu bestimmt sind, die für den Betrieb der Einrichtung notwendigen Gebäude und sonstigen abschreibungsfähigen Anlagegüter herzustellen, anzuschaffen, wieder zu beschaffen, zu ergänzen, instand zu halten oder instand zu setzen, wobei die zum Verbrauch bestimmten Güter (Verbrauchsgüter) ausgenommen sind. Nicht darunter fallen daher die laufenden Kosten. Diese sind Bestandteil der Entgeltvereinbarung.[397] 343

bb) Sonderkosten im Zuge der Erbringung entgeltfinanzierter Leistung

Über den Bereich der Investitionen hinaus sind Zuwendungen an Leistungserbringer, die nur Leistungen im jugendhilferechtlichen Dreiecksverhältnis erbringen, neben Entgelten dann zulässig, wenn **keine Gefahr der Doppelfinanzierung** besteht. Dies ist der Fall bei der Förderung solcher Leistungen, die einen von den Leistungen der Kinder- und Jugendhilfe klar abgrenzbaren, ausdrücklich bestimmten und nicht identischen Zweck haben und damit offensichtlich nicht der Umgehung des § 78 Abs. 2 S. 2 SGB VIII dienen. Hierzu zählen bspw die Gewährung zusätzlicher Mittel für eine spezielle und umfassende Fortbildung oder Zuschüsse zu einer besonderen Betriebsveranstaltung. Bei diesen Maßnahmen kann ein gegenüber dem SGB VIII zusätzlicher Aufwand abgegolten werden.[398] Bei der Leistungserbringung nach einem anderen Gesetz, etwa bei Leistungen nach §§ 53 ff SGB XII, die ein Träger der Sozialhilfe erbringt, findet ebenfalls eine getrennte Berechnung der jeweiligen Entgelte statt. 344

394 *Münder*, in: ders. u.a., FK-SGB VIII; § 78 c Rn 18.

395 *Stähr*, in: Hauck/Noftz, SGB VIII, Stand: 1/2011, § 78 c Rn 25; *Münder*, in: ders. u.a., FK-SGB VIII, § 78 c Rn 18; so auch *Münder*, in: SPI, Sozialraumorientierung auf dem Prüfstand, S. 6, 90 zur getrennten Kalkulation von Leistungen im Dreieck und sozialstrukturellen Aktivitäten.

396 *Münder*, in: ders. u.a., FK-SGB VIII, § 78 c Rn 14; *Wiesner*, in: ders., SGB VIII, § 78 c Rn 16.

397 *Kern*, in: Schellhorn u.a., SGB VIII, § 78 c Rn 10.

398 *Kern*, in: Schellhorn u.a., SGB VIII, § 78 c Rn 10; *Mrozynski*, SGB VIII, § 78 a Rn 9; *Gottlieb*, in: Kunkel, LPK-SGB VIII, § 78 c Rn 14.

Die Regelung des **§ 78 c Abs. 2 S. 4 SGB VIII**, nach der Förderungen aus öffentlichen Mitteln auf die zu vereinbarenden Entgelte anzurechnen sind, bezieht sich nur auf den Bereich der **Investitionen**, so dass sich auch aus dieser Vorschrift keine darüber hinausgehende grundsätzliche Zulässigkeit einer Finanzierung in Mischformen ergibt. Über diese Investitionen hinaus sind Zuwendungen nur bei der Förderung solcher Leistungen möglich, die einen von den Leistungen der Jugendhilfe klar abgrenzbaren Zweck haben (zB Mittel für spezielle und umfassende Fortbildung oder Zuschüsse zu speziellen Betriebsveranstaltungen).

d) Erfordernis der strikten Trennung der Finanzierungsformen

345 Abgesehen von der beschriebenen Förderung von Investitionen und den genannten, nicht mehr von der Leistung nach SGB VIII umfassten Maßnahmen, ist eine Finanzierung in Mischformen bei der ausschließlichen Erbringung von Leistungen, die über das jugendhilferechtliche Dreiecksverhältnis zu finanzieren sind, nicht zulässig.[399] Die **strenge Anwendungspflicht des Dreiecksverhältnisses** würde ohne eine strikte Trennung der Finanzierungsformen umgangen (betroffen von diesem Verbot sind die Angebotsformen in den Beispielen 6, Rn 317, 1A, Rn 319, 2A, Rn 320).

4. Getrennte Finanzierung bei gemischter Leistungserbringung

346 Erbringt ein Träger Leistungen, die teilweise mit und teilweise ohne Einzelfallentscheidung des Jugendamts in Anspruch genommen und erbracht werden, existieren automatisch auch **unterschiedliche Finanzierungsformen parallel nebeneinander.** Die Leistungen, die im jugendhilferechtlichen Dreiecksverhältnis mit vorheriger Einzelfallentscheidung des Jugendamts erbracht werden, sind über dreiseitige Einzelfallfinanzierung durch Entgeltübernahme zu finanzieren.

347 Alle Leistungen, die unmittelbar in Anspruch genommen werden, können entweder über Zuwendungen gem. § 74 SGB VIII oder zweiseitig einzelfallfinanziert werden. Sollen die Leistungen, die unmittelbar in Anspruch genommen werden, über Zuwendungen finanziert werden, so dürfen die im Dreieck erbrachten Leistungen, wie gesehen, dennoch grundsätzlich nicht über die Zuwendungen finanziert werden und deshalb auch nicht über Zuwendungen anteilig mitfinanziert sein. Das SGB VIII fordert also im **Grundsatz eine klare Trennung zwischen den Finanzierungformen** für die jeweiligen parallel erbrachten Leistungen. Angebote mit unterschiedlichen Formen der Finanzierung sind zulässig, soweit dies praktisch realisiert werden kann und über die Ausgestaltung der strikt getrennten Ausweisung der Finanzierungsanteile tatsächlich eine Vollfinanzierung der Leistung im jugendhilferechtlichen Dreieck gesichert werden kann.

Bei Angeboten mit gemischter Leistungserbringung teils mit und teils ohne Einzelfallentscheidung des Jugendamts sind die Entgelte für Leistungen im jugendhilferechtlichen Dreieck aus der dreiseitigen Einzelfallfinanzierung und **strikt getrennt** von den Zuwendungen und/oder Entgelten für die direkt in Anspruch genommenen Leistungen aus der zweiseitigen Einzelfall- oder Pauschalfinanzierung auszuweisen.

5. Gemischte Pauschalfinanzierung?

348 Auch wenn die Systematik des SGB VIII eine anteilige Mitfinanzierung von Leistungen im Dreieck über pauschalierte Zuwendungen nicht erlaubt, kann sich in der **Praxis** der begründete Wunsch ergeben, von diesem Grundsatz abzuweichen, und es

399 *Kern*, in: Schellhorn u.a., SGB VIII, § 78 c Rn 10.

stellt sich die Frage, ob sich vom Grundsatz des Verbots der Finanzierung in Mischformen rechtlich zulässige Ausnahmen ergeben können.

Abgrenzungsschwierigkeiten können sich bspw ergeben bei pauschaler Zuwendungsfinanzierung infrastruktureller Angebote mit direkter Inanspruchnahme von Leistungen (zB in einer Beratungsstelle, einem Familienzentrum, siehe Beispiele 6, Rn 317, 1A, Rn 319, und 2A, Rn 320). Wenn einzelnen Leistungen im Rahmen dieses Angebots eine vorherige Entscheidung des Jugendamts über die Leistungsgewährung vorausgeht, müsste für diese eigentlich eine dreiseitige Entgeltfinanzierung über das jugendhilferechtliche Dreieck erfolgen. In der Praxis werden die Leistungen im jugendhilferechtlichen Dreieck aber de facto im Rahmen der bereits pauschalfinanzierten Infrastruktur miterbracht. 349

Dies ist bspw der Fall, wenn ein Elterncafé im Bereich Frühe Hilfen im Rahmen des niedrigschwelligen Zugangs auch aufsuchende Beratung anbietet, einige Familien im Elterncafé aber auch Kontakt zum Jugendamt haben und die aufsuchende Hilfe als sozialpädagogische Familienhilfe ausdrücklich gewährt wird sowie einer Hilfeplanung unterliegt (Beispiel 1A, Rn 329). Auch Erziehungsberatungsstellen (siehe auch das Familienzentrum in Beispiel 6, Rn 317) sind entsprechend der Empfehlung der Bundeskonferenz für Erziehungsberatung häufig **pauschalfinanziert,**[400] obwohl auch hier in einer geringeren Zahl von Fällen der Beratung und Unterstützung eine Einzelfallentscheidung des Trägers der öffentlichen Jugendhilfe zugrunde liegt. Für Letztere erfolgt bei solchen Finanzierungslösungen keine gesonderte Vergütung, sondern sie sind im Rahmen der Pauschalfinanzierung mitfinanziert. 350

Insbesondere wenn eine Organisationseinheit diverse **Leistungen mit fließenden Übergängen** erbringt, werden die Leistungen in schwer trennbarer Weise wahrgenommen. Die Trennung kann sich schwierig gestalten, wenn ein Träger inhaltlich die gleiche Leistung je nach Einzelfall und Zugang der Beteiligten aus dem Familiensystem mit oder ohne Einzelfallentscheidung des Jugendamts erbringt. Müssten die einzelnen Beratungs- und Unterstützungsleistungen jeweils trotz der pauschalen Zuwendungsfinanzierung des breiten Gruppen- und Einzelangebots noch gesondert finanziert werden, so kann es sehr schwierig bis unmöglich sein, die Kosten für die Leistung im Dreiecksverhältnis von den Kosten der zuwendungsfinanzierten Angebote abzugrenzen. Wenn sich der ganz überwiegende Anteil der Leistungserbringung auf Angebote mit direkter Inanspruchnahme bezieht, wird die Einzelfallberatung und -unterstützung nach Entscheidung des Jugendamts üblicherweise von der pauschal finanzierten Infrastruktur miterbracht. Dies ist insbesondere dann zu beobachten, wenn zum Zeitpunkt der Förderung bzw des Abschlusses der Vereinbarung nach § 77 SGB VIII nicht absehbar und kalkulierbar ist, wie viele Leistungen ungefähr mit und wie viele ohne vorherige Einzelfallentscheidung des Jugendamts zu erbringen sein werden. Ähnliches gilt, wenn die zusätzliche Einzelfallfinanzierung Fehlanreize geben würde, indem der Träger angehalten würde, statt niedrigschwellige Angebote zu unterbreiten, vermehrt auf die gesondert finanzierten Leistungen nach Entscheidung des Jugendamts auszuweichen. 351

Die Rechtsprechung hat sich mit der Frage der anteiligen Mitfinanzierung von Leistungen von auch zuwendungsfinanzierten Trägern bislang nur im Hinblick auf die Problematik des **Mehrkostenvorbehalts bei Ausübung des Wunsch- und Wahlrechts** auseinander gesetzt. Unverhältnismäßige Mehrkosten wurden angenommen, obwohl 352

400 bke, Rechtsgrundlagen der Beratung, S. 206 ff.

das Entgelt für eine Leistung im Dreieck nur deshalb niedriger vereinbart wurde, weil der Träger der freien Jugendhilfe bereits anteilig über Zuwendungen pauschal finanziert war.[401] Dies kommt einer Beschneidung des Wunsch- und Wahlrechts durch Pauschalfinanzierung einzelner infrastruktureller Angebote gleich. Rechtlich überzeugender erschiene es, in die Berechnung beim Kostenvergleich auch den Anteil der Zuwendungen mit einzubeziehen, der das Entgelt letztlich verringert. Denn Leistungsberechtigte müssen auch einen Träger wählen können, bei dem das Entgelt für die benötigte Leistung höher ausfällt als bei einem subventionierten Träger, wenn die Kosten für den Träger der öffentlichen Jugendhilfe wegen der Finanzierung in Mischformen faktisch die gleichen sind.[402] Ein Problematisieren oder gar Antworten auf die generelle Frage, ob eine anteilige Finanzierung der Dreiecksleistungen über die Zuwendungen bei gemischter Leistungserbringung zulässig ist, finden sich in dieser Rechtsprechung allerdings nicht.

353 Ob eine solche Finanzierung in Mischformen – bei aller im Einzelfall nachvollziehbaren fachlichen Sinnhaftigkeit – von den Rechtsgrundlagen des SGB VIII gedeckt ist, dürfte dennoch aufgrund des grundsätzlichen Verbots der Zuwendungsfinanzierung bei der Leistungserbringung im jugendhilferechtlichen Dreieck (siehe Rn 326 ff) zu bezweifeln sein.[403]

354 Der Aufbau der Infrastruktur im Sozialraum ist regelmäßig mit Investitionen verbunden, die der Fallarbeit vorgelagert sind. Der anbietende Träger der freien Jugendhilfe braucht dafür **ausreichend finanzielle Sicherheiten.**[404] Eine pauschale Zuwendungsfinanzierung kann sich zum Aufbau solcher infrastruktureller Angebote als notwendig erweisen.

> Die jeweils zulässigen Finanzierungformen sind grundsätzlich **streng voneinander zu trennen.**

6. Fachleistungsstunde oder Tagessatz als Instrument zur Ermöglichung von Mitfinanzierung

355 Im Bereich der Entgeltfinanzierung im jugendhilferechtlichen Dreieck nach §§ 77, 78 a ff SGB VIII ist die Berechnung des Leistungsentgelts über die **Abrechnungseinheit** der Fachleistungsstunde oder des Tagessatzes die Regel. Sie werden zwischen dem Träger der öffentlichen und der freien Jugendhilfe im Zuge des Abschlusses der betreffenden Vereinbarungen ausgehandelt.

356 Die Entgelte bei der Leistungserbringung im jugendhilferechtlichen Dreieck müssen vollfinanziert sein, dh, es müssen in das Leistungsentgelt alle Bestandteile mit aufgenommen werden, die zur Leistungserbringung erforderlich sind. Deshalb müssen bzw dürfen, wenn die Finanzierung eines Trägers ausschließlich im jugendhilferechtlichen Dreieck über die Abrechnungseinheiten Fachleistungsstunde bzw Tagessatz erfolgt, in der Fachleistungsstunde bzw im Tagessatz auch **mittelbare Kosten** enthalten sein, damit tatsächlich alle Kosten erfasst werden (also zB auch Kosten für fallübergreifende Arbeit und für den Aufbau von Sozialraumkontakten), die dem Träger entstehen. Kosten für die Befähigung einer sozialraumbezogenen Arbeit müssen bzw dürfen so-

401 VG Aachen 25.2.2003, 2 K 392/01 unter Bezug auf BVerwG 22.1.1987, 5 C 10.85 = E 75, 343, mit dem jedoch die Finanzierung zweier unterschiedlicher Leistungsträger behandelt wurde; OVG Hamburg ZfJ 1995, 562.
402 *Münder*, in: ders. u.a., FK-SGB VIII, § 5 Rn 11; *Oberloskamp*, in: Wiesner, SGB VIII, § 5 Rn 15.
403 Ähnlich *Münder*, in: SPI, Sozialraumorientierung auf dem Prüfstand, S. 6, 65.
404 *Stähr*, in: Budde u.a., Sozialraumorientierung, S. 59.

mit in die Entgelte bei allen Trägern, die sozialraumbezogene Leistungen anbieten sollen, dann mit einbezogen werden, wenn sie in unmittelbarem Zusammenhang mit der entgeltfinanzierten Leistung stehen (siehe Beispiel 7, Rn 318).

Werden in dieser Weise bei einzelnen entgeltfinanzierten Leistungen in die Fachleistungsstunde bzw den Tagessatz nicht nur die unmittelbaren Kosten und Gesamtaufwendungen für die entgeltfinanzierte Leistung oder die Kosten für Netzwerkarbeit einberechnet, sondern auch sog. **fallübergreifende Leistungen für Angebote im Sozialraum** mit direkter Inanspruchnahme, die vom Träger der freien Jugendhilfe unabhängig von und neben den Einzelfallleistungen erbracht werden,[405] erfolgt über die Abrechnungseinheit Fachleistungsstunde bzw Tagessatz eine Art Mitfinanzierung. 357

Hierbei stehen Zuwendungsfinanzierung nach § 74 SGB VIII und dreiseitige Finanzierung nach §§ 77, 78 a ff SGB VIII nicht mehr parallel nebeneinander. Das allgemeine Angebot wird der vereinbarten Entgeltleistung zugerechnet und in der Fachleistungsstunde mit dieser kombiniert. Es geht somit in einer **einheitlichen Entgeltfinanzierung** auf. Als Ermöglichung notwendiger und sinnvoller Mitfinanzierung muss die Fachleistungsstunde daher auch diese Kombination widerspiegeln und darf nicht zur Doppelfinanzierung führen. Dabei dürfen die Anteile, die auch die sog. fallübergreifende Angebote und die sog. fallunspezifische Arbeit im Sozialraum mit direkter Inanspruchnahme berücksichtigen, nicht noch einmal über Zuwendungen nach § 74 SGB VIII gefördert werden (zur Unterscheidung zwischen fallbezogener/fallspezifischer, fallübergreifender und fallunspezifischer Arbeit bei der Integration von sozialräumlicher Arbeit in Fachleistungsstunde und Tagessatz siehe eingehend Rn 31 f). Umgekehrt dürfen fallübergreifende Leistungen bzw fallunspezifische Arbeit im Sozialraum, die bereits über Zuwendungen nach § 74 SGB VIII gefördert werden, nicht erneut Teil einer Entgeltvereinbarung und der Abrechnungseinheit Fachleitungsstunde bzw Tagessatz sein. 358

Eine Grenze findet eine solche Integration von fallübergreifenden, nicht einzelfallbezogenen Angeboten und fallunspezifischer Kooperationsarbeit im Sozialraum dann, wenn die Fachleistungsstunde zu große Anteile an Kosten für mittelbare Leistungen bzw Aufgaben berücksichtigt. Zudem würde die einzelne Leistung dann unangemessen teuer und dadurch würden bei der Einzelfallabrechnung diejenigen Träger, die keine sozialraumbezogene Leistungserbringung anbieten, im Verhältnis zu den Trägern, bei denen die Zusatzkosten für fallübergreifende und fallunspezifische Arbeit in der Fachleistungsstunde bzw dem Tagessatz mitberechnet sind, unangemessen bevorzugt. Es fände eine pauschale Finanzierung des jeweiligen Trägers statt, obwohl dieser nur Leistungen im jugendhilferechtlichen Dreieck erbringt. Es käme zu einer **Umgehung des Verbots der Finanzierung in Mischformen**. Auch fände unter Umständen eine Beschneidung des Wunsch- und Wahlrechts der Leistungsberechtigten statt, da aufgrund der deutlich höheren Kosten für die Einzelleistungen eine Wahl von Leistungen eines anderen Trägers aufgrund des Mehrkostenvorbehalts (§ 5 Abs. 2 SGB VIII) abgelehnt werden könnte. 359

Die **Mitfinanzierung fallübergreifender und fallunspezifischer Arbeit** über die Fachleistungsstunde bzw den Tagessatz ist somit nur soweit zulässig, als sie nicht den überwiegenden Anteil am Entgelt ausmacht und als sie mit der fallspezifischen entgeltfinanzierten Leistung und deren Qualität in direktem Zusammenhang steht (vor 360

405 AFET, AFET-Modell der Fachleistungsstunden für die ambulanten Erziehungshilfen, S. 12 f.

diesem Hintergrund wohl noch zulässig die Gestaltung der Fachleistungsstunden in Beispiel 6, Rn 317).

> Bei der dreiseitigen Entgeltfinanzierung von Leistungen im jugendhilferechtlichen Dreieck ist es zulässig, in die Fachleistungsstunde oder den Tagessatz auch **Kosten für fallübergreifende Angebote oder fallunspezifische Netzwerkarbeit im Sozialraum** einzurechnen. Voraussetzung ist, dass diese Sozialraumarbeit unmittelbar der Qualität der entgeltfinanzierten Einzelleistungen dient.
>
> **Grenzen** findet eine solche Einbeziehung in die Fachleistungsstunde oder den Tagessatz spätestens dann, wenn fallübergreifende oder fallunspezifische Arbeiten in einem solchen Umfang eingerechnet werden, dass diese nicht mehr Bestandteil der Finanzierung der Einzelleistung im jugendhilferechtlichen Dreieck sind, sondern sich das Verhältnis zu einer Pauschale mit anteiliger Finanzierung der Leistungen im jugendhilferechtlichen Dreieck umkehrt.

7. Unzulässigkeit und Zulässigkeit bei einer Kombination von Zuwendungs- und Entgeltfinanzierung

361 Leistungen, die im jugendhilferechtlichen Dreieck mit vorheriger Einzelfallentscheidung des Jugendamts erbracht werden, können nach derzeitiger Systematik des SGB VIII nicht – auch nicht anteilig – zuwendungsfinanziert werden, sondern sind ausschließlich im Wege der dreiseitigen Entgeltübernahme zu finanzieren. Ausnahmen bestehen nur für Investitionskosten sowie abgrenzbare, anderweitige Einzelmaßnahmen. Sonstige Ausnahmen vom Verbot der Finanzierung in Mischformen, etwa aus Gründen der Untrennbarkeit der Leistungserbringung und Finanzierbarkeit, sind zweifelhaft. **Unzulässig** ist bei einem kombinierten Leistungsangebot daher, eine pauschale Zuwendungsfinanzierung auf die Entgeltfinanzierung im Dreieck anzurechnen. Auch wenn die gesetzliche Systematik des SGB VIII in gewissen Leistungssegmenten wohl nur bedingt mit den Realitäten und den Erfordernissen der Praxis in Einklang steht, gibt sie kompromisslos vor, die unterschiedlichen Finanzierungsformen streng voneinander zu trennen.

362 In umgekehrter Richtung ist allerdings **zulässig**, bei der Entgeltfinanzierung von Leistungen im jugendhilferechtlichen Dreieck in die Fachleistungsstunde oder den Tagessatz auch Kosten für fallübergreifende Infrastrukturangebote und fallunspezifische Netzwerkarbeit im Sozialraum einzurechnen, die unmittelbar der Steigerung der Qualität der entgeltfinanzierten Leistung dienen. Dies kann aber an Grenzen der Praktikabilität stoßen, wenn die Fachleistungsstunde bzw der Tagessatz bei anderen Anbietern, bei denen keine entsprechenden ergänzenden Anteile eingerechnet sind, deutlich niedriger liegt. Auch darf die Einbeziehung fallübergreifender und fallunspezifischer Bestandteile in die Fachleistungsstunde nicht dazu führen, dass eine anteilige Pauschalfinanzierung der Leistungen entsteht, die ausschließlich im jugendhilferechtlichen Dreieck finanziert werden dürfen.

II. Möglichkeiten, Chancen und Risiken rechtlicher Veränderungen

1. Anreize und Hindernisse im Rahmen des SGB VIII

a) Getrennte Kalkulation sichert Rechtsansprüche

363 Leistungen im jugendhilferechtlichen Dreiecksverhältnis werden den Leistungsberechtigten von den Trägern der öffentlichen Jugendhilfe gewährt. Sie sind daher voll zu finanzieren. Wenn der Gefahr vorgebeugt werden soll, dass Rechtsansprüche über eine Unterfinanzierung der Leistungen beschnitten werden, ist die **Vollfinanzierung**

auch dann zu sichern, wenn das Angebot ansonsten in einer Mischform finanziert wird.[406] Eine Abkehr von der Pflicht einer getrennten Ausweisung der Kostenanteile, etwa in den Abrechnungseinheiten Fachleistungsstunde oder Tagessatz, würde daher die Rechtsansprüche in Frage stellen.

Zu konzedieren ist allerdings, dass die getrennte Ausweisung der Kosten in gewisser Weise zur **Fiktion** wird, wenn die Finanzierung einer einzelfallbezogenen Leistung im jugendhilferechtlichen Dreieck auf einer Infrastruktur aufbaut, die – ungeachtet der Frage der Zulässigkeit der gewählten Mischform – über Förderungsfinanzierung oder über zweiseitige Finanzierung in einer Vereinbarung nach § 77 SGB VIII mit einem Sockelbetrag gesichert wird. Eine Unterfinanzierung der Infrastruktur schlüge auch hier auf den Rechtsanspruch durch. Immerhin wären die Leistungsanteile in direktem Zusammenhang mit den Leistungsberechtigten finanziert. 364

In der Praxis durchaus verbreitete Mischformen der Finanzierung können unter Druck geraten, weil sie in der Regel rechtswidrig sind. Diskutiert wird daher eine **gesetzliche Lenkung der Praxis bei der Finanzierung in Mischformen** bzw rechtliche Absicherung sozialräumlicher Finanzierungsmodelle in Mischformen.

b) Verbot der Finanzierung in Mischformen

Das Verbot von Mischformen der Finanzierung, die Entgeltfinanzierung von Leistungen im jugendhilferechtlichen Dreieck und zweiseitige Förderungs- oder Vereinbarungsfinanzierung kombiniert, beschränkt die **Gestaltungsmöglichkeiten bei der Planung** der bedarfsgerechten Angebote nach SGB VIII. Das von der Rechtswissenschaft recht apodiktisch hergeleitete Verbot wird in der Praxis seit jeher nicht durchgängig beachtet (siehe die streng genommen rechtswidrige Praxis in den Beispielen 6, Rn 317, 1A, Rn 319, und 2A, Rn 320).[407] Anders als im Bereich der Finanzierung von Tageseinrichtungen, für den § 74 a SGB VIII eine Öffnungsklausel für landesrechtliche Regelungen enthält, können auch die Länder hier – bislang – nichts Abweichendes regeln. 365

Dies funktioniert, wenn sich Träger der öffentlichen und freien Jugendhilfe über die Angebotsgestaltung sowie deren Finanzierung einigen können (und wollen). Wenn eine Seite jedoch die rechtlichen Bedenken vorträgt oder ein anderer, nicht berücksichtigter Anbieter die Rechtmäßigkeit der – ihn ggf benachteiligenden – Angebotsgestaltung anmahnt, geraten **Mischformen unter Druck.**[408] Einige Wohlfahrtsverbände fordern daher eine „stärkere rechtliche Absicherung sozialräumlicher Organisations- und Finanzierungsmodelle".[409] In den weiteren Diskussionen wird zu überlegen sein, ob die Realität der Mischformen der Finanzierung aus der rechtlichen Grauzone bzw aus den Schwarzen Listen herausgeholt und gesetzlich gelenkt werden soll.[410] 366

Eine explizite oder faktische **Anrechnung von zweiseitiger Finanzierung auf die Entgelte** im jugendhilferechtlichen Dreieck birgt die Gefahr einer Beschneidung von Rechtsansprüchen aufgrund einer Unterfinanzierung. Sollte eine (partielle) gesetzliche Zulassung

406 Ähnlich *Münder*, in: SPI, Sozialraumorientierung auf dem Prüfstand, S. 6, 56 ff, 90 ff.

407 *Münder*, in: SPI, Sozialraumorientierung auf dem Prüfstand, S. 6, 65 f.

408 Mischformen wurden in der Anhörung der Verbände durch die AGJF am 10.12.2013 auch wiederholt als „Problem" benannt.

409 AWO, Stellungnahme zur Anhörung der AGJF am 10.12.2013, S. 13; caritas, Stellungnahme zur Anhörung der AGJF am 10.12.2013, S. 10; kritisch zur Rechtslage auch Diakonie, Stellungnahme zur Anhörung der AGJF am 10.12.2013, S. 3.

410 Direkte Forderung nach einer Zulassung von Mischfinanzierung unterschiedlicher Leistungsgesetze Caritas, Stellungnahme zur Anhörung der AGJF am 10.12.2013, S. 10; AFET, Stellungnahme zur Anhörung der AGJF am 10.12.2013, S. 5.

von Mischformen angestrebt werden, wären Mechanismen zu diskutieren, wie die Vollfinanzierung von Leistungen im jugendhilferechtlichen Dreieck auch im Fall einer gemischten Leistungserbringung und teilweise gemischten Finanzierung gesichert werden kann.

2. Erweiterung der rechtlichen Grenzen

a) Rechtliche Zulässigkeit von Mischformen der Finanzierung

aa) Zulassung einer Trägerauswahl als Vorfrage

367 Soweit **rechtliche Änderungen** zur Ermöglichung von Mischformen der Finanzierung zwischen zweiseitiger und Dreiecksfinanzierung gefordert werden,[411] wirft dies gleichzeitig den Blick auf die Zulässigkeit einer Privilegierung ausgewählter Träger im Bereich von Leistungen im jugendhilferechtlichen Dreiecksverhältnis. Das eine ist häufig ohne das andere nicht zu haben. Zum Beispiel können bei einem wirtschaftlichen und sparsamen Handeln des Trägers der öffentlichen Jugendhilfe

- eine zweiseitige Sockelfinanzierung zum Aufbau von Infrastruktur nur so viele Träger erhalten, wie sie ein bedarfsgerechtes Angebot im jeweiligen Sozialraum sichert oder
- Anbieter von Infrastrukturangeboten wie von Beratungsstellen, Familienzentren, Elterncafés oder Abenteuerspielplätzen, die auch Leistungen im jugendhilferechtlichen Dreieck erbringen, aber ganz überwiegende Angebote ohne vorherige Entscheidung über die Leistungsgewährung des Jugendamts unterbreiten (Beispiele 6, Rn 317, 1A, Rn 319, und 2A, Rn 320), nur soweit (pauschal) finanziert werden, als damit ein bedarfsgerechtes Angebot gesichert wird.

368 Eine Zulassung von Mischformen der Finanzierung setzt also zunächst eine Verständigung darüber voraus, ob und inwieweit im Bereich von Leistungen im jugendhilferechtlichen Dreieck eine Trägerauswahl durch gesetzliche Änderung für zulässig erklärt werden soll (hierzu eingehend Rn 293 ff).

Forderungen nach rechtlicher Ermöglichung von Mischformen der Finanzierung zwischen zweiseitiger und Dreiecksfinanzierung werfen darüber hinaus **Fragen zur Zulässigkeit einer Trägerprivilegierung** im Bereich von Leistungen im jugendhilferechtlichen Dreiecksverhältnis auf.

bb) Anforderungen an eine mögliche Zulassung von Mischformen

369 Bei der Frage, ob durch gesetzliche Änderungen Mischformen zwischen zweiseitiger und Dreiecksfinanzierung explizit zugelassen werden sollen, dürfte zu **differenzieren** sein zwischen Konstellationen, in denen

- **infrastrukturelle Angebote den ganz überwiegenden Teil des Angebots** ausmachen und Dreiecksleistungen nur gelegentlich vorkommen (so etwa in Beratungsstellen oder in Beispiel 1A, Rn 319, und 2A, Rn 320, möglicherweise auch Beispiel 6, Rn 317). In diesen Angebotsformen wäre eine Trägerauswahl für die Angebote mit direkter Inanspruchnahme grundsätzlich zulässig (§ 74 Abs. 3 S. 2 SGB VIII [analog]). Erfolgt für die Einrichtung oder den Dienst eine Pauschalfinanzierung, könnte zur Absicherung der Rechtsanspruchsleistungen im jugendhilferechtlichen Dreiecksverhältnis gesetzlich entweder deren gesonderte Finanzierung angeordnet oder betont werden, dass für diese bei der Finanzierung ein erwartetes Höchstkontingent auszuweisen ist und bei Überschreitung eine ergän-

411 Siehe Nachweise in vorangehender Fußnote.

zende Einzelfallfinanzierung zu erfolgen hat. Wie insgesamt bei der Trägerauswahl im Bereich zweiseitiger Finanzierung wäre zu reflektieren, wie die Achtung der Trägervielfalt und damit des Wunsch- und Wahlrechts ggf gesetzlich stärker gesichert werden kann (hierzu Rn 370 ff).

- **Leistungen, über die das Jugendamt im Einzelfall entscheidet, deutlich überwiegen.** Bei solchen Angebotsformen bietet sich schon nach geltendem Recht an, die Anteile für fallübergreifende und fallunspezifische Arbeit in der Abrechnungseinheit Fachleistungsstunde bzw Tagessatz gesondert auszuweisen (so Beispiel 7, Rn 318). Derart erweiterte Berechnungsgrundlagen für die Fachleistungsstunde bzw den Tagessatz können den Trägern der freien Jugendhilfe helfen, die Kostendeckung zu gewährleisten, bei der sie vor der Aufgabe stehen, dauerhaft eine so ausreichende Auslastung ihres gesamten Personals zu organisieren, dass die laufenden Kosten mit entsprechenden Einnahmen gedeckt sind.[412] Der Träger der öffentlichen Jugendhilfe unterstützt mit solchen grundsätzlich rechtmäßigen Formen der Mitfinanzierung fallübergreifender und fallunspezifischer Arbeit (zur Zulässigkeit der Verknüpfung und deren Grenzen siege Rn 355 ff) im jugendhilferechtlichen Dreieck u.a. die Steigerung sowie Verlässlichkeit der Qualität der finanzierten Angebote – ohne dabei die Rechtsansprüche zu beschneiden.[413] Probleme tauchen auf, wenn in solchen Konstellationen eine Sockelfinanzierung oder anderweitige pauschale zweiseitige Finanzierung für die Angebote mit direkter Inanspruchnahme erfolgen soll. Bei der Ermittlung des Entgelts müsste die bereits zweiseitig finanzierte Infrastruktur verrechnet werden. Je nach Quantität sowie Steuerung der direkten Inanspruchnahme kann dies zu einer Unterfinanzierung der Rechtsanspruchsleistungen im Dreiecksverhältnis führen. Es wäre genau zu reflektieren, ob bzw ggf wie diese Risiken durch gesetzliche Vorkehrungen reduziert werden könnten (hierzu Rn 370 ff).
- **weder die Angebote mit direkter Inanspruchnahme noch die Leistungserbringung nach Entscheidung des Jugendamts ganz überwiegend** stattfindet (so möglicherweise in Beispiel 6, Rn 316). Über die Zulassung von Mischformen der Finanzierung würden einzelne Anbieter gegenüber anderen privilegiert. Denn bspw würde die zweiseitige Finanzierung eines Sockelbetrags bzw der Infrastruktur des Dienstes bzw der Einrichtung in der Regel die Höhe des Entgelts für die Leistung im Dreiecksverhältnis senken. Andere Anbieter hingegen müssten höhere Entgelte für ihre Leistungen im Dreiecksverhältnis verlangen, da die betrieblichen Kosten vollständig in das Entgelt miteinzuberechnen sind. Damit könnte die Wahl dieser Angebote durch die Leistungsberechtigten mit dem Einwand des Mehrkostenvorbehalts (§ 5 Abs. 2 SGB VIII) zurückgewiesen werden. Sollte in solchen Konstellationen die Zulassung von Mischformen der Finanzierung angestrebt werden, müsste genauer überlegt werden, wie die Risiken für die Erfüllung der Rechtsansprüche, das Wunsch- und Wahlrecht sowie die Trägervielfalt reduziert werden könnten (hierzu Rn 370 ff).

In **Konstellationen überwiegender infrastruktureller Angebote** und nur gelegentlichen Dreiecksleistungen ist eine Trägerauswahl für die Leistungen mit direkter Inanspruch-

412 AFET, AFET-Modell der Fachleistungsstunden für die ambulanten Erziehungshilfen, S. 27.

413 Zu Risiken sozialraumbezogener Finanzierung über trägerbezogene Budgets für die Erfüllung von Rechtsansprüchen siehe *Koch* u.a., Mehr Flexibilität, Integration und Sozialraumbezug in den erzieherischen Hilfen, S. 129 ff; *Münder*, in: SPI, Sozialraumorientierung auf dem Prüfstand, S. 6, 30 ff, 50 ff; *Struck*, in: Koch/Lenz, Integrierte Hilfen und sozialräumliche Finanzierungsformen, S. 141, 143 ff.

nahme grundsätzlich möglich. Im Fall einer Pauschalfinanzierung des Trägers könnten gesetzliche Regelungen zur Absicherung der Vollfinanzierung der rechtsanspruchsgestützten Dreiecksleistungen aufgenommen werden (zB Betonung der getrennten Kalkulation; Ausweisung eines Höchstkontingents von Leistungen nach Entscheidung des Jugendamts und ergänzende Entgeltfinanzierung bei Überschreiten). Die gesetzliche Sicherung der Trägervielfalt und damit des Wunsch- und Wahlrechts bei der Privilegierung ausgewählter Träger verdient auch hier besondere Beachtung.

In **Konstellationen überwiegender Leistungen mit Einzelfallentscheidung des Jugendamts** ist bereits nach geltendem Recht zulässig, zur Sicherung der Kostendeckung und Steigerung der Verlässlichkeit der Qualität Finanzierungsanteile für fallübergreifende und fallunspezifische Arbeit in der Fachleistungsstunde bzw im Tagessatz gesondert auszuweisen. Erfolgt jedoch eine (anteilige) Pauschalfinanzierung der Angebote mit direkter Inanspruchnahme, müsste eine Anrechnung der dann bereits zweiseitig finanzierten Infrastruktur bei der Berechnung der Entgelte für die anderen Leistungen gesetzlich für zulässig erklärt werden. Zu diskutieren wären in diesem Fall gesetzliche Vorkehrungen gegen das Risiko einer Unterfinanzierung der rechtsanspruchsgesicherten Dreiecksleistungen.

In gänzlich gemischten **Konstellationen ohne Überwiegen einer Form der Leistungserbringung** würde die Zulassung von Mischformen der Finanzierung eine Privilegierung einzelner Anbieter bedeuten, da deren Leistungen im Dreiecksverhältnis im Fall einer anteiligen Pauschalfinanzierung günstiger wären. Zu diskutieren wären daher zudem Konsequenzen aufgrund von Risiken für das Wunsch- und Wahlrecht (Einwand des Mehrkostenvorbehalts), die Trägervielfalt und die Erfüllung von Rechtsansprüchen.

b) Risiken für Wunsch- und Wahlrecht, Trägervielfalt und Rechtsansprüche

370 Es kann und sollte nicht darum gehen, infrastrukturelle Angebote mit direkter Inanspruchnahme und Einzelfallhilfen aufgrund einer Entscheidung des Jugendamts gegeneinander auszuspielen.[414] Diese Position, die mit Blick auf das politische Ringen um das Wie einer Weiterentwicklung und Steuerung der Hilfen zur Erziehung[415] in die **Diskussion** eingebracht wurde, stellt sich im Kontext von Mischformen der Finanzierung in der Praxis ganz konkret.

371 Werden Träger der freien Jugendhilfe ausgewählt, infrastrukturelle Angebote zu erbringen und entsprechend privilegiert bzw exklusiv finanziert, findet damit eine **Festlegung auf eine konkrete Angebotspalette** vor Ort statt. Das Wunsch- und Wahlrecht der Leistungsberechtigten beschränkt sich auf ausgewählte, vorhandene Angebote.[416] Die Wahrung des Grundsatzes der Trägervielfalt (§ 3 Abs. 1 SGB VIII) bei den Auswahlentscheidungen hat somit unmittelbare Auswirkungen auf das Wunsch- und Wahlrecht der Leistungsberechtigten.[417]

---

414 *Böllert*, Stellungnahme zur Anhörung der AGJF am 9.12.2013, S. 8, 13; AGJ, Die Förderung von Infrastrukturleistungen in der Kinder- und Jugendhilfe stärken, 2013, S. 6 f; AFET, Stellungnahme zur Anhörung der AGJF am 10.12.2013, S. 8; BVkE, Stellungnahme zur Anhörung der AGJF am 10.12.2013, S. 4 f; Bündnis Jugendhilfe, Stellungnahme zur Anhörung der AGJF am 10.12.2013, S. 5.

415 JFMK, Weiterentwicklung und Steuerung der Hilfen zur Erziehung, Beschluss vom 6./7.6.2013 in Fulda; JFMK, Weiterentwicklung und Steuerung der Hilfen zur Erziehung, Beschluss vom 31.5./1.6.2012 in Hannover.

416 VGH BW 29.11.2013, 12 S 2175/13 = JAmt 2014, 40; VGH Bayern 2.12.2003, 7 CE 03/2722; OVG NW 14.8.2013, 12 B 793/13 = JAmt 2013, 454; *Meysen/Beckmann*, Rechtsanspruch U3, Rn 265 ff.

417 Dezidiert die Achtung des Wunsch- und Wahlrechts und der Trägervielfalt fordernd Parität, Stellungnahme zur Anhörung der AGJF am 10.12.2013, S. 6; AFET, Stellungnahme zur Anhörung der AGJF am 10.12.2013, S. 1; Diakonie, Stellungnahme zur Anhörung der AGJF am 10.12.2013, S. 3; EREV/BVkE, Stellungnahme zur Anhörung der AGJF am 10.12.2013, S. 1; *Böllert*, Stellungnahme zur Anhörung der AGJF am 9.12.2013, S. 7.

Werden bei einem Angebot zweiseitige und Finanzierung im jugendhilferechtlichen Dreieck kombiniert, hat dies in der Regel auch Auswirkungen auf die Höhe des Entgelts für die Einzelfallhilfe aufgrund einer Entscheidung des Jugendamts. Dies wiederum schlägt durch auf das Wunsch- und Wahlrecht, da der **Mehrkostenvorbehalt** betroffen sein kann (§ 5 Abs. 2, § 36 Abs. 1 S. 4 SGB VIII). Wird die Infrastruktur eines Angebots (bzw Angebotmixes) mit einem Sockelbetrag in zweiseitiger Pauschalfinanzierung gesichert, kann dies – je nachdem, welche Beträge wo veranschlagt werden – für das Entgelt der Leistung im Dreiecksverhältnis eine Entlastung bedeuten, da insbesondere etliche Regiekosten bereits anderweitig gedeckt sind. Um zu vermeiden, dass die Leistungsberechtigten aufgrund dessen kein Angebot eines anderen Trägers ohne entsprechende Sockelfinanzierung mehr wählen können, weil dieses dem Mehrkostenvorbehalt unterfiele,[418] könnte gesetzlich bestimmt werden, dass beim Kostenvergleich der Entgelte aus der Sockelfinanzierung ein angemessener Anteil hinzuzurechnen ist. 372

Im umgekehrten Fall, in dem die Fachleistungsstunde bzw der Tagessatz um einen gewissen Prozentsatz für sozialräumliche fallübergreifende und fallunspezifische Arbeit erhöht ist, können **Nachteile für den „Sozialraumträger“** gegenüber Anbietern entstehen, die in den Entgelten keine entsprechenden Kosten einberechnen. Hier liegt es allerdings in der Hand des Trägers der öffentlichen Jugendhilfe, bei der Entscheidung über die Leistung den Mehrkostenvorbehalt (§ 5 Abs. 2, § 36 Abs. 1 S. 4 SGB VIII) nicht einzuwenden und die Einbeziehung der sozialräumlichen Ressourcen als Qualitätsmerkmal in der Weise zu würdigen, dass die Leistung als im Einzelfall geeignetere gewährt wird, auch wenn sie mit höheren Kosten verbunden ist. Die Träger der freien Jugendhilfe wären allerdings abhängig vom (Fortbestand des) politischen Willen(s) beim Träger der öffentlichen Jugendhilfe, entsprechende Angebote trotz (nominaler) Mehrkosten weiter zu nutzen. 373

Als gewisse Sicherheit und gesetzlicher Anreiz könnte daher überlegt werden, **§ 5 Abs. 2 SGB VIII** derart zu ergänzen, dass Mehrkosten wegen fallübergreifender und fallunspezifischer Arbeit im Sozialraum nicht gegen das Wunsch- und Wahlrecht eingewandt werden können. Dies würde Träger der freien Jugendhilfe motivieren, ihre Angebote entsprechend zu erweitern, weil sie wüssten, dass sie bei der Entscheidung über die Leistungsgewährung keine Nachteile aufgrund der höheren Entgelte haben. Möglich ist auch, die gesteigerte Geeignetheit von Leistungen, die sozialräumliche Konzepte verfolgen, zu würdigen. Etwa könnte noch expliziter als bisher in **§ 27 Abs. 2 S. 1 Halbs. 2 SGB VIII** herausgestellt werden, dass das soziale Umfeld – nicht nur des Kindes oder Jugendlichen, sondern auch der Erziehungsberechtigten – in die Hilfe einbezogen werden soll. 374

Mischformen der Finanzierung führen in der Umsetzung regelmäßig zu einer **Mischkalkulation** – auch wenn die Beträge in der Berechnung noch so getrennt ausgewiesen werden. Die Träger der freien Jugendhilfe können ihre – gegenfinanzierten – Ressourcen für die diversifizierten infrastrukturellen und einzelfallbezogenen Leistungen nur einmal einsetzen und müssen bei Ressourcenknappheit Prioritäten setzen, Abstriche machen und Angebote reduzieren bzw können bei Überschüssen ergänzende fallübergreifende und fallunspezifische Arbeit leisten. Werden Kostenanteile, die bereits in zweiseitiger Finanzierung pauschal finanziert sind, auf die Entgelte für die Leistung 375

418 So die bisherige Rechtsprechung VG Aachen 25.2.2003, 2 K 392/01; OVG Hamburg 24.10.1994, Bs IV 144/94 = ZfJ 1995, 562.

im jugendhilferechtlichen Dreieck angerechnet, kann dies somit zu einer Überzahlung der Entgeltleistung oder – so in Anbetracht der angespannten Haushaltssituation der Kommunen sicherlich das realistischere Szenario – zu einer Unterfinanzierung führen. Während erstere Konstellation noch im Verhältnis zwischen den Trägern der öffentlichen und der freien Jugendhilfe geklärt werden kann, hätte eine nicht vollständige Finanzierung der Leistung im jugendhilferechtlichen Dreieck eine Beschneidung der Rechtsansprüche der Leistungsberechtigten zur Folge.[419]

376 Gegen eine Anrechnung von pauschaler zweiseitiger Finanzierung auf Entgelte für Leistungen im jugendhilferechtlichen Dreieck wird daher zurecht das **Risiko einer Beschneidung der Rechtsansprüche** eingewandt.[420] Sollten die Diskussionen ergeben, dass eine gesetzliche Lenkung von Mischformen der Finanzierung angestrebt werden sollte, wäre dieses Risiko besonders sorgfältig zu reflektieren. Die gesetzliche Forderung nach strikt getrennter Kostenkalkulation wäre hierbei sicherlich ein erster Schritt zur Herstellung von Transparenz. Weiter könnte sicherlich an Mechanismen gedacht werden, wie die Erwartungen über das Maß der Inanspruchnahme von Leistungen im Dreiecksverhältnis bzw des Aufwands für zweiseitig finanzierte infrastrukturelle Angebote im Zeitpunkt der Förderung bzw des Abschlusses der Finanzierungsvereinbarung ist und wie darauf reagiert wird, wenn die Hypothesen sich nicht bestätigen, insbesondere unter welchen Voraussetzungen bzw ab welchem Maß der Inanspruchnahme bspw eine Erweiterung der Pauschalfinanzierung anfällt.

Zur Gewährleistung des Wunsch- und Wahlrechts bietet sich bei Zulassung von gemischter Entgeltfinanzierung mit angerechneter Sockelfinanzierung an, eine gesetzliche Regelung zum **Mehrkostenvorbehalt** (§ 5 Abs. 2 SGB VIII) zu diskutieren. Beim Kostenvergleich im Rahmen der Prüfung des Mehrkostenvorbehalts könnte angeordnet werden, dass die Anteile der Sockelfinanzierung hinzuzurechnen sind, die in Entgelte anderer Anbieter ohne Sockelfinanzierung einfließen würden.

Im umgekehrten Fall eines höheren Entgelts aufgrund einer Einbeziehung sozialraumbezogener Arbeit in die Fachleistungsstunde bzw den Tagessatz kann der Träger der öffentlichen Jugendhilfe trotz der höheren Kosten die Leistung als die im Einzelfall geeignetere auswählen. Um Trägern der freien Jugendhilfe einen **Anreiz** zur entsprechenden Erweiterung ihrer Angebote zu geben, könnte an eine Ergänzung von § 5 Abs. 2 SGB VIII gedacht werden, wonach Mehrkosten wegen Sozialraumarbeit nicht gegen das Wunsch- und Wahlrecht eingewandt werden können. Auch könnte noch expliziter als in § 27 Abs. 2 S. 1 Halbs. 2 SGB VIII hervorgehoben werden, dass das **soziale Umfeld in die Hilfe einbezogen** werden soll.

Gegen eine Mischfinanzierung mit Anrechnung pauschaler zweiseitiger Finanzierung auf Entgelte für Dreiecksleistungen wird das **Risiko einer Beschneidung von Rechtsansprüchen durch Unterfinanzierung** eingewandt. Dieses wäre im Fall einer gesetzlichen Zulassung von Mischformen der Finanzierung besonders zu reflektieren und es wären ggf zusätzliche Sicherungsmechanismen im Gesetz aufzunehmen.

c) Systematische Unterscheidung zwischen Entgelt- und Pauschalfinanzierung

377 Die derzeitige Systematik des SGB VIII unterscheidet in erster Linie zwischen zweiseitiger Finanzierung und Finanzierung im jugendhilferechtlichen Dreiecksverhältnis. Sie

419 Vor einer solchen Beschneidung der Rechtsansprüche warnend BVkE, Stellungnahme zur Anhörung der AGJF am 10.12.2013, S. 5.

420 So etwa *Koch* u.a., Mehr Flexibilität, Integration und Sozialraumbezug in den erzieherischen Hilfen, S. 129 ff; *Münder*, in: SPI, Sozialraumorientierung auf dem Prüfstand, S. 6, 30 ff, 50 ff; *Struck*, in: Koch/Lenz, Integrierte Hilfen und sozialräumliche Finanzierungsformen, S. 141, 143 ff; *Wiesner*, in: SPI, Sozialraumorientierung auf dem Prüfstand, S. 175, 179.

zieht damit ihre **zentrale Trennlinie abseits der rechtlichen Folgefragen.** Diese verläuft zwischen der Entgeltfinanzierung für die Leistungserbringung im Einzelfall und der Pauschalfinanzierung von Angeboten ohne Einzelfallabrechnung:[421]

- Die **Entgeltfinanzierung** sichert die Vollfinanzierung der Erbringung von Leistungen, die gesetzlich mit einem Rechtsanspruch hinterlegt sind – unabhängig davon, ob die Leistungserbringung aufgrund einer Einzelfallentscheidung des Jugendamts oder einer direkten Inanspruchnahme erfolgt.
- Die **Pauschalfinanzierung** infrastruktureller Angebote setzt in dem Fall, dass sich mehr Anbieter bewerben, als für die Sicherstellung eines bedarfsgerechten Angebots erforderlich sind, eine Trägerauswahl voraus – unabhängig davon, ob die pauschal finanzierten Leistungen später direkt in Anspruch genommen werden oder vom Jugendamt im Einzelfall gewährt werden. Bei pauschaler Finanzierungsform ohne Einzelfallabrechnung findet folglich stets eine Privilegierung der ausgewählten Träger statt. Die Fragen nach der Gewährleistung der Trägervielfalt, des Wunsch- und Wahlrechts sowie der Erfüllung der im Gesetz mit Rechtsanspruch gesicherten Leistungen sind hier – anders als bei der Entgeltfinanzierung – besonders zu beachten.

Einzelfallbezogene Entgeltfinanzierung dient dazu, die vollständigen Kosten einer Leistung zu decken, das Wunsch- und Wahlrecht sowie die Trägervielfalt zu gewährleisten. Die Finanzierung der Leistung und damit die Erfüllung der Rechtsansprüche sind daher unabhängig davon gesichert, ob die Leistung aufgrund einer Einzelfallentscheidung des Jugendamts gewährt wird (jugendhilferechtliches Dreieck) oder ohne eine solche von den Leistungsberechtigten direkt in Anspruch genommen werden kann (zweiseitige Finanzierung). Nach **bisheriger Rechtslage** besteht – zumindest im Bereich des jugendhilferechtlichen Dreiecks – ein Anspruch auf Abschluss von Vereinbarungen über einzelfallfinanzierte Entgelte bzw auf ermessensfehlerfreie Entscheidung über den Abschluss (hierzu Rn 54 ff). Der Ausschluss einzelner Anbieter geeigneter Leistungen ist daher grundsätzlich unzulässig (hierzu Rn 240 ff). Privilegierungen und damit Eingriffe in die Berufsfreiheit haben in diesem Bereich noch einmal eine andere Qualität und unterlägen gesteigerten Anforderungen an die Rechtfertigung. Die Fragen nach der Sicherung von Trägervielfalt und die Gewährleistung des Wunsch- und Wahlrechts stellen sich erst im Anschluss. 378

Im Hinblick auf die rechtlich relevanten Fragestellungen (Sicherung der Rechtsansprüche, Eingriff in die Berufsfreiheit, Wunsch- und Wahlrecht, Trägervielfalt) verläuft die zentrale Trennlinie nicht zwischen zweiseitiger und Dreiecksfinanzierung, wie die derzeitige Systematik des SGB VIII impliziert, sondern **zwischen Entgelt- und Pauschalfinanzierung.** Erstere sichert für die Leistung im Einzelfall die vollständige Kostendeckung. Letztere dient als Mittel zur Sicherung infrastruktureller Angebote mit direkter Inanspruchnahme.

421 Die Trennlinien zwischen Finanzierung nach §§ 74, 77 SGB VIII und §§ 78 a ff SGB VIII ziehend Caritas, Stellungnahme zur Anhörung der AGJF am 10.12.2013, S. 10.

Schaubild 7: Trennlinien nach SGB VIII und nach übergeordneten Rechtsfragen

Finanzierungssystematik nach SGB VIII	**Zweiseitige Finanzierung** • Förderung (§ 74 SGB VIII) • Vereinbarungen (§ 77 SGB VIII)	**Finanzierung im jugendhilferechtlichen Dreiecksverhältnis** • Vereinbarungen (§ 77 SGB VIII) • Vereinbarungen (§78b Abs. 2 SGB VIII)

Systematik der übergeordneten Rechtsfragen	**Pauschalfinanzierung** • Zulässigkeit der Trägerauswahl (vgl § 74 Abs. 3 S. 2 SGB VIII) • Frage nach Sicherung von Rechtsansprüchen • Frage nach Sicherung von Trägervielfalt und Wunsch- und Wahlrecht	**einzelfallbezogene Entgeltfinanzierung** • gesicherte Vollfinanzierung von Rechtsanspruchsleistungen • Unzulässigkeit von Trägerprivilegierung • Gewährleistung von Wunsch- und Wahlrecht und Trägervielfalt

E. Kooperation mit Regelstrukturen (Schulen, Tageseinrichtungen)

I. Finanzierungsformen, Angebotsgestaltung und Grenzen der Zulässigkeit nach aktueller Rechtslage

1. Angebotsformen: Beispiele (8 bis 10)

Beispiel 8: Tageseinrichtung als Familienzentrum. Die kommunale Tageseinrichtung für Kinder in einem sozialen Brennpunkt kooperiert mit einem Träger der freien Jugendhilfe. Dieser nutzt mit 2,5 Sozialpädagog/inn/en-Stellen den niedrigschwelligen Zugang in der Tageseinrichtung, um mit den Kindern und deren Erziehungsberechtigten in Kontakt zu kommen. Die Sozialpädagog/inn/en nehmen teilweise am Gruppengeschehen in der Tageseinrichtung teil. Über den Kontakt in der Einrichtung bieten sie den Erziehungsberechtigten darüber hinaus Einzelberatung in der Tageseinrichtung oder aufsuchende Hilfen an. In der Hilfeplanung des Jugendamts wird der Besuch der Tageseinrichtung sowie die Inanspruchnahme von Beratung in der Tageseinrichtung (§ 28 SGB VIII) sowie sozialpädagogischer Familienhilfe (§ 31 SGB VIII) teilweise auch ausdrücklich Bestandteil der Leistungsgewährung. Der Einsatz der Sozialpädagog/inn/en ist sichergestellt über eine Pauschalfinanzierung, die in einer Vereinbarung nach § 77 SGB VIII ausgehandelt ist.[422] 379

Beispiel 9: Schule und Familie. Ergänzend zur oder in Ausweitung der Schulsozialarbeit werden an einigen Schulen neben der Arbeit mit den Schüler/inne/n und Lehrer/inne/n auch aufsuchende Hilfen in den Familien sowie erziehungsberatungsstellenähnliche Einzelberatung in einem Beratungszimmer in der Schule angeboten. Die Leistungserbringung erfolgt überwiegend aufgrund direkten Zugangs der Kinder, Jugendlichen und Erziehungspersonen, sie ist teilweise aber auch Bestandteil der Leistungsgewährung durch das Jugendamt, etwa als sozialpädagogische Familienhilfe (§ 31 SGB VIII) oder als flexible Hilfen (§ 27 Abs. 2 SGB VIII). Die Finanzierung erfolgt als zweiseitige Pauschalfinanzierung eines Sockelbetrags. Erfolgt die Beratung und Unterstützung aufgrund einer Einzelfallentscheidung des Jugendamts, wird hierfür ein nach § 77 SGB VIII vereinbartes Entgelt gezahlt, bei dessen Höhe die infrastrukturelle Sicherung über die Pauschalfinanzierung bereits angerechnet ist. 380

Beispiel 10: Integrationshilfe als Pool an einer Regelschule. Kreisjugend- und Kreissozialamt gehen mit einigen Schulen im Landkreis eine Kooperation ein, um den Anspruch der Schüler/innen mit Behinderung auf Wahl einer Regelschule zu ermöglichen. Den Schulen wird – als Alternative zur Gewährung je eines/-r Schulbegleiters/-in für jede/n einzelne/n Schüler/in – über einen Träger der freien Jugendhilfe befristet auf drei Jahre ein Pool an Integrationshelfer/innen zur Verfügung gestellt. Die Sicherstellung erfolgt über eine Pauschalfinanzierung über eine Förderung nach § 74 SGB VIII. Die Schule erarbeitet aufbauend hierauf in Abstimmung mit Jugend- und Sozialamt ein Konzept zur integrativen Beschulung, inklusive der Qualifizierung der Lehrer/innen. Die Ansprüche der Schüler/innen auf Hilfen zu einer angemessenen Schulbildung (§ 54 Abs. 1 S. 1 Nr. 1 SGB XII) werden, soweit bedarfsdeckend, durch dieses in die Schule integrierte Angebot erfüllt.[423] 381

---

422 Angesprochen in AGJF, Fachgespräch mit Vertreterinnen und Vertretern der Wissenschaft am 9.12.2013 und in AGJF, Anhörung der Verbände am 10.12.2013; siehe auch die Erwähnung bei *Böllert*, Stellungnahme zum Fachgespräch der AGJF am 9.12.2013, S. 4 sowie in Diakonie, Stellungnahme zur Anhörung der AGJF am 10.12.2013, S. 5; Ansätze hierzu bereits in BMFSFJ, Auf den Anfang kommt es an!, S. 182.

423 So etwa diskutiert in der Anhörung der AGJF, Fachgespräch mit Vertreter/inne/n der Wissenschaft am 9.12.2013 sowie Anhörung der AGJF, Anhörung der Verbände am 10.12.2013; AGJ, Schulbegleitung allein kann kein inklusives Schulsystem gewährleisten, 2013, S. 5; DIJuF-Rechtsgutachten JAmt 2012, 519; *Schindler*, Stellungnahme Inhalt, Umfang und Adressat des Anspruchs von Schülerinnen und Schülern mit Behinderung auf Teilhabe an der Beschulung an einer Regelschule am Beispiel Hessen vom 13.1.2013 (unveröffentlicht).

2. Besonderheiten bei der Trägerauswahl für Angebote in Verbindung mit Regelstrukturen

a) Angebotsgestaltung

382 Für den Bereich der Angebote, die im Zusammenhang mit Schulen oder Tageseinrichtungen für Kinder erbracht werden, besteht ein spezielles Bedürfnis der Schulen und Tageseinrichtungen als Regelstrukturen, nicht mit mehreren konkurrierenden Anbietern kooperieren zu müssen, sondern in den Räumen ihrer Einrichtung und in Verbindung mit dem jeweiligen Personal **verlässliche, verstetigte Zusammenarbeit** zu etablieren.[424]

383 Schulen und Tageseinrichtungen sind **Lebensorte von Kindern und Jugendlichen**. Die Einbindung von Angeboten in eine bereits bestehende Infrastruktur macht eine enge Zusammenarbeit erforderlich zwischen der Einrichtung (Schule, Tageseinrichtung) und dem Träger der freien Jugendhilfe, der im Zusammenhang mit dieser Regelstruktur ergänzende Angebote zur Verfügung stellt.[425] Schule bzw Tageseinrichtung haben das Einarbeiten und Einbeziehen zu leisten, um dem freien Träger Kenntnis von und Integration in Abläufe und Strukturen im Tages-, Wochen-, Jahresrhythmus der Einrichtung zu verschaffen. Der freie Träger leistet Kennenlernen von und Zusammenarbeit mit Lehrer/inne/n und Erzieher/inne/n sowie kontinuierliche Beratung und Begleitung, die auf die jeweilige Regelstruktur, die betreffenden Kinder, Jugendlichen und Eltern abgestimmt sind. Durch die Auswahl und feste Integration eines Trägers in eine Schule oder Tageseinrichtung kann dem Bedürfnis des Aufbaus einer kontinuierlichen vertrauensvollen Zusammenarbeit unter **Einbeziehung sämtlicher institutioneller und personeller Faktoren** der Regelstruktur Rechnung getragen werden.[426]

384 Für alle Angebotsformen gilt daher, dass die Leistungserbringung in einer solchen Kooperation mit dem Träger einer bereits bestehenden Infrastruktur erfolgt. Ergänzende – ihrerseits infrastrukturelle – Angebote in unmittelbarem Zusammenhang mit Schule und Tageseinrichtungen (zB der Beratung, Sozialarbeit oder nicht dem einzelnen Kind zugeordneten Integrationshilfe in einer Schule oder Tageseinrichtung) schaffen eine – in der täglichen Arbeit – untrennbare Verbindung beider Strukturen. Die **Regeleinrichtung wird ergänzt** mit weiteren Angeboten. Schule und Tageseinrichtung haben als Lebensort für die daran anknüpfenden Angebote somit (teilweise) prägende Wirkung.

385 In Bezug auf die **Finanzierung** solcher zusätzlicher Infrastruktur als Leistungen nach SGB VIII stellen sich zunächst die gleichen Fragen wie sonst auch. Es kommt darauf an, ob die Angebote niedrigschwellig, also ohne vorherige Entscheidung des Jugendamts in Anspruch genommen werden können oder ob sie im jugendhilferechtlichen Dreiecksverhältnis erbracht werden, ggf ob die Angebotsformen beide Hilfezugänge beinhalten.

386 Hieraus ergeben sich Fragen nach der Zulässigkeit einer privilegierenden Anbieterauswahl mit Blick auf mögliche Eingriffe in die Berufsfreiheit (Art. 12 Abs. 1 GG) der nicht berücksichtigten Träger. Aus der Verknüpfung von Regelstruktur (Schule, Ta-

---

424 AGJ, Jugendhilfe und Bildung – Kooperation Schule und Jugendhilfe, S. 56 f; *Olk*, in: Hartnuß/Maykus, Handbuch Kooperation von Jugendhilfe und Schule, S. 69, 70 ff, 79 ff; *Prüß*, in: Hartnuß/Maykus, Handbuch Kooperation von Jugendhilfe und Schule, S. 102 ff.

425 *Fischer* Blätter der Wohlfahrtspflege 2013, 206, 208.

426 Ansätze der Gemeinwesenorientierung bei der Förderung in Tageseinrichtungen siehe etwa *Reichert-Garschhammer*, in: BayStMAS/IFP, Der Bayerische Bildungs- und Erziehungsplan für Kinder in Tageseinrichtungen bis zur Einschulung, Kap. 8.3.2, S. 449 ff.

geseinrichtung) und infrastrukturellen Angeboten der Beratung und Unterstützung nach SGB VIII ergeben sich auch Konsequenzen sowohl für das Wunsch- und Wahlrecht (§ 5 SGB VIII) als auch für die Trägerpluralität (§ 3 Abs. 1 SGB VIII; ausführlich zu diesen Strukturprinzipien Rn 77 ff, 151 ff, 280).

> Bei der Kooperation mit Regelstrukturen erbringen Träger der freien Jugendhilfe **Leistungen in einer bereits bestehenden Infrastruktur** (Schule oder Tageseinrichtung). Die zulässigen Finanzierungsformen richten sich dabei zunächst wieder danach, ob die Leistungen innerhalb des jugendhilferechtlichen Dreiecks, also mit Einzelfallentscheidung des Jugendamts, erbracht oder unmittelbar in Anspruch genommen werden.

Schaubild 8: Verknüpfte Angebotsgestaltung zwischen erzieherischen Hilfen und Tageseinrichtungen/Schulen

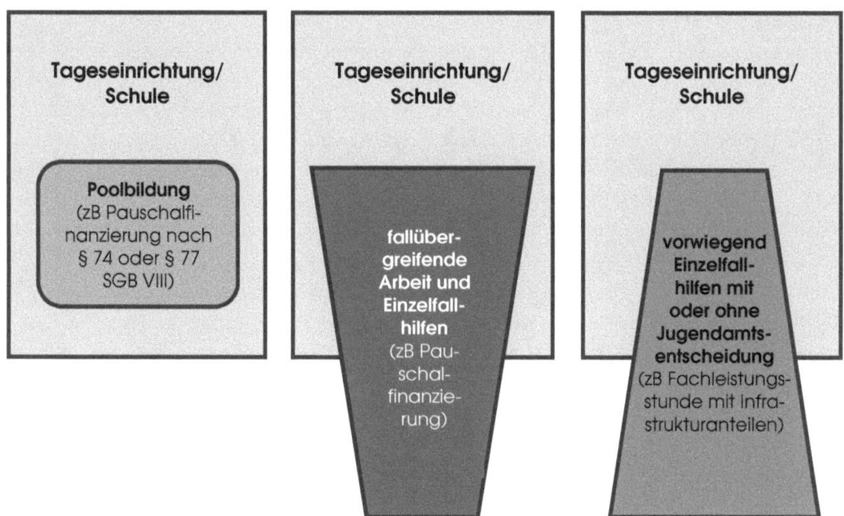

b) Beschränkung des Wunsch- und Wahlrechts auf Angebot an der Regelstruktur

Sind die Angebote an die Schule gebunden und ist deren Inanspruchnahme an den jeweiligen kooperierenden Träger gekoppelt, können die Leistungsberechtigten, wenn sie eine entsprechende Leistung in Anspruch nehmen wollen, keinen anderen Träger wählen als den, der kooperierend mit der Schule das Angebot unterbreitet. Dies ist zB der Fall bei einem in der Schule integrierten Angebot der Unterstützung zur angemessenen Schulbildung bzw Förderung durch Integrationshelfer/innen, die nicht jeweils einzelnen Kindern und Jugendlichen zur Seite gestellt werden, sondern der Schule ermöglichen, integrativ zu beschulen bzw zu fördern. Sofern kein besonderer Bedarf besteht, der über das Integrationsangebot an der Schule hinausgeht, kann der Träger der öffentlichen Jugendhilfe den Rechtsanspruch des Kindes oder Jugendlichen auf Eingliederungshilfe in Form der Hilfe zu einer angemessenen Schulbildung (§ 35 a Abs. 3 SGB VIII iVm § 54 Abs. 1 Nr. 1 SGB XII) oder den Anspruch auf Förderung der schulischen Ausbildung und sozialen Integration (§ 13 Abs. 1 SGB VIII) mit dem **infrastrukturell verankerten Integrationsangebot in der Schule** erfüllen. 387

Da dieses nur bei dem Träger dieses Angebots in Anspruch genommen werden kann, ist durch die Entscheidung zum Besuch einer bestimmten Schule das bestehende An- 388 gebot zur Integrationshilfe in dem Sinne **„mitgebucht"**, dass in diesem Fall kein Ausweichen auf einen anderen Anbieter möglich ist. Die gewählte oder zugewiesene Schule und die gewählte Tageseinrichtung implizieren somit auch die Zuweisung bzw Wahl der mit ihr unmittelbar verbundenen weiteren infrastrukturellen Angebotsformen.

389 Die Situation ist vergleichbar mit der einer **schulinternen Hortbetreuung**, wenn Eltern für ihre Kinder eine Betreuung außerhalb der Unterrichtszeiten benötigen. In Kombination mit dem schulischen Unterricht an einer bestimmten Schule können sie die benötigte Leistung nach § 24 Abs. 4 SGB VIII nur bei dem mit der Schule kooperierenden Träger in Anspruch nehmen. Die Möglichkeiten der Leistungsberechtigten, zwischen Einrichtungen und Diensten verschiedener Träger zu wählen und Wünsche hinsichtlich der Gestaltung der Hilfe zu äußern, sind deutlich reduziert. Ihr Recht aus § 5 Abs. 1 SGB VIII ist eingeschränkt.

390 Das **Wunsch- und Wahlrecht** besteht jedoch nur im Rahmen der bestehenden Angebote, also nur, soweit es vergleichbare, geeignete Alternativen gibt, die den Rechtsanspruch auf Deckung des Bedarfs erfüllen.[427] Vergleichbarkeit bedeutet, dass es Leistungsangebote gibt, die in gleicher Weise geeignet sind, den Rechtsanspruch des Leistungsberechtigten zu befriedigen.[428] Ein Anspruch auf Kapazitätserweiterung besteht nicht.[429] Liegen Alternativen nicht vor, ist also nur ein konkretes Hilfsangebot, eine konkrete Leistung geeignet, den Hilfebedarf zu decken, so kann überhaupt nur diese Leistung in Frage kommen.[430]

391 Steht in einer Schule oder Tageseinrichtung nur ein Anbieter für die Leistungen nach SGB VIII im Zusammenhang mit der Schule oder der Förderung in Tagesbetreuung zur Verfügung, können die Leistungsberechtigten nicht zwischen mehreren Anbietern wählen. Ob damit ihr Wunsch- und Wahlrecht – quasi durch Aushöhlung – bereits verletzt ist, ist im Zusammenhang mit der Verpflichtung zur Gewährleistung eines vielfältigen Leistungsangebots zu betrachten (§ 3 Abs. 1 SGB VIII), welche die Ausübung eines individuellen Wunsch- und Wahlrechts erst möglich macht.[431] Daher verpflichtet die **Trägerpluralität** als zentrales Strukturprinzip und Wesensmerkmal der Jugendhilfe den Träger der öffentlichen Jugendhilfe, im Rahmen seiner Gesamtverantwortung eine plurale Angebotsstruktur zu planen, zu schaffen und aufrecht zu erhalten (§ 79 Abs. 2 S. 1, § 80 Abs. 2 Nr. 2 SGB VIII).

392 Gleichzeitig fordert das SGB VIII aber auch, die **Vernetzung unterschiedlicher Angebote** zu fördern und einer „trägerorientierten Versäulung und Verkrustung"[432] entgegenzuwirken (vgl etwa § 22 a Abs. 4, § 35 a Abs. 4, § 36 Abs. 2 S. 4 SGB VIII). Wunsch- und Wahlrecht des Leistungsberechtigten und Planungs- und Gewährleistungsaufgaben des öffentlichen Trägers sind aufeinander abzustimmen, wobei dem Wunsch- und Wahlrecht der Vorrang zukommt.[433]

393 Eine unzulässige Einschränkung des Wunsch- und Wahlrechts kommt daher zunächst nur dann in Betracht, wenn die Leistungsberechtigten in ihrer Wahl trotz eines beste-

---

427 VGH BW 29.11.2013, 12 S 2175/13 = JAmt 2014, 40; VGH Bayern 2.12.2003, 7 CE 03/2722; OVG NW 14.8.2013, 12 B 793/13 = JAmt 2013, 454; *Meysen/Beckmann*, Rechtsanspruch U3, Rn 265 ff.
428 *Münder*, in: ders. u.a., FK-SGB VIII, § 5 Rn 10.
429 OVG NW 14.8.2013, 12 B 793/13 = JAmt 2013, 464; VGH Bayern 2.12.2003, 7 CE 03/2722; *Schindler*, in: Kunkel, LPK-SGB VIII, § 5 Rn 5.
430 *Münder*, in: ders. u.a., FK-SGB VIII, § 5 Rn 8 m. Verweisen auf die einschlägige Rechtsprechung.
431 *Schindler*, in: Kunkel, LPK-SGB VIII, § 5 Rn 1.
432 *Wiesner*, in: ders., SGB VIII, § 80 Rn 14; siehe oben Rn 77 ff.
433 *Münder*, in: ders. u.a., FK-SGB VIII, § 5 Rn 13.

henden Leistungsspektrums beschränkt werden.[434] Die Verwirklichung eines pluralen Angebots ist jedoch **keine absolute Pflicht**, sondern findet Begrenzungen in der Sinnhaftigkeit, mehrere Einrichtungen und Dienste vorzuhalten und mit öffentlichen Mitteln zu finanzieren.[435] Es besteht keine Pflicht, wegen des Wunsch- und Wahlrechts überall und zu jeder Zeit unterschiedliche Angebote zur Verfügung zu stellen, wenn gerade das spezielle Angebot seine Exklusivität erforderlich macht oder wenn mangels ausreichenden Bedarfs die Vorhaltung mehrerer Angebote unwirtschaftlich wäre.

Werden infrastrukturelle Angebote an Leistungen nach SGB VIII in den Räumen oder in unmittelbarem Zusammenhang mit einer Schule oder Tageseinrichtung geplant und etabliert (so bei den Beispielen 8, Rn 379, 9, Rn 380, und 10 Rn, 381), besteht daher regelmäßig keine Pflicht, auch an jeder Schule und Tageseinrichtung die Trägerpluralität zu verwirklichen. Das Wunsch- und Wahlrecht kann zulässigerweise auf das jeweils **vorhandene Angebot** an der von den Leistungsberechtigten gewählten Regelstruktur Schule bzw Tageseinrichtung beschränkt werden. 394

Falls entsprechende Angebote bestehen und dies vom Rechtsanspruch auf die betreffende Leistung umfasst ist, bleibt den Leistungsberechtigten die Wahl auch eines Anbieters unbenommen, der nicht unmittelbar in oder im Zusammenhang mit der Regelstruktur Schule oder Tageseinrichtung seine Angebote unterbreitet (siehe Rn 77 ff). Handelt es sich um eine Leistung, über deren Gewährung das Jugendamt selbst entscheidet, so hat es die Leistungsberechtigten auf ihr Recht hinzuweisen und sie über alternative Angebote zu informieren (§ 5 Abs. 1 S. 2 SGB VIII). Wird der Anspruch jedoch über die infrastrukturellen Angebote in der Schule oder Tageseinrichtung vollständig erfüllt, kann der Träger der öffentlichen Jugendhilfe die Leistungsberechtigten im Rahmen des Mehrkostenvorbehalts nach § 5 Abs. 2 SGB VIII ggf auf deren Inanspruchnahme verweisen. 395

Sind bestimmte Angebote an die Regeleinrichtung gebunden und an den jeweils kooperierenden Träger gekoppelt (zB Hort in der Schule, in die Tageseinrichtung eingegliederte Angebote der Integrationshilfe), so gilt dieses Angebot insofern regelmäßig als „mitgebucht", als kein anderer Anbieter für die entsprechende Leistung gewählt werden kann. Das Wunsch- und Wahlrecht (§ 5 SGB VIII) gilt **nur innerhalb des bestehenden Angebots.**

Bei der **Planung infrastruktureller Angebote in Regeleinrichtungen** besteht auch keine Pflicht des Trägers der öffentlichen Jugendhilfe zur Verwirklichung der Trägerpluralität, indem an jeder Einrichtung mehrere Träger angesiedelt werden. Andere, außerhalb der Regeleinrichtung vorhandene Angebote können nur gewählt werden, wenn dadurch keine unverhältnismäßigen Mehrkosten entstehen, es sei denn, das infrastrukturelle Angebot an der Schule ist nicht geeignet, sondern eine andere Maßnahme erforderlich.

c) Zulässige Finanzierungformen

Bei direkter Inanspruchnahme eröffnet der unmittelbare Zugang zu den Leistungen bei der Frage der Finanzierung Flexibilität (siehe Rn 42 ff). Wegen der Anbindung an die Infrastruktur Schule bzw Tageseinrichtung sowie einer bedarfsgesteuerten variablen Inanspruchnahme werden bei solchen Angebotsformen zählbare Einzelleistungen nicht die Regel sein, so dass sich eine Förderung nach § 74 SGB VIII oder eine Pauschalfinanzierung[436] über eine Vereinbarung nach § 77 SGB VIII als passende Fi- 396

434 *Münder*, in: ders. u.a., FK-SGB VIII, § 5 Rn 11; *Wiesner*, in: ders., SGB VIII, § 5 Rn 9.

435 *Wiesner*, in: ders., SGB VIII, § 74 Rn 31.

436 Allein diese Finanzierungsform für Jugendsozialarbeit an Schulen diskutierend *Mrozynski*, Eignung, Vielfalt und Vorrang der freien Träger in der Jugendhilfe, S. 9 ff.

nanzierungsform anbietet (so in Beispiel 8, Rn 379, und 10, Rn 381). Geht es (auch) um das niedrigschwellige Angebot von – zusätzlichen – Einzelleistungen, erscheinen ebenso Vereinbarungen nach § 77 SGB VIII als zweiseitige Finanzierung denkbar. Auch nach derzeitiger Rechtslage – eigentlich – verbotene Mischformen der Finanzierung können sich anbieten (so im Beispiel 9, Rn 380).

397 Leistungen wie die Sozialarbeit an Schulen oder Tageseinrichtungen oder die infrastrukturelle Integrationshilfe an Schulen, die – zumindest teilweise – im jugendhilferechtlichen Dreieck mit vorheriger Einzelfallentscheidung des Jugendamts erbracht werden, können nach derzeitiger Systematik des SGB VIII nicht – auch nicht anteilig – zuwendungsfinanziert werden, sondern sind ausschließlich im Wege der dreiseitigen Entgeltübernahme zu finanzieren. Im Wege der **pauschalierten Zuwendungsfinanzierung** dürfen auch bei gemischter Leistungserbringung – teils ohne und teils mit Einzelfallentscheidung des Jugendamts – nur diejenigen Leistungen finanziert werden, die nicht im jugendhilferechtlichen Dreiecksverhältnis erbracht, sondern unmittelbar in Anspruch genommen werden. Das Gesetz fordert, dass die Finanzierungsformen in Abgrenzung zur Einzelfallfinanzierung der Leistungen im Dreieck streng voneinander getrennt werden und Ausnahmen nur für Investitionskosten sowie abgrenzbare, mit der konkreten Leistungserbringung nicht unmittelbar zusammenhängende Einzelmaßnahmen bestehen (nach derzeitiger Rechtslage daher kritisch die Finanzierungsform in Beispiel 9, Rn 380; hierzu im Einzelnen Rn 326 ff, Rn 346 f und Rn 348 ff).

398 In der Praxis dürfte dies einer rechtmäßigen Finanzierung auch von infrastrukturellen Angeboten in der Regelstruktur Schule oder Tageseinrichtung häufig entgegenstehen. Die Sicherung einer Infrastruktur erfordert **in der Regel objektbezogene (Pauschal-)Finanzierung**, weil die Leistungen bzw infrastrukturellen Tätigkeiten nur schwer voneinander abgegrenzt und einzelfallberechnet werden können und/oder weil die Verlässlichkeit von Infrastruktur oft nur gesichert werden kann, wenn sie in gewisser Weise unabhängig von dem Maß der Nutzung zur Verfügung steht. Leistungen, die innerhalb dessen aufgrund einer Einzelfallentscheidung erbracht werden, lassen sich bei der Gesamtfinanzierung nur bedingt abgrenzbar darstellen. Da nach derzeitigem Recht die verschiedenen Finanzierungsformen voneinander getrennt werden müssen, erschwert dies für Angebote, die Sozialarbeit in Tageseinrichtungen oder eine Integrationshilfe in Schulen als infrastrukturelle Angebote etablieren, eine rechtmäßige Finanzierung erheblich bzw macht diese unmöglich.

> Die zulässige Finanzierungsform richtet sich nach der Form der Inanspruchnahme der Leistung mit oder ohne Einzelfallentscheidung des Jugendamts. Im Wege der Zuwendungs- bzw Pauschalfinanzierung dürfen daher nur diejenigen Leistungen finanziert werden, die nicht im jugendhilferechtlichen Dreiecksverhältnis erbracht werden. Das **Verbot der Finanzierung in Mischformen** gilt auch bei einer Kooperation mit Regelstrukturen.

d) Trägerauswahl und Berufsfreiheit (Art. 12 Abs. 1 GG)

399 Rechtliche Grenzen der Auswahl und Finanzierung eines einzelnen Trägers der freien Jugendhilfe, der an einer Schule oder in einer Tageseinrichtung seine Angebote unterbreiten soll, können sich auch aus der grundrechtlich geschützten Berufsfreiheit (Art. 12 Abs. 1 GG) ergeben. Ob ein nicht gerechtfertigter Eingriff in die Berufsausübungsfreiheit der anderen nicht berücksichtigten Träger vorliegt, hängt ebenfalls von der Gestaltung des jeweiligen Leistungsangebots ab und wird für die verschiedenen Konstellationen dort (im Anschluss unter Rn 400 ff, Rn 405 ff und Rn 413 ff) untersucht.

3. Trägerauswahl bei ausschließlich direkter Inanspruchnahme von Leistungen

Angebote, die in Kooperation mit einem Träger der freien Jugendhilfe im Zusammenhang mit dem Erziehungs-, Bildungs- und Betreuungsgeschehen in Schulen und Tageseinrichtungen gemacht werden, können sowohl Kindern, Jugendlichen und deren Erziehungspersonen als auch Lehrer/inne/n und Erzieher/inne/n einen **niedrigschwelligen, frühzeitigen Zugang zu Leistungen** nach dem SGB VIII ermöglichen. Die Inanspruchnahme erfolgt in diesen Fällen regelmäßig ohne förmliche Gewährung durch das Jugendamt und ohne dass die Leistungsberechtigten durch Kosten belastet werden (siehe Rn 42 ff). 400

Die Bevorzugung eines einzelnen Trägers der freien Jugendhilfe durch entsprechende Verteilung der Fördergelder oder durch gesicherte Finanzierung über garantierte nachträgliche Einzelfallabrechnung stellt aufgrund der objektiv berufsregelnden Tendenz einen Eingriff in die Berufsausübungsfreiheit dar (Art. 12 Abs. 1 GG; ausführlich dazu Rn 48 ff und Rn 67 ff). Der **Eingriff in die Berufsausübungsfreiheit** ist jedoch bundesgesetzlich gerechtfertigt (Art. 12 Abs. 1 S. 2 Alt. 1 GG). 401

Sowohl bei einer Förderung nach § 74 SGB VIII als auch bei einer vorab vereinbarten nachträglichen Einzelfallabrechnung nach § 77 SGB VIII erfolgt die Anbieterauswahl über die **Feststellung des Bedarfs**. Bei der Zuwendungsfinanzierung ergibt sich dies aus § 74 Abs. 3 S. 2 SGB VIII (analog). Die Inanspruchnahme staatlicher Mittel rechtfertigt sich nur für die Deckung des Bedarfs, der im Rahmen der Jugendhilfeplanung ermittelt oder im Einzelfall nachgewiesen wird.[437] Werden bei der Entscheidung über die Förderung gleiche Grundsätze und Maßstäbe angelegt (§ 74 Abs. 5 S. 1 SGB VIII), lässt es die Orientierung am Bedarf daher auch zu, seine Deckung einem einzigen Träger zu überlassen. Denn die gleichmäßige Förderung aller freien Träger findet nach **§ 74 Abs. 3 SGB VIII** seine Grenze dort, wo nur eine Maßnahme oder eine begrenzte Zahl an Maßnahmen notwendig oder möglich ist.[438] Dies ist hier regelmäßig der Fall, da aus Bedarfsgesichtspunkten Maßnahmen mehrerer Träger nicht erstrebenswert sind und vor allem eine funktionale Einbindung in eine bereits bestehende Regelstruktur in der Regel nicht mit mehreren Trägern geleistet werden kann. Über die Anbieterauswahl entscheiden dann die Aspekte der fachlichen Voraussetzung, Geeignetheit und Wirtschaftlichkeit (siehe Rn 48 ff).[439] 402

Bei der Finanzierung über **§ 77 SGB VIII** ergibt sich die Notwendigkeit der Berücksichtigung der gleichen Bedarfsgesichtspunkte aus der in die Systematik des SGB VIII eingegliederten Finanzierungsform selbst (siehe Rn 61 ff). Bei der direkten Inanspruchnahme beinhaltet die Vereinbarung über Leistungen ohne Einzelfallentscheidung des Trägers der öffentlichen Jugendhilfe vorab eine Finanzierungszusage, ohne dass der Träger der öffentlichen Jugendhilfe später Einfluss auf die Leistungserbringung hat. Will er seiner Gesamtverantwortung nachkommen, die erforderlichen und geeigneten Einrichtungen, Dienste und Veranstaltungen den verschiedenen Grundrichtungen der Erziehung entsprechend rechtzeitig und ausreichend zur Verfügung zu stellen (§ 79 Abs. 2 S. 1 Nr. 1 SGB VIII), sowie seiner Verantwortung zur **Qualitätssicherung** (§ 79 Abs. 2 S. 1 Nr. 2 SGB VIII) gerecht werden, muss der Träger der öffentlichen Jugendhilfe eine Trägerauswahl beim Abschluss von Vereinbarungen nach § 77 SGB VIII treffen, um auf diese Weise die Qualitätsanforderungen für die Leis- 403

437 *Wiesner*, in: ders., SGB VIII, § 74 Rn 43 a.
438 OVG NW 26.9.2003, 12 B 1727/03 = JAmt 2004, 42; *Münder*, in: ders. u.a., FK-SGB VIII, § 74 Rn 30.
439 *Münder*, in: ders. u.a., FK-SGB VIII, § 74 Rn 30.

tungserbringung zu sichern. Dies geschieht dadurch, dass die Zusammenarbeit nicht durch eine Auswahl verschiedener Träger und deren unterschiedliche Anforderungen gefährdet wird.

404 Sind somit auch im Rahmen der Vereinbarungen nach § 77 SGB VIII Bedarfsgesichtspunkte zu berücksichtigen, gelten für die Anbieterauswahl die gleichen Erwägungen wie bei § 74 SGB VIII. Wegen der **Wahlfreiheit bei der Finanzierungsform** rechtfertigt § 74 Abs. 3 S. 2 SGB VIII (analog) im Zusammenspiel mit der Gesamt- einschließlich der Planungsverantwortung des Trägers der öffentlichen Jugendhilfe (§§ 79, 80 SGB VIII) auch im Rahmen zweiseitiger Vereinbarungen nach § 77 SGB VIII einen Eingriff in Art. 12 Abs. 1 GG (siehe Rn 70 ff) und lässt die Auswahl einzelner Anbieter und die Nichtberücksichtigung anderer zu.

> Aus Gründen der Kooperationsstrukturen und aufgrund von Bedarfsgesichtspunkten sind Maßnahmen mehrerer Träger an der gleichen Schule oder Tageseinrichtung regelmäßig nicht sinnvoll. Eine funktionale Einbindung in die bereits bestehende Regeleinrichtung ist mit mehreren Trägern meist nicht zu gewährleisten. Es stellt sich die Frage nach der **Zulässigkeit einer Trägerauswahl**. Sie hängt auch hier von der Form der Leistungserbringung ab. Bei ausschließlich direkter Inanspruchnahme der Leistungen, also ausschließlich **zweiseitiger Finanzierung**, kann ein durch eine Trägerprivilegierung vorliegender Eingriff in die Berufsausübungsfreiheit über § 74 Abs. 3 S. 2 SGB VIII direkt (bei der Zuwendungsfinanzierung) bzw analog (bei zweiseitigen Vereinbarungen nach § 77 SGB VIII) gerechtfertigt sein.

4. Trägerauswahl bei gemischter Leistungserbringung

405 Angebote der Beratung und Unterstützung, die von einem ausgewählten Träger der freien Jugendhilfe in Zusammenhang mit Schulen oder Tageseinrichtungen erbracht werden, stehen Kindern, Jugendlichen und deren Familien häufig auch dann zur Verfügung, wenn sie durch eine Einzelfallentscheidung des Jugendamts gewährt werden oder wenn der Träger der öffentlichen Jugendhilfe im Laufe des Hilfeprozesses die Steuerung übernimmt und das Angebot in seine Entscheidung über die Leistungsgewährung integriert (so auch in den Beispielen 8, Rn 379, 9, Rn 380, und 10, Rn 381). Die Angebote beinhalten in diesem Fall sowohl direkte Inanspruchnahme, die zweiseitig zu finanzieren ist, als auch Leistungen im jugendhilferechtlichen Dreiecksverhältnis.

a) Eingriff in die Berufsausübungsfreiheit (Art. 12 Abs. 1 GG)

406 Wird für die Zusammenarbeit im unmittelbaren Zusammenhang mit der Erziehung, Bildung und Betreuung in der Schule oder Tageseinrichtung ein Anbieter ausgewählt, stellt sich zunächst die Frage nach einem **Eingriff in die Berufsausübungsfreiheit** anderer, nicht berücksichtigter Anbieter (ausführlich zum Eingriff Rn 240 ff). Die Auswahl eines Trägers, der exklusiv mit der Schule oder Tageseinrichtung (in bzw ausgehend von deren Räumen) zusammenarbeitet, stellt eine Privilegierung dar, da er den Großteil der Jugendhilfeleistungen initiieren und in der späteren Leistungserbringung übernehmen kann, die innerhalb einer Regeleinrichtung Schule oder Tageseinrichtung benötigt und bekannt werden oder die aufbauend auf der in die Regeleinrichtung integrierten Sozialarbeit aufsuchend erbracht werden.

407 Die Kooperation mit der Schule führt also dazu, dass der ausgewählte Träger einen großen Anteil der Hilfen erbringen kann. Bei Hilfen, die unmittelbar in Anspruch genommen werden können, liegt eine **Privilegierung** in der Zuwendungsfinanzierung bzw vorab zugesicherten Zusage einer nachträglichen Einzelfallabrechnung ohne vor-

herige Einzelfallentscheidung des Jugendamts. Zudem erlangen die Hilfeberechtigten leichtere Kenntnis und leichteren Zugang zu den Hilfen, so dass ein Träger, der mit der Schule oder Tageseinrichtung kooperiert, in der Regel eher in Anspruch genommen wird als ein außerhalb der Regeleinrichtungen tätiger Träger. Aber auch bei Hilfen, bei denen das Jugendamt involviert ist, das dann über die Hilfegewährung vorab entscheidet, findet eine Privilegierung des kooperierenden Trägers statt, da schon vor Auftreten des Falls eine gewisse Wahrscheinlichkeit dafür spricht, dass dieser von den Leistungsberechtigten für die Leistungserbringung ausgewählt wird.

Die privilegierende Maßnahme bedeutet dann einen Eingriff in die Berufsausübungs- 408
freiheit, wenn sie hinreichend relevant ist, einen **Umfang mit objektiv-berufsregelnder Tendenz** erreicht. Davon wird nach der Rechtsprechung zu sog. trägerbezogenen Sozialraumbudgets auch dann ausgegangen, wenn die Privilegierung nur einen bestimmten Prozentsatz der Jugendhilfeleistungen betrifft. Erforderlich ist also nicht, dass den nicht ausgewählten Trägern gar keine Betätigungsmöglichkeiten mehr verbleiben. Ein Eingriff kann erst dann bezweifelt werden, wenn hinreichende Ausweichmöglichkeiten für das Leistungsangebot der nicht privilegierten Träger innerhalb des Bezirks des Trägers der öffentlichen Jugendhilfe bestehen (siehe Rn 261 ff).

Gegen eine hinreichende Eingriffsintensität könnte dabei sprechen, wenn in einem 409
Bezirk nur in wenigen, einzelnen Schulen oder Tageseinrichtungen ein entsprechendes sozialpädagogisches Angebot unterbreitet wird und daher nur ein relativ kleiner Anteil aller Hilfen im jeweiligen Jugendamtsbezirk im Zusammenhang mit der Arbeit in den betreffenden Schulen oder Tageseinrichtungen erbracht wird. In diesem Fall läge kein weitgehender Ausschluss der übrigen Träger vom Markt vor. Wird allerdings ein großer Anteil der Hilfen im jeweiligen Bezirk durch festgelegte Träger im Rahmen der Sozialarbeit in der kooperierenden Schule oder Tageseinrichtung erbracht, so bleiben daneben faktisch nur noch eingeschränkte **Betätigungsmöglichkeiten** für andere Träger bestehen. Die Frage, ob im Einzelfall die Schwelle eines Grundrechtseingriffs bereits überschritten ist oder noch nicht, kann immer nur anhand der konkreten örtlichen Umstände vor Ort geprüft werden.

b) Rechtfertigung eines Eingriffs

Liegt wegen Überschreitens der Eingriffsschwelle im Einzelfall ein Eingriff in die Be- 410
rufsausübungsfreiheit vor, weil durch die Privilegierung die Marktchancen anderer Anbieter erheblich beeinträchtigt sind, so stellt sich die Frage nach einer **Rechtfertigung** durch Gesetz oder aufgrund eines Gesetzes (zu den einzelnen Rechtfertigungsgrundlagen Rn 253 ff).

Bei Leistungen mit direkter Inanspruchnahme steht einer Anbieterauswahl zwar 411
rechtlich in der Regel nichts entgegen (siehe Rn 400 ff), aber bei „gemischter" Leistungserbringung werden auch Leistungen im jugendhilferechtlichen Dreieck erbracht. In diesem ist grundsätzlich eine vorweggenommene Zuweisung einer bestimmten Anzahl von Fällen an einen bestimmten Träger ebenso wie eine exklusive Pauschalfinanzierung mit ausgewählten Trägern nicht gerechtfertigt (siehe Rn 253 ff). Vorliegend geht es nicht um eine vorab abgezählte Anzahl an vorfinanzierten Fällen, sondern um eine zumindest **faktische Regelzuweisung** derjenigen Hilfefälle, die im Schulkontext auftreten und für die ein Andocken der Hilfe in das Erziehungs-, Bildungs- und Betreuungsgeschehen in der jeweiligen Regelstruktur erforderlich ist.

In diesem Fall lässt sich eine Rechtfertigung – eher als bei der festen Fallzuweisung an 412
ausgewählte Sozialraumträger oder der Vereinbarung von trägerbezogenen Sozial-

raumbudgets – aus **§ 79 Abs. 1, § 80 SGB VIII** ableiten. Für die Schule oder Tageseinrichtung ist es erforderlich, aufgrund des notwendig engen, oftmals verzahnten Miteinanders nicht mit mehreren Trägern zusammenzuarbeiten. Dieses Bedürfnis darf der Träger der öffentlichen Jugendhilfe, der zur Bereitstellung eines möglichst wirksamen, vielfältigen Angebotes verpflichtet ist (§ 80 Abs. 2 Nr. 2 SGB VIII), berücksichtigen. Um Wirksamkeit und Vielfältigkeit im Rahmen des Möglichen zu gewährleisten, ist in diesem Fall notwendig, die Entscheidung für eine erforderliche **exklusive Kooperation zur Befriedigung des Hilfebedarfs** zu treffen. Dies lässt die Annahme zu, dass bei der gemischten Leistungserbringung in Kooperation mit einer Regeleinrichtung (Schule oder Tageseinrichtung) die Gesamt- und Planungsverantwortung des Trägers der öffentlichen Jugendhilfe den Eingriff in Art. 12 Abs. 1 GG rechtfertigt. Gesicherte Prognosen, ob die Rechtsprechung die hier vertretene Auffassung zur Zulässigkeit einer exklusiven Verknüpfung von Angeboten an Schulen und Tageseinrichtungen teilen würde, sind allerdings nicht möglich.

Bei Formen der gemischten Leistungserbringung teils mit und teils ohne Einzelfallentscheidung des Jugendamts, also Angeboten mit einer teilweisen **Finanzierung im jugendhilferechtlichen Dreieck**, kann ein Eingriff in die Berufsausübungsfreiheit erst dann bezweifelt werden, wenn hinreichende Ausweichmöglichkeiten für das Leistungsangebot der nicht berücksichtigten Träger bestehen.

Eine **Rechtfertigungsgrundlage** für einen bestehenden Eingriff kann unter Umständen aus der **Planungs- und Gesamtverantwortung** des Trägers der öffentlichen Jugendhilfe (§ 79 Abs. 1, § 80 SGB VIII) abgeleitet werden, da für die Regeleinrichtung erforderlich sein kann, nicht mit mehreren Trägern zu kooperieren.

5. Exklusive Trägerauswahl bei Integrationshilfe als Infrastrukturangebot

413 Da die Leistung an der Schule oder in der Tageseinrichtung regelmäßig nur von einem Träger erbracht wird, liegt gegenüber den nicht berücksichtigten Trägern, wie gesehen, eine besondere Privilegierung vor. Werden Integrationshilfen in der Schule oder der Tageseinrichtung nicht in Form eines/-r Schulbegleiters/-in bzw Integrationshelfers/-in, also einer einem einzelnen Kind oder Jugendlichen zugewiesenen Einzelperson, gewährt, sind sie **infrastrukturell an der Schule oder in der Tageseinrichtung** verankert und in das Erziehungs-, Bildungs- und Betreuungsgeschehen integriert. Für den ausgewählten kooperierenden Träger ist damit gesichert, dass er und kein anderer Träger die Leistungen erbringen kann, die an der Schule zur Unterstützung der Integration anfallen und die nicht einen speziellen, über seine Angebote hinausgehenden Leistungszuschnitt bedürfen (so der Fall in den Beispielen 8, Rn 379, 9, Rn 380, und 10, Rn 381).

414 Ob die Privilegierung einen **Eingriff in die Berufsausübungsfreiheit** darstellt, ist auch hier anhand aller Umstände des Einzelfalls und der konkreten verbleibenden Betätigungsmöglichkeiten der nicht berücksichtigten Träger zu prüfen. Wenn in einem Jugendamtsbezirk lediglich ein Träger oder wenige Träger finanziert werden, um an (ausgewählten) Schulen ihre Angebote der Integrationshilfe zu erbringen, bleibt in diesem Segment für andere interessierte Träger wenig bis gar keine Betätigungsmöglichkeit im Bereich der entsprechenden Leistungserbringung nach § 35 a bzw § 13 Abs. 1 SGB VIII. Werden entsprechend Träger an allen vorhandenen Schulen im jeweiligen Jugendamtsbezirk ausgewählt, so verbleibt allenfalls noch eine äußerst geringe Betätigungsmöglichkeit für Fälle mit besonderem Hilfebedarf. In diesem Fall ist von einem Eingriff in die Berufsausübungsfreiheit nach Art. 12 Abs. 1 GG auszugehen.

Ist ein Eingriff anzunehmen, so ist wiederum zu prüfen, ob dieser **gerechtfertigt** ist. Werden die Leistungen ausschließlich unmittelbar, also außerhalb des jugendhilferechtlichen Dreiecks in Anspruch genommen, so ist der Eingriff im Fall einer Zuwendungsfinanzierung über § 74 SGB VIII gerechtfertigt (hierzu Rn 400 ff). Denn dem Träger der Schule wird es in der Regel unzumutbar sein, mit mehreren Trägern zu kooperieren, so dass aus diesen Gründen nur eine Maßnahme notwendig oder möglich ist (§ 74 Abs. 3 S. 2 SGB VIII). Im Fall einer zweiseitigen Finanzierung über § 77 SGB VIII mit einer vorweggenommenen Vereinbarung der Einzelfallfinanzierung ist eine Berücksichtigung von Bedarfsgesichtspunkten und damit eine Trägerauswahl in vergleichbarer Weise zulässig. 415

Fraglich ist aber, ob sich daraus auch im Fall der – zumindest teilweisen – Leistungserbringung im jugendhilferechtlichen Dreieck, also mit Einzelfallentscheidung des Jugendamts, eine Rechtfertigung ergeben kann, andere Anbieter gänzlich von der Leistungserbringung an den betroffenen Schulen oder Tageseinrichtungen auszuschließen. Eine Rechtfertigung abhängig von der Finanzierungsform kann sich wiederum aus der Planungs- und Gesamtverantwortung ergeben. Ist die Integrationshilfe in das Erziehungs-, Bildungs- und Betreuungsgeschehen in Schule oder Tageseinrichtung vollständig integriert, unterliegt die Zusammenarbeit mit nur einem Träger der freien Jugendhilfe einer meist zwingenden **Notwendigkeit**. Auch hier bleibt jedoch mit einiger Unsicherheit behaftet, ob die rechtliche Wertung zur Zulässigkeit einer Trägerauswahl bei Klage eines nicht berücksichtigten Trägers auch von den Verwaltungsgerichten durchgängig als zulässig angesehen würde. 416

Im Fall einer **exklusiven Trägerauswahl bei der Integrationshilfe als Infrastrukturangebot an der Regeleinrichtung** liegt eine besondere Privilegierung des kooperierenden Trägers vor, für den die Leistungserbringung aller geeigneten Leistungen an der Regeleinrichtung gesichert ist. Bestehen für andere Träger der freien Jugendhilfe keine hinreichenden Ausweichmöglichkeiten für ihre Betätigung, so ist wiederum von einem Eingriff in die Berufsausübungsfreiheit auszugehen. In einem solchen Fall der (auch) Leistungserbringung mit Einzelfallentscheidung des Jugendamts kann sich eine **Rechtfertigungsgrundlage** für einen Eingriff – nach hier vertretener Ansicht – aus der **Planungs- und Gesamtverantwortung** des Trägers der öffentlichen Jugendhilfe (§ 79 Abs. 1, § 80 SGB VIII) ergeben, wenn für die Regeleinrichtung unzumutbar ist, die Integrationshilfe mit mehreren Trägern zu gestalten.

II. Möglichkeiten, Chancen und Risiken rechtlicher Veränderungen

1. Anreize und Hindernisse im Rahmen des SGB VIII

Das SGB VIII enthält derzeit **keine Anreize**, Angebote der Hilfen zur Erziehung bzw vergleichbare Angebote in Tageseinrichtungen oder in Schulen anzubieten und in einer integrierenden Kooperation zu etablieren. Auch finanzielle Zuwendungen von Bund und Ländern zielen selten direkt bzw noch kaum systematisch auf solche infrastrukturellen Anbindungen und Verknüpfungen. 417

Das **Verbot der Mischformen** bei der Finanzierung ist für solche Konzepte nach derzeitiger Rechtslage ein **hinderlicher Faktor** für das Entstehen von Angeboten, die mehr oder weniger in das tägliche Geschehen der Erziehung, Bildung und Betreuung in der Tageseinrichtung oder Schule integriert sind. Gleiches gilt für das Fehlen einer ausdrücklichen gesetzlichen Norm, die bei einer solchen Zusammenarbeit eine exklusive Trägerauswahl erlaubt. Insoweit kann auf die allgemeinen Ausführungen zur Erweiterung der Grenzen der Zulässigkeit bei Mischformen der Finanzierung und bei 418 der Trägerauswahl zurückgegriffen werden (siehe Rn 367 ff und Rn 300 ff, Rn 308 ff).

419 Besonderes Augenmerk verdient in den weiteren Diskussionen einer infrastrukturellen Integration von klassischen Einzelfallhilfen in die Infrastrukturen von Tageseinrichtungen und Schulen sicherlich das Risiko, dass dann, wenn Rechtsansprüche auf individuelle Leistungen mit infrastrukturellen Angeboten erfüllt werden (so das Beispiel 10, Rn 381, aber auch Beispiel 7, Rn 318), das **Risiko einer Unterversorgung** bzw nicht vollständigen Erfüllung der Rechtsansprüche besteht. Werden Leistungsberechtigte vom Jugendamt als Sozialleistungsträger bei der Leistungsgewährung auf eine Infrastruktur verwiesen, kann es im Einzelfall dazu kommen, dass bspw bei der Integration in – weniger kostenintensive – Gruppengeschehen der individuelle Bedarf zu kurz kommt.[440]

420 Diese Risiken sind mit dem inklusiven Ansatz integrierter Hilfe und Unterstützung im Zusammenhang mit Tageseinrichtungen und Schule abzuwägen. Bei Kindern und Jugendlichen mit Behinderung können die teilweise mit mehr Ressourcen ausgestatteten Erziehungsberechtigten möglicherweise ein Korrektiv bilden, indem sie bei einer Unterversorgung die Durchsetzung der Leistungsansprüche wirksam einfordern. Im Kontext der Hilfen zur Erziehung bedarf es allerdings anderer **strukureller Sicherung**, um der Beschneidung von Rechtsansprüchen durch die Gewährung von Leistungen in Form einer Teilnahme an infrastrukturellen Angeboten vorzubeugen. Rechtliche Instrumente dürften hier – jenseits der Einführung unabhängiger Beschwerdestellen – nur begrenzt zur Verfügung stehen.

Hilfeangebote in Tageseinrichtungen und Schulen zu integrieren, findet im geltenden SGB VIII kaum bis **keine Anreize**. Entsprechende Angebotsformen werden durch das Verbot der Finanzierung in Mischformen sowie das Fehlen einer ausdrücklichen Zulässigkeit von Trägerprivilegierungen eher behindert.

Ergeben die weiteren Diskussionen, dass Modelle (gesetzlich) befördert werden sollen, in denen klassische Einzelfallhilfen durch eine in die Schule oder Tageseinrichtung integrierte Infrastruktur erfüllt werden, verdient das **Risiko einer nicht vollständigen Erfüllung von Rechtsansprüchen**, zB durch Verweisung auf uU weniger kostenintensive Gruppengeschehen anstelle von auf den individuellen Bedarf zugeschnittene Hilfen, besondere Beachtung. Das Augenmerk dürfte hier auf Möglichkeiten struktureller Sicherung individueller Rechtsansprüche zu richten sein.

2. Erweiterung der rechtlichen Grenzen

421 Die Erweiterung der rechtlichen Grenzen sowohl bei der Trägerauswahl und Trägerprivilegierung als auch bei der rechtmäßigen Gestaltung von Mischformen der Finanzierung berührt, wie erwähnt, die gleichen Fragestellungen wie in Kontexten ohne eine Kooperation mit Tageseinrichtungen und Schulen (siehe Rn 367 ff und Rn 221 ff, Rn 231 ff).

422 Sollte sich aus den weiteren Diskussionen ergeben, dass entsprechende Angebote besonders gefördert werden sollen, wäre daran zu denken, **gesetzliche Anreize** für entsprechende Angebotsformen einzuführen. Die integrierte Zusammenarbeit erzieherischer Hilfen in Tageseinrichtungen und Schulen könnte als ein Kriterium für eine zulässige Trägerauswahl oder für eine Finanzierung über Mischformen ins SGB VIII aufgenommen werden. Die Verschränkung der Erziehung, Bildung und Betreuung

440 So auch die Warnung bei *Wiesner*, Stellungnahme zur Anhörung der AGJF am 9.12.2013, S. 9.

zwischen erzieherischen Hilfen und Tageseinrichtungen bzw Schulen könnte – wie Aspekte der sozialräumlichen Orientierung (siehe Rn 231 ff) – als strukturelle Option in den Katalog der §§ 27 ff SGB VIII aufgenommen werden.

Sollte eine Erweiterung der rechtlichen Grenzen zur Ermöglichung von Angeboten in Kooperation mit Regelstrukturen wie Schule und Tageseinrichtung diskutiert werden, ergeben sich grundsätzlich die **gleichen Fragen** wie in Kontexten ohne Kooperation mit Regelstrukturen (Trägerauswahl und Trägerprivilegierung, Wunsch- und Wahlrecht, Zulässigkeit von Mischformen der Finanzierung).

Sollen gesetzliche Anreize für Angebote in Kooperation mit Regelstrukturen geschaffen werden, so bestünde eine Möglichkeit, die integrierte Zusammenarbeit erzieherischer Hilfen mit Tageseinrichtungen und Schulen als ein **Kriterium für eine zulässige Trägerauswahl oder für eine Finanzierung in Mischformen** ins SGB VIII aufzunehmen.

Literatur

AFET Bundesverband für Erziehungshilfe eV (2012). AFET-Modell der Fachleistungsstunden für die ambulanten Erziehungshilfen. Eine Arbeitshilfe. AFET-Arbeitshilfe 1/2012, Eigenverlag, Hannover

AFET Bundesverband für Erziehungshilfe eV (2013). Stellungnahme zur Anhörung der Arbeitsgemeinschaft der Obersten Landesjugend- und Familienbehörden (AG-JF), Weiterentwicklung und Steuerung der Hilfen zur Erziehung. Anhörung der Verbände am 10.12.2013

Arbeitsgemeinschaft für Kinder- und Jugendhilfe – AGJ (2003). Zusammenarbeit von Jugendhilfe und Schule. Bericht über gemeinsame Beratungen von KMK und AGJ, in: AGJ (Hrsg.), Jugendhilfe und Bildung – Kooperation Schule und Jugendhilfe, S. 54–63

Arbeitsgemeinschaft für Kinder- und Jugendhilfe – AGJ (2013). Die Förderung von Infrastrukturleistungen in der Kinder- und Jugendhilfe stärken. Positionspapier, zu finden unter www.agj.de ▶ Positionen (letzter Aufruf 1.4.2014)

Arbeitsgemeinschaft für Kinder- und Jugendhilfe – AGJ (2013). Schulbegleitung allein kann kein inklusives Schulsystem gewährleisten. Diskussionspapier, zu finden unter www.agj.de ▶ Positionen (letzter Aufruf 1.4.2014)

Arbeitsgemeinschaft für Kinder- und Jugendhilfe – AGJ (2013). Stärkung präventiver Arbeit in der Kinder- und Jugendhilfe. Diskussionspapier, zu finden unter www.agj.de ▶ Positionen (letzter Aufruf 1.4.2014)

Arbeitsgemeinschaft für Kinder- und Jugendhilfe – AGJ (Hrsg.) (2003). Jugendhilfe und Bildung – Kooperation Schule und Jugendhilfe. Bildung, Erziehung, Betreuung, Eigenverlag, Berlin

Arbeitsgemeinschaft nach § 78 KJHG „Ambulante Hilfen zur Erziehung“ Frankfurt am Main (Hrsg.) (2001). „face-2-face“: Top, Flop oder ein neuer Weg? (Fachleistungsstunde als Finanzierungsmodell der Ambulanten Hilfen zur Erziehung in Frankfurt am Main). Dokumentation der Fachtagung am 9.3.2001, Eigenverlag, Frankfurt aM

AWO Bundesverband (2013). Stellungnahme zur Anhörung der Arbeitsgemeinschaft der Obersten Landesjugend- und Familienbehörden (AGJF), Weiterentwicklung und Steuerung der Hilfen zur Erziehung. Anhörung der Verbände am 10.12.2013

Banafsche, M. (2010). Die Leistungsvergabe im Recht der Kinder- und Jugendhilfe in Form der Sozialraumvergabe, ZKJ, S. 227–236

Bayerisches Staatsministerium für Arbeit und Sozialordnung, Familie und Frauen (BayStMAS), Staatsinstitut für Frühpädagogik (IFP) (2006). Der Bayerische Bildungs- und Erziehungsplan für Kinder in Tageseinrichtungen bis zur Einschulung, 2. Aufl., Beltz, Weinheim

Boetticher, A. (2003). Die frei-gemeinnützige Wohlfahrtspflege und das europäische Beihilfenrecht, 2003, Nomos, Baden-Baden

Boetticher, A. (2010). Soziale Dienste und EU-Dienstleistungsrichtlinie, RdJB, S. 488–501

Boetticher, A. (2011). Was hat die Europäische Union mit dem Kinder- und Jugendhilferecht in Deutschland zu tun?, ZJJ, S. 154-163

Boetticher, A., Münder, J. (2004). Auswirkungen des europäischen Beihilfenrechts auf die Finanzierung der Leistungserbringung im SGB VIII, SGB XI und im BSHG, Teil I, ZESAR, S. 15–23

Boetticher, A., Münder, J. (2004). Auswirkungen des europäischen Beihilfenrechts auf die Finanzierung der Leistungserbringung im SGB VIII, SGB XI und im BSHG, Teil II, ZESAR, S. 65–72

Boetticher, A., Münder, J. (2009). Kinder- und Jugendhilfe und europäischer Binnenmarkt, 2009, Nomos, Baden-Baden

Böllert, K. (2013). Stellungnahme zur Anhörung der Arbeitsgemeinschaft der Obersten Landesjugend- und Familienbehörden (AGJF), Weiterentwicklung und Steuerung der Hilfen zur Erziehung aus Perspektive der Kinder- und Jugendhilfe und aus rechtlicher Perspektive. Fachgespräch mit Vertreterinnen und Vertretern der Wissenschaft am 9.12.2013

Budde, W., Früchtel, F., Hinte, W. (2006). Sozialraumorientierung. Wege zu einer veränderten Praxis, VS Verlag für Sozialwissenschaften, Wiesbaden

Bundesarbeitsgemeinschaft Landesjugendämter (BAG Landesjugendämter) (2013). Stellungnahme zur Anhörung der Arbeitsgemeinschaft der Obersten Landesjugend- und Familienbehörden (AGJF), Weiterentwicklung und Steuerung der Hilfen zur Erziehung. Anhörung der Verbände am 10.12.2013

Bundesjugendkuratorium (2012). Neuaktivierung der Jugendhilfeplanung: Potenziale für eine kommunale Kinder- und Jugendpolitik. Eigenverlag Deutsches Jugendinstitut, München

Bundeskonferenz für Erziehungsberatung (bke) (1996). Beratungs- und Hilfe-Zentrum für Kinder, Jugendliche und Eltern. Informationen für Erziehungsberatungsstellen, 3/96, S. 3–7

Bundeskonferenz für Erziehungsberatung (bke) (2009). Bachelor und Master. Konsequenzen der Hochschulreform für das multidisziplinäre Fachteam der Erziehungsberatung, bke, Fürth

Bundeskonferenz für Erziehungsberatung (bke) (2009). Rechtsgrundlagen der Beratung. Empfehlungen und Hinweise für die Praxis. Materialien zur Beratung Band 15, bke, Fürth

Bundeskonferenz für Erziehungsberatung (bke) (2011). Vertrauen und Fachkompetenz als Grundlagen der Zusammenarbeit, JAmt, S. 128–131

Bundeskonferenz für Erziehungsberatung (bke) (2012). Memorandum zur Zukunft der Erziehungsberatung, bke, Fürth

Bundeskonferenz für Erziehungsberatung (bke) (2013). Stellungnahme zur Anhörung der Arbeitsgemeinschaft der Obersten Landesjugend- und Familienbehörden (AGJF), Weiterentwicklung und Steuerung der Hilfen zur Erziehung. Anhörung der Verbände am 10.12.2013

Bundeskonferenz für Erziehungsberatung (bke), Deutsches Institut für Jugendhilfe und Familienrecht eV (DIJuF) (2012). Gemeinsame Stellungnahme, Zusammenarbeit von Erziehungsberatungsstelle und Jugendamt bei den Hilfen zur Erziehung, JAmt, S. 637–641

Bundesministerium für Familie, Senioren, Frauen und Jugend (BMFSFJ) (Hrsg.) (2003). Auf den Anfang kommt es an! Perspektiven zur Weiterentwicklung des Systems der Tageseinrichtungen für Kinder in Deutschland, Beltz, Weinheim

Bundesverband evangelischer Einrichtungen und Dienste eV (EREV), Bundesverband katholischer Einrichtungen und Dienste der Erziehungshilfen eV (BVkE) (2013). Stellungnahme zur Anhörung der Arbeitsgemeinschaft der Obersten Landesjugend- und Familienbehörden (AGJF) zur Diskussion: „Weiterentwicklung und Steuerung der Hilfen zur Erziehung", Anhörung der Verbände am 10.12.2013

Bundesverband für Erziehungshilfe eV (AFET) (2012). Modell der Fachleistungsstunden für die ambulanten Erziehungshilfen, AFET-Arbeitshilfe Nr. 1/2012

Bundesverband katholischer Einrichtungen und Dienste der Erziehungshilfe eV (BVkE) (2013). Stellungnahme zur Anhörung der Arbeitsgemeinschaft der Obersten Landesjugend- und Familienbehörden (AGJF) zur Diskussion: „Weiterentwicklung und Steuerung der Hilfen zur Erziehung", Anhörung der Verbände am 10.12.2013

Bündnis Jugendhilfe (2013). Stellungnahme zur Anhörung der Arbeitsgemeinschaft der Obersten Landesjugend- und Familienbehörden (AGJF) zur Diskussion: „Weiterentwicklung und Steuerung der Hilfen zur Erziehung", Anhörung der Verbände am 10.12.2013

Der PARITÄTISCHE Gesamtverband (Parität) (2013). Stellungnahme zur Anhörung der Arbeitsgemeinschaft der Obersten Landesjugend- und Familienbehörden (AGJF), Weiterentwicklung und Steuerung der Hilfen zur Erziehung. Anhörung der Verbände am 10.12.2013

Deutscher Caritasverband (Caritas) (2013). Stellungnahme zur Anhörung der Arbeitsgemeinschaft der Obersten Landesjugend- und Familienbehörden (AGJF), Weiterentwicklung und Steuerung der Hilfen zur Erziehung. Anhörung der Verbände am 10.12.2013

Deutscher Landkreistag (2014). Stellungnahme zur Anhörung der Arbeitsgemeinschaft der Obersten Landesjugend- und Familienbehörden (AGJF), Weiterentwicklung und Steuerung der Hilfen zur Erziehung, Anhörung der Kommunen am 23.1.2014

Deutscher Verein für öffentliche und private Fürsorge (DV) (2004). DV-Gutachten vom 10.2.2004 – G 06/04, NDV, S. 141–143

Deutscher Verein für öffentliche und private Fürsorge (DV) (2005). DV-Gutachten vom 21.7.2005 – G 6/05, NDV, S. 494–496

Deutscher Verein für öffentliche und private Fürsorge (DV) (2011). DV-Stellungnahme vom 21.6.2011 anlässlich der Anhörung im Ausschuss für Arbeit und Soziales des Deutschen Bundestages am 4.7.2011, DV 23/11 AF I

Deutscher Verein für öffentliche und private Fürsorge (DV) (2012). Qualitätsentwicklung in der Kinder- und Jugendhilfe – Diskussionspapier des Deutschen Vereins zum Umgang mit §§ 79, 79 a SGB VIII, zu finden unter www.deutscher-verein.de ▶ Empfehlungen/Stellungnahmen (letzter Aufruf 1.4.2014)

Deutsches Institut für Jugendhilfe und Familienrecht eV (DIJuF) (2003). Ersatz von Aufwendungen für selbstbeschaffte Leistungen nach dem SGB VIII. Stellungnahme der Ständigen Fachkonferenz 1 „Grund- und Strukturfragen" des Deutschen Instituts für Jugendhilfe und Familienrecht e. V., ZfJ, S. 61–63

Deutsches Jugendinstitut (DJI) (2008). Online-Handbuch Sozialpädagogische Familienhilfe, zu finden unter www.bmfsfj.de ▶ Publikationen (letzter Aufruf 1.4.2014)

Deutscher Städtetag (2014). Stellungnahme zur Anhörung der Arbeitsgemeinschaft der Obersten Landesjugend- und Familienbehörden (AGJF), Weiterentwicklung und Steuerung der Hilfen zur Erziehung, Anhörung der Kommunen am 23.1.2014

Diakonie Deutschland (2013). Stellungnahme zur Anhörung der Arbeitsgemeinschaft der Obersten Landesjugend- und Familienbehörden (AGJF), Weiterentwicklung und Steuerung der Hilfen zur Erziehung. Anhörung der Verbände am 10.12.2013

Dittrich, N. (Loseblatt). Bundeshaushaltsordnung mit Schwerpunkt Zuwendungsrecht, Rehm, München

Eicher, W. (2013). SGB II. Grundsicherung für Arbeitsuchende, 3. Aufl., C.H. Beck, München

Eschelbach, D., Meysen, T. (2011). Mögliche Doppelstrukturen bei der Integration in Ausbildung und Arbeit von individuell und sozial benachteiligten Jugendlichen, Gutachten des Deutschen Instituts für Jugendhilfe und Familienrecht eV (DIJuF) vom 8. September 2011, erstellt im Auftrag der Klinik für Kinder- und Jugendpsychiatrie/Psychotherapie des Universitätsklinikums Ulm, zu finden unter www.dijuf.de ▶ Projekte ▶ Gutachten Finanzierung Jugendberufshilfe (letzter Aufruf 1.4.2014)

Fehren, O., Hinte, W. (2013). Sozialraumorientierung – Fachkonzept oder Sparprogramm, Soziale Arbeit Kontovers 4, Verlag des Deutschen Vereins für öffentliche und private Fürsorge e.V., Berlin.

Fieseler, G., Schleicher, H., Busch, M., Wabnitz, R. J. (Hrsg.) (Loseblatt). GK-SGB VIII, Wolters Kluwer, Luchterhand, Köln

Fischer, S. (2013). Schulsozialarbeit als Einzelhilfe. Fallarbeit in der Schule als unterschätztes Regelangebot der Jugendhilfe, Blätter der Wohlfahrtspflege, S. 206–210.

Gagel, A. (Loseblatt). SGB II/SGB III. Grundsicherung und Arbeitsförderung. Kommentar, C.H. Beck, München

Gerlach, F., Hinrichs, K. (2010). Sozialraumorientierung und Sozialraumbudgetierung – Das „Osnabrücker Modell", ZKJ, S. 344-351.

Gläss, H., Herrmann, F. (1994). Strategien der Jugendhilfeplanung. Theoretische und methodische Grundlagen für die Praxis, Juventa, Weinheim

Gröpl, C. (2011). BHO/LHO. Staatliches Haushaltsrecht, C.H. Beck, München

Hartnuß, B., Maykus, S. (Hrsg.) (2004). Handbuch Kooperation Jugendhilfe und Schule. Ein Leitfaden für Praxisreflexion, theoretische Verortungen und Forschungsfragen, Eigenverlag des Deutschen Vereins, Berlin

Hauck, K., Noftz, W. (Hrsg.) (Loseblatt). SGB VIII Kommentar, Erich Schmidt, Berlin

Hauck, K., Noftz, W. (Hrsg.) (Loseblatt). Sozialgesetzbuch. SGB II. Grundsicherung für Arbeitssuchende. Kommentar, Erich Schmidt, Berlin

Hieber, N., Seibt, A.C. (2010). Evaluationsstudie zur Einzelbegleitung durch die Familienhebammen und die Familiäre Krisenhilfe bei ADEBAR. Die Perspektive der Nutzerinnen. Eine qualitative Untersuchung. Behörde für Soziales, Familie, Gesundheit und Verbraucherschutz Hamburg, Hamburg

Hinrichs, K. (2012). Sind die „Neuen Hilfen/Sozialräumlichen Hilfen und Angebote" der Freien und Hansestadt Hamburg mit den Leitideen des SGB VIII vereinbar?, Rechtsgutachten, Standpunkt: sozial Sonderheft, S. 5–68

Hinrichs, K. (2013). Sozialräumliche Umsteuerung in der Hamburger Jugendhilfe: ein „figelinsches" Reformwerk, das viele Fragen aufwirft, Forum Erziehungshilfen 2013, Heft 2, S. 116–120.

Hinte, W. (2013). Stellungnahme zur Anhörung der Arbeitsgemeinschaft der Obersten Landesjugend- und Familienbehörden (AGJF), Weiterentwicklung und Steuerung der Hilfen zur Erziehung aus Perspektive der Kinder- und Jugendhilfe und aus rechtlicher Perspektive. Fachgespräch mit Vertreterinnen und Vertretern der Wissenschaft am 9.12.2013

Hoehn, J., Lindner, M., Röder, M. (2004). Konzept zur ressourcenorientierten Steuerung der Erziehungshilfen. Fachliche Neuausrichtung und Herstellung notwendiger Steuerungsfähigkeit des Erziehungshilfesystems, NDV, S. 216–221

Institut für Soziale Arbeit eV (ISA) (Hrsg.) (2001). Expertise Sozialraumorientierte Planung. Begründungen, Konzepte, Eigenverlag der Regiestelle Entwicklung & Chancen des SPI, Berlin

Jans, K.-W., Happe, G., Saurbier, H., Maas, U. (Hrsg.) (Loseblatt). Kinder- und Jugendhilferecht – mit Sozialgesetzbuch Allg. Teil (SGB I) sowie Sozialverwaltungsverfahren und Sozialdatenschutz (SGB X), Kohlhammer, Stuttgart

Jugend- und Familienministerkonferenz (JFMK) (2012). Beschluss zur Weiterentwicklung und Steuerung der Hilfen zur Erziehung vom 31.5./1.6.2013 in Hannover, zu finden unter www.jfmk.de ► Beschlüsse ► Beschlüsse 2012 ► Beschlüsse 31.5./1.6.2012 ► TOP 5.1 (letzter Aufruf 1.4.2014)

Jugend- und Familienministerkonferenz (JFMK) (2013). Beschluss zur Weiterentwicklung und Steuerung der Hilfen zur Erziehung vom 6./7.6.2013 in Fulda, zu finden unter www.jfmk.de ► Beschlüsse ► Beschlüsse 2013 ► Beschlüsse 6/7.6.2013 ► TOP 5.6 (letzter Aufruf 1.4.2014)

Kalter, B., Schrapper, C. (Hrsg.) (2006). Was leistet Sozialraumorientierung? Konzepte und Effekte wirksamer Kinder- und Jugendhilfe, Juventa, Weinheim

Koch, J. (2000). INTEGRA-Entwicklungen, Probleme, offene Fragen bei der Entwicklung flexibler, integrierter und sozialräumlich angelegter Erziehungshilfen, ZfJ, S. 201–210

Koch, J. u.a. (2002). Mehr Flexibilität, Integration und Sozialraumbezug in den erzieherischen Hilfen. Zwischenergebnisse aus dem Bundesmodellprojekt INTEGRA, IGfH-Eigenverlag, Frankfurt aM

Koch, J., Lenz, S. (Hrsg.). Integrierte Hilfen und sozialräumliche Finanzierungsformen. Zum Stand und den Perspektiven einer Diskussion, IGfH-Eigenverlag, Frankfurt aM

Köngeter, S., Schröer, W., Zeller, M. (2012), Statuspassage „Leaving Care“: Biografische Herausforderungen nach der Heimerziehung, Diskurs Kindheits- und Jugendforschung, S. 261–276

Kröger, R. (Hrsg) (1999). Leistung, Entgelt und Qualitätsentwicklung in der Jugendhilfe. Arbeitshilfen mit Musterbeispielen zur praktischen Umsetzung der §§ 78a-g SGB VIII, Luchterhand, Neuwied/Kriftel

Kroll, S., Meyerhoff, F., Sell, M. (Hrsg.) (2003). Sichere Orte für Kinder. Handlungsmodell zum Schutz von Kindern und Jugendlichen vor pädophilen Übergriffen in Offenen Freizeiteinrichtungen. Bund der Jugendfarmen und Aktivspielplätze eV, Stuttgart

Krug, H., Grüner, H. Dalichau, D. (Hrsg.) (Loseblatt). Kinder- und Jugendhilfe Kommentar, R.S. Schulz, Starnberg

Kunkel, P.-C. (2007). „Gesteuerte Selbstbeschaffung“ nach § 36 a Abs. 2 SGB VIII, ZKJ, S. 241–242

Kunkel, P.-C. (Hrsg.) (2011). LPK-SGB VIII, 4. Aufl., Nomos, Baden-Baden

Landesjugendamt Westfalen-Lippe, Landesjugendamt Rheinland (2004). Das Entgeltrecht. Vereinbarungen über Leistungsangebote, Entgelte und Qualitätsentwicklung in NRW. §§ 78a-g SGB VIII Kinder- und Jugendhilfe. Arbeitshilfen, Eigenverlag, Köln/Münster

Landkreistag Baden-Württemberg u.a. (2006/2008). Rahmenvertrag nach § 78 f SGB VIII für Baden-Württemberg, Mannheim

Leiska-Stephan, N. (2012). Berufliche Integration (benachteiligter) junger Menschen, NDV, S. 132 –137

Lenz, C. O., Borchardt, K.-D. (2012). EU-Verträge Kommentar, 6. Aufl., Bundesanzeiger, Köln, Linde Verlag, Wien

Lucks, C. (2012). Zur rechtlichen Beurteilung der aktuellen Steuerungsansätze der Behörde für Arbeit, Soziales, Familie und Integration (BASFI) im Bereich der Hilfen zur Erziehung nach §§ 27 ff. SGB VIII. Vermerk vom 11.1.2012 für die Behörde für Arbeit, Soziales, Familie und Integration der Freien und Hansestadt Hamburg, unveröffentlicht

Lüttringhaus, M. (2012). Fachkonzept Sozialraumorientierung: Grundlagen und Methoden der fallunspezifischen und fallübergreifenden Arbeit, in: Merchel, J. (Hrsg.), Handbuch Allgemeiner Sozialer Dienst (ASD), Kap. 23, S. 286–296

Merchel, J. (2012). Hilfeplanung, in: Merchel, J. (Hrsg.), Handbuch Allgemeiner Sozialer Dienst (ASD), Kap. 13, S. 186–198

Merchel, J. (2013). Stellungnahme zur Anhörung der Arbeitsgemeinschaft der Obersten Landesjugend- und Familienbehörden (AGJF), Weiterentwicklung und Steuerung der Hilfen zur Erziehung aus Perspektive der Kinder- und Jugendhilfe und aus rechtlicher Perspektive. Fachgespräch mit Vertreterinnen und Vertretern der Wissenschaft am 9.12.2013

Merchel, J. (Hrsg.) (2012). Handbuch Allgemeiner Sozialer Dienst (ASD), Ernst Reinhardt, München/Basel

Merten, R. (Hrsg.) (2002). Sozialraumorientierung. Zwischen fachlicher Innovation und rechtlicher Machbarkeit, Juventa, Weinheim

Meysen, T. (2010). Kinder- und Jugendhilfe und Schnittstellen, RdJB, S. 306–323

Meysen, T. (2010. Kinder- und Jugendhilfe an allen Schnittstellen: zentrale Anlaufstelle, Ausfallbürge, Netzeknüpfer, Sonderheft JAmt/ZKJ, S. 21–24

Meysen, T. (2011). Der Nachrang der Kinder- und Jugendhilfe, in: Münder, J., Wiesner, R., Meysen, T. (Hrsg.). Kinder- und Jugendhilferecht. Handbuch, 2. Aufl., Kap. 2.2., S. 151–168

Meysen, T., Beckmann, J. (2013). Rechtsanspruch U3: Förderung in Kita und Kindertagespflege. Inhalt, Umfang, Rechtsschutz, Haftung, Nomos, Baden-Baden

Mrozynski, P. (2009). SGB VIII. Kinder- und Jugendhilfe, 5. Aufl., C.H. Beck, München

Münch, I. von, Kunig, P., (Hrsg.) (2012). Grundgesetz Kommentar, 6. Aufl., C.H. Beck, München

Münder, J. (2001). Sozialraumorientierung und das Kinder- und Jugendhilferecht. Rechtsgutachten im Auftrag von IGfH und SOS-Kinderdorf eV, in: SPI, Sozialraumorientierung auf dem Prüfstand, S. 6–124

Münder, J. (2001). Vorrang und Nachrang zwischen Leistungen der Jugendhilfe und der Sozialhilfe – § 10 Abs. 2 SGB VIII, ZfJ, S. 121–125

Münder, J. (2005). Finanzierung der Leistungserbringung durch Dritte: Zwischen jugendhilferechtlichem Dreiecksverhältnis, Vergabeverfahren und Sozialraumorientierung, JAmt, S. 161–166

Münder, J. (2005). Sozialraumkonzepte auf dem rechtlichen Prüfstand, ZfJ, S. 89–98

Münder, J. (2011). Wieder einmal: Sozialraumordnung auf dem rechtlichen Prüfstand, JAmt, S. 69–71

Münder, J. (2012). Sozialgesetzbuch XII. Sozialhilfe, Lehr- und Praxiskommentar, 9. Aufl., Nomos, Baden-Baden

Münder, J. (2013). Finanzierungsmöglichkeiten von Leistungen nach SGB VIII und SGB II (SGB III) für junge Menschen bis zum 25. Lebensjahr, Rechtsgutachten im Auftrag der Diakonie Berlin-Brandenburg-schlesische Oberlausitz und Der Paritätische Berlin, zu finden unter www.paritaet-berlin.de ▶ Verband ▶ Informationen (letzter Aufruf 1.4.2014)

Münder, J. (Hrsg.) (2013). Sozialgesetzbuch II. Grundsicherung für Arbeitsuchende, 5. Aufl., Nomos, Baden-Baden

Münder, J., Meysen, T., Trenczek, T. (2012). Frankfurter Kommentar SGB VIII, Kinder- und Jugendhilferecht, 7. Aufl., Nomos, Baden-Baden

Münder, J., Armborst, C., Berlit, U. (2012). Sozialgesetzbuch XII. Sozialhilferecht. Lehr- und Praxiskommentar, Nomos, Baden-Baden

Münder, J., Wiesner, R., Meysen, T. (Hrsg.) (2011). Kinder- und Jugendhilferecht. Handbuch, 2. Aufl., Nomos, Baden-Baden

Neumann, V. (1998). Die institutionelle Förderung als Instrument der Sozialplanung und Steuerung der Leistungserbringer, SDS-RV 43/1998, S. 7–30

Nickel, D. (2013). Übersicht über die Rechtsprechung zur Sozialraumorientierung in der Kinder- und Jugendhilfe, Teil 1, NDV, S. 303–307

Nickel, D. (2013). Übersicht über die Rechtsprechung zur Sozialraumorientierung in der Kinder- und Jugendhilfe, Teil 2, NDV, S. 341–345

Niedersächsischer Städtetag u.a. (2012). Rahmenvertrag nach § 78 f Sozialgesetzbuch Achtes Buch – Kinder- und Jugendhilfe (SGB VIII), Hannover/Kirchlinteln/Braunschweig/Oldenburg/Hildesheim/Vechta

Olk, T. (2004). Kooperation von Jugendhilfe und Schule – das Verhältnis zweier Institutionen auf dem Prüfstand, in: Hartnuß, B., Maykus, S. (Hrsg.). Handbuch Kooperation Jugendhilfe und Schule, S. 69–101

Pichlmeier, W., Rose, G. (Hrsg.) (2010). Sozialraumorientierte Jugendhilfe in der Praxis. Handreichung für kommunale Entscheidungsträger am Beispiel der Stadt Rosenheim, Kommunal-Verlag, Berlin

Pothmann, J. (2009). Empirische Befunde zur Inanspruchnahme von Hilfen gem. § 35 a SGB VIII, ZKJ, S. 353–358

Prüß, F. (2004). Schulbezogene Jugendhilfe als Kooperationsansatz – Chancen und Risiken, in: Hartnuß, B., Maykus, S. (Hrsg.). Handbuch Kooperation Jugendhilfe und Schule, S. 102–125

Reichardt-Garschhammer, E. (2006). Gemeinwesenorientierung – Kooperation und Vernetzung mit anderen Stellen, in: BayStMAS/IFP, Der Bayerische Bildungs- und Erziehungsplan für Kinder in Tageseinrichtungen bis zur Einschulung, Kap. 8.3.2, S. 449–455

Rixen, S. (2011). Europäisiertes Vergaberecht in der Kinder- und Jugendhilfe, ZJJ, S. 163–169

Schellhorn, W., Fischer, L., Mann, H., Schellhorn, H., Kern, C. (Hrsg.) (2012). SGB VIII. Kinder- und Jugendhilfe. Kommentar, 4. Aufl., Luchterhand, Köln

Schindler, G. (2011). Persönliches Budget als Leistung der Kinder- und Jugendhilfe – oder: Nur Mut zum Unbekannten!, JAmt, S. 499–506

Schindler, G. (2013). Inhalt, Umfang und Adressat des Anspruchs von Schülerinnen und Schülern mit Behinderung auf Teilhabe an der Beschulung an einer Regelschule am Beispiel Hessen, Stellungnahme vom 13.1.2013 (unveröffentlicht)

Schipmann, M. (2013). Prüfoptionen und rechtliche Weiterentwicklungserfordernisse. Vermerk für Senatsverwaltung für Bildung, Jugend und Wissenschaft Berlin vom 30.1.2013, unveröffentlicht

Schmid, H. (2004). Die Hilfeplanung nach § 36 SGB VIII. Rechtliche Vorgaben und praktische Umsetzung unter besonderer Berücksichtigung des Planning to Child Care in England und Wales, Jugend und Familie (J 4), Eigenverlag des Deutschen Vereins für öffentliche und private Fürsorge, Frankfurt aM

Schone, R. (2012). ASD und Jugendhilfeplanung – der Allgemeine Sozialdienst als Subjekt und als Objekt der Planung kommunaler Jugendhilfe, in: Merchel, J. (Hrsg.), Handbuch Allgemeiner Sozialer Dienst (ASD), Kap. 29, S. 357–366

Schubert, H. (2012). ASD und Sozialraumkonzepte, in: Merchel, J. (Hrsg.), Handbuch Allgemeiner Sozialer Dienst (ASD), Kap. 27, S. 330–340

Simon, T. (2010). Kommunale Jugendhilfeplanung. Ein Arbeitshandbuch für Ausbildung und Praxis, 7. Aufl., Kommunal- und Schulverlag, Wiesbaden

Sozialpädagogisches Institut im SOS-Kinderdorf eV (SPI) (Hrsg.) (2001). Sozialraumorientierung auf dem Prüfstand. Dokumentation der Fachtagung vom 21. Mai 2001, Frankfurt am Main, Eigenverlag, München

Spindler, H. (2008), Verdrängt, erstickt ... Die Arbeitsmarktpolitik der Jugendhilfe?, Forum Sozial Heft 3, S. 9–13

Stähr, A. (2006). Juristische Grundlagen für die sozialpädagogische Diskussion um Sozialraumorientierung, in: Budde u.a., Sozialraumorientierung, S. 51–69

Stähr, A., Hilke, A. (1999). Die Leistungs- und Finanzierungsbeziehungen im Kinder- und Jugendhilferecht vor dem Hintergrund der neuen §§ 78 a bis 78 g SGB VIII, ZfJ, S. 155–194

Streinz, R. (2012). EUV/AEUV. Vertrag über die Europäische Union und Vertrag über die Arbeitsweise der Europäischen Union, 2. Aufl., C.H. Beck, München

Struck, N. (1999). Die Entwicklung neuer Entgeltregelungen. Wie verlief die Diskussion vom ersten Entwurf zur Formulierung der §§ 78a-g SGB VIII?, in: Kröger, R. (Hrsg.). Leistung, Entgelt und Qualitätsentwicklung in der Jugendhilfe, S. 17–36

Struck, N. (2000). Sozialraumbudgets und Kontraktmanagement – ein kritischer Kommentar zum Stuttgarter Beispiel, in: Koch/Lenz, Integrierte Hilfen und sozialräumliche Finanzierungsformen, S. 141–147

Unabhängiger Beauftragter für Fragen des sexuellen Kindesmissbrauchs (UBSKM) (2012). Fachberatung sichern: Bessere Hilfen für von sexueller Gewalt betroffene Mädchen und Jungen. Forderungskatalog. Erarbeitet und weiterentwickelt anlässlich des 2. Hearings: „Kinder und Jugendliche – Beratung fördern, Rechte stärken", 20.11.2012, UBSKM, Berlin

Wabnitz, R. J. (2003). Die Kinder- und Jugendhilfe im Spannungsfeld von Sozialraumorientierung, Wettbewerbsrecht und SGB VIII, NDV, S. 141–146

Wabnitz, R. J. (2012). Entgelte, Vereinbarungsrecht, §§ 77, 78 a ff SGB VIII, in: Münder u.a., Handbuch Kinder- und Jugendhilferecht, 2. Aufl., Kap. 5.4, S. 470–475

Wabnitz, R. J. (2013). Stellungnahme zur Anhörung der Arbeitsgemeinschaft der Obersten Landesjugend- und Familienbehörden (AGJF), Weiterentwicklung und Steuerung der Hilfen zur Erziehung aus Perspektive der Kinder- und Jugendhilfe und aus rechtlicher Perspektive. Fachgespräch mit Vertreterinnen und Vertretern der Wissenschaft am 9.12.2013

Weber, S., Franzki, D. (2009). Der Hilfeplan nach § 36 II SGB VIII – Bedeutung und Rechtsnatur, ZKJ, S. 394–397

Weyand, R. (2013). Vergaberecht. Praxiskommentar zu GWB, VgV, SektVO, VS-VgV, VOB/A 2012, VOL/A, VOF mit sozialrechtlichen Vorschriften, 4. Aufl., C.H. Beck, München

Wiesner, R. (2001). Sozialraumorientierung und das Kinder- und Jugendhilferecht, in: SPI (Hrsg.), Sozialraumorientierung auf dem Prüfstand, S. 175–181

Wiesner, R. (2013). Stellungnahme zur Anhörung der Arbeitsgemeinschaft der Obersten Landesjugend- und Familienbehörden (AGJF), Weiterentwicklung und Steuerung der Hilfen zur Erziehung aus Perspektive der Kinder- und Jugendhilfe und aus rechtlicher Perspektive. Fachgespräch mit Vertreterinnen und Vertretern der Wissenschaft am 9.12.2013

Wiesner, R. (Hrsg.) (2011), SGB VIII. Kinder- und Jugendhilferecht, 4. Aufl., C.H. Beck, München

Wiesner, R., Bernzen, C., Kößler, M. (2013). Jugendverbände sind zu fördern! Rechtsgutachten im Auftrag des Deutschen Bundesjugendrings, Eigenverlag Deutscher Bundesjugendring, Berlin, zu finden unter www.dbjr.de ▶ Publikationen (letzter Aufruf 1.4.2014)

Ziekow, J., Völlink, U.-C. (2011). Vergaberecht, C.H. Beck, München

Stichwortverzeichnis

Die Zahlen verweisen auf die Randnummern im Buch.

Zeitfracht Medien GmbH
Ferdinand-Jühlke-Straße 7
99095 Erfurt, Deutschland
produktsicherheit@kolibri360.de